MANUAL

OF

THE ARAMAIC LANGUAGE

OF

THE PALESTINIAN TALMUD

GRAMMAR
VOCALIZED TEXT, TRANSLATION AND VOCABULARY

BY

THE LATE **J. T. MARSHALL**, M.A., D.D.,
PRINCIPAL OF THE BAPTIST COLLEGE, MANCHESTER.

EDITED FROM THE AUTHOR'S MANUSCRIPT

BY

THE REVEREND J. BARTON TURNER
FORMERLY, STUDENT OF SEMITIC LANGUAGES IN THE UNIVERSITY, MANCHESTER;
LATE EXAMINER IN HEBREW AND GREEK TO THE BAPTIST COLLEGE, MANCHESTER.

WITH INTRODUCTION

BY

DR. A. MINGANA

WIPF & STOCK · Eugene, Oregon

Wipf and Stock Publishers
199 W 8th Ave, Suite 3
Eugene, OR 97401

Manual of the Aramaic Language of the Palestinian Talmud
Grammar, Vocalized Text, Translation and Vocabulary
By Marshall, T. J.
ISBN 13: 978-1-60608-923-1
Publication date 11/5/2009
Previously published by Brill, 1929

INTRODUCTION.

The following pages contain the late Dr. MARSHALL'S work on the Aramaic Language. I had the privilege of perusing the work in MS. and recommended its publication as a useful reading book for students.

Being a posthumous production it has entailed a great amount of labour on the part of the Editor. As it now appears the book compares favourably with other publications of a similar character, and for students with an elementary knowledge of Hebrew it should prove extremely helpful.

Much has lately been advanced on the subject of the pronunciation of Palestinian Aramaic and the correct system of vowels to be used to express it. In my opinion, nothing decisive has so far been written on this matter, and I venture to add that I believe it to be unscientific to elaborate and standardize systems of vocalization, interlinear or otherwise, based on MSS. which are separated by centuries from the people who spoke the original language. In doubtful cases of this kind I am more inclined to follow the system used in Eastern Aramaic, for which we have MSS. as early as the fifth century A. D., than any system of Western Aramaic for which our manuscript authority is of a much later date.

In the present work, with good reason on the Editor's part, the Author's vocalization has not been disturbed.

It is my earnest hope that the late Dr. MARSHALL'S book may stimulate interest in a beautiful language which deserves to be more widely studied.

A. MINGANA.

John Rylands Library
Manchester

EDITOR'S PREFACE.

In preparing the present work, the Author had in view the presentation of a Reading Book in the Galilean Aramaic of the Palestinian Talmud, as affording to English students specimens of the dialect most closely akin to that spoken by Jesus and His first disciples.

The vocalized text was prepared in order to make the work available to students who had but an elementary acquaintance with the Hebrew and Aramaic of the Old Testament.

The superlinear vocalization, written sublinear, was adopted as a guide, but has not been followed slavishly; a measure of independent treatment is preserved.

The Krotoshin Edition (1866) of the Palestinian Talmud was the one used by the Author, but regard has been paid to alternative readings.

The translation of the Aramaic Fragments into English was meant to assist private students in the interpretation of the text, but a wider circle of English readers may welcome these stories of Jewish religious life in a long past age.

The Grammar contains only what the Author deemed necessary for the elucidation of the text. An index of the subjects of the text and translation provides the student with an easy means of reference.

The work was already in the Press before I accepted the responsibility of editing it, and necessary revision and correction have had to be done at one and the same time on the proof sheets at a considerable distance from the Printer; consequently, slight departures from consistency in literary form, and a few typographical errors have been unavoidable. A list of Additions and Corrections precedes the Grammar.

I have added to the work the pages 24—30, dealing with Numerals, Particles, and The Tone.

The order and description of the Particles are approximately as they appear in the Grammar of C. SCHAAF (1686), and in that of G. DALMAN (2nd. ed., 1905). The MS. of the Author lacked a Table of Contents, and this I have supplied.

I have revised many of the valuable reference numbers in the Vocabulary, but cannot vouch for the accuracy of all.

The figures enclosed in brackets in line with the section number of the Aramaic text indicate chapter, paragraph, page and column, respectively, of the treatises of the Pal. Talmud. These all have been revised.

From sections 117—140 of the text, I have removed the vowels, in order that they may be supplied by the student.

A short list of books of reference has been added and follows the Contents.

I tender my hearty thanks to Dr. A. MINGANA, who has counselled me most generously in the execution of my task.

Miss MARSHALL, the Author's daughter, has given valuable assistance in reading the proofs of the Translation, and I much appreciate her co-operation.

The Publishers and Printers of this work, E. J. BRILL Ltd., Leyden, and their staff, have earned my deepest gratitude for their fine response to the call on their patience and craftsmanship.

J. BARTON TURNER.

Cloughfold, Manchester.

CONTENTS

	Page
GRAMMAR	1—30
INTRODUCTION	1
I. PRONOUNS	2—4
1. Personal Pronouns	2
2. Demonstrative „	3
3. Reflexive „	3
4. Relative „	3
5. Possessive „	4
6. Interrogative „	4
7. Indefinite „	4
II. NOUNS	5—10
Gender	5
Number	5
Form	6
Declensions	6—8
Suffixes to Nouns	9—10
III. VERBS	10—23
Preliminary Notes	10—11
The Perfect	11—12
„ Imperfect	12, 14—15
„ Infinitive	15
„ Participle	15
The Strong Verb: Examples of Moods and Tenses	12—14
Guttural Verbs	16
Pe Nun „	16
„ Aleph „	17
„ Yodh „	17
Ayin Waw „	17—19
Double Ayin „	19—20
Lamedh Aleph, Yodh or He	20—21
Suffixes to Strong Verb	21—23
„ „ Lamedh Yodh Verb	23

	Page
IV. NUMERALS.	24—25
V. PARTICLES.	26—29
Ordinary Adverbs	26—27
Prepositions	27
Conjunctions.	27—29
Interjections	29
THE PLACE OF THE TONE	29—30
TEXT: FRAGMENTS OF GALILEAN ARAMAIC	33—111
TRANSLATION.	115—200
VOCABULARY	203—251
INDEX OF TEXT AND TRANSLATION.	253—259

SOME BOOKS OF REFERENCE.

H. L. STRACK, Grammatik des Biblisch-Aramäischen. Munich, 1911.
M. SCHULTZE, Grammatik der aramäischen Muttersprache Jesu. Berlin, 1899.
G. DALMAN, Grammatik des Jüdisch-Palästinischen Aramäisch. Leipsic, 1905.
A. MINGANA, Clef de la Langue Araméene. Leipsic, 1905.
M. L. MARGOLIS, Lehrbuch der aramäischen Sprache des babylonischen Talmuds. Munich, 1910.
H. BAUER and P. LEANDER, Grammatik des Biblisch-Aramäischen. Halle, 1927.
W. B. STEVENSON, Palestinian Jewish Aramaic Grammar. Oxford, 1924.
J. LEVY, Chaldäisches Wörterbuch. Leipsic, 1866—7.
— — Neuhebräisches und Chaldäisches Wörterbuch. In 4 vols. Leipsic, 1876—1889.
M. JASTROW, A Dictionary of the Talmud (B and Y). 1903.
F. SCHULTHESS, Lexicon Syropalaestinum. Berlin, 1903.
R. PAYNE SMITH, Thesaurus Syriacus. 1879—1901.
J. P. SMITH (Mrs MARGOLIOUTH), Supplement to Thesaurus S. 1927.
TH. NÖLDEKE, Compendious Syriac Grammar, translated by J. A. CRICHTON. London, 1904.

ADDITIONS AND CORRECTIONS.

Page 7, Line 4 from bottom, read *det.* for *abs.*
„ 12, Line 7, first word, read ה He.
„ 15, last line, read בּ for כּ.
„ 20, Line 7 from bottom, read 3 for 5.
„ 26, Line 1, read V. Particles. — Ordinary Adverbs.
„ 27, Line 4 after *Indeed* read? Same Line, insert מִי *Indeed.*
„ 27, under Prepositions, read עִם for עַם.
„ 34, Line 1, read 5 (II. 4a).
„ 37, Line 2 from bottom, read in margin, *text* פורדקל.
„ 41, Line 4, begin with רַבָּן גַּמְלִיאֵל.
„ 42, Line 12, read מהגי for מנהגיה *text.*
„ 43, Line 1, before רב read אמר.
„ 44 bottom, after b) and c) read *text.*
„ 45, Line 8, after שְׁמָךְ read אמר ליה.
„ 49 bottom, after b) insert 1.
„ 57, Line 8 from bottom, read אמרין.
„ 66, Line 15, read בלבבכון.
„ 68, read 85 (IV. 9:55b, c).
„ 72, Line 5 from bottom, read הטחה.
„ 74, Line 5 from bottom, read תיעביר.
„ 78, read 98, 98a.
„ 79, Line 8, read עבדין.
„ 79, bottom, read 99a (III. 1:58d).
„ 80, Line 2, read ירחא.
„ 80, Line 4, read וְשִׁמְעוֹן; Line 13, read 100a for 100; Line 3 from bottom read 101 (I. 9:60d).
„ 84, Line 3 in 105 read כפים; Line 5 from bottom, read צרכון.
„ 87, Line 4, read דהוינא; last line, read XI. for IX.
„ 90, Line 8 from bottom, third word, read ה for ח.
„ 105, transfer (Hebrew phrase), to follow first word in Line 1.
„ 134, Line 5 in § 53, read *lentils.*
„ 153, Line 3 from bottom, read *comma* for ?.
„ 154, Line 9, read *comma* for ?.
„ 155, Line 2 from bottom, read father-in-law for uncle.
„ 163, under 97, read *Unclean Food,* for Thought & Disease.
„ 172, under 106b, read *A Long Sleep.*
„ 203, Line 8 from bottom, read *homiletical.*
„ 210, Line 15 from bottom, read *ransom.*
„ 212, Line 12 from bottom, read *Galilean.*
„ 213, Line 15 from bottom, read *judicial,*
„ 217, Line 14 from bottom, read *reciter.*

GRAMMAR.

There are four dialects of Aramaic, more or less clearly distinguishable from one another.

1. The Judean Aramaic, which appears (1) in an older form in Biblical Aramaic, in the papyri of Elephantine, and in the Fast Rolls-containing a list of the days on which one may not fast or mourn, and clearly implying a date prior to the destruction of Jerusalem; and (2) in the Targum of Onkelos.
2. Syrian Aramaic, found in the Peshitta and in Christian Syriac literature. The dialect which thus became classic Syriac was originally distinctive of Edessa.
3. Galilean Aramaic, which occurs in the Aramaic words which are transliterated in the New Testament, but chiefly in the anecdotes which are narrated concerning Jewish Rabbis in the Palestinian Talmud. The Targum of the Prophets, by Jonathan ben Uzziel and the so-called Jerusalem Targums of the Pentateuch (of which there are four varieties, two complete and two fragmentary) resemble Onkelos in the Grammar, but in their vocabulary they resemble the Palestinian Talmud. Two other dialects still more remotely related to Pal. Talm. are the Samaritan Targum of the Pentateuch, and the Christian Palestinian. Of the latter, almost the whole of the Gospels are extant, in one or other of three recensions, and recently fragments of the Old Testament and of the Epistles have been discovered unmistakeably of the same dialect.
4. The Babylonian.

I. PRONOUNS.

1. PERSONAL PRONOUNS.

1. Sing.	אֲנָא or נָא	1. Plur.	אֲנַן, rarer נַן
2. Sing.	אַתְּ, rarer אַנְתְּ	2. Plur.	אַתּוּן
3. Sing. *m.*	הוּא	3. Plur. *m.*	אִינּוּן
3. Sing. *f.*	הִיא, הִי or אִי	3. Plur. *f.*	אִינִּין, יִינּוּן, אִנּוּן

The initial consonant is often omitted after ו and ד: thus וְנָא for וַאֲנָא and וּוּ for וְהוּא, and דַּתְּ for דְּאַתְּ.

Substitutes for Personal Pronoun. 1. For "me", in humble speech, we have "this man". 2. For "thou", in oaths and curses, we have "that man" (§ 12). 3. For "thou", in reverence, we have "*my lord*" מָרִי; "*my teacher*" רַבִּי. 4. When a man speaks politely of his wife, he says "*she of my house*" דָּא דְּבֵיתָא. 5. When a man wishes to say something unfavourable of another, he affirms or wishes it of that man's "enemies".

The Accusative Pronoun is sometimes affixed to the Verb as in Hebrew. Hebrew uses אֶת to mark the Accusative, and the Targum of Onkelos imitates this by יָת; but in Gal. Aram. this is scarcely ever used; though it does use this form as a detached Acc. pronoun with Suffixes, as אֹתִי in Hebrew:

יָתִי	me	יָתַנָא (o)	us
יָתָךְ	thee *m.*	יַתְכוֹן	you
יָתֵיךְ	thee *f.*		
יָתֵיהּ	him	יָתוֹן, יַתְהוֹן	them.
יָתַהּ	her		

2. DEMONSTRATIVE PRONOUNS.

this	*m.*	דֵּין דְּנָא	הָדֵין		הָדָן
this	*f.*	דָּא	הָדָא		
these	*c.*	אִילֵּין	הַלֵּין		אִילֵּין
that	*m.*	הַהוּא	הָךְ	הָהֵךְ, אִיהֵךְ	יָתֵיה
that	*f.*	הַהִיא	הָךְ		יָתַהּ
those		אִינּוּן, הִינּוּן.			

The initial letters א and ה disappear after the Prefixes ב ד ו ל. In Pal. Talm. דין, דנא, הך, אידך are used only substantively. The others are used both substantively and adjectivally.

"One another" is expressed in Sing. by דֵּין לְדֵין, in Plural by אִילֵּין לְאִילֵּין. Also in Plural by פַּלְנְהוֹן ... לְפַלְנ; especially in Chr. Pal. as Mt. 24^{10}, Ro. 12^{5}.

3. REFLEXIVE PRONOUNS.

		גַּרְמַן	ourselves
גַּרְמָךְ	thyself *m.*	גַּרְמֵיכוֹן	yourselves
גַּרְמִיךְ	thyself *f.*		
גַּרְמֵיה	himself	גַּרְמֵיהוֹן	themselves.
גַּרְמַהּ	herself	or גַּרְמוֹן	themselves.

More rarely we find נפש (as in Heb.) with Suffixes as above.

4. RELATIVE PRONOUNS.

The most ancient form is דִּי, which occurs in Ezra and Dan. In Pal. Tal. we find דְּ = "who" or "which".

As אֲשֶׁר and שֶׁי are used, so דְּ is used with Preposition and Suffix: "who in him" דְּבֵיה = "in whom"; so "who in them" דִּבְהוֹן.

Where Heb. uses Article with Participle הַקָּטֵל = *he who kills*, Aram. uses דְ: thus דְּאָמַר = *he who says*; or, dropping the א, דְּמַר. The Neuter, "that which" is also expressed by דְ with Participle.

Another peculiar but very frequent usage of דְ is as a Paraphrase for the Genitive. Aramaic has a Construct state which occurs very often in the Targums. In free composition דְ is far more frequent: thus "*the servants of the King*" may be עַבְדֵי מַלְכָּא, or עַבְדַיָּא דְמַלְכָּא, or עַבְדוֹי דְמַלְכָּא = "*his servants of the King*".

"He who"	is expressed by			מָאן דְּ הַהוּא דְ: אָתָן דְ: הָדֵין דְ
"She who"	"	"	"	הַהִיא דְ: הָדָא דְ
"Those who"	"	"	"	אִלֵּין דְ: הָלֵין דְ
"That which"	"	"	"	כָּל מָה דְ: הִיא דְ: מָה דְ

5. POSSESSIVE PRONOUNS.

דִּידִי	my	דִּידַן	our
דִּידָךְ	thy	דִּידְכוֹן	your
דִּידֵיהּ	his	דִּידְהוֹן	their
דִּידַהּ	her		

This is additional to the Pronominal Suffix which may be appended to any Noun, as in Hebrew.

6. INTERROGATIVE PRONOUNS.

מַאן	who?	מָה	what?
דְּמַאן	whose?	לְמָה	why?
לְמַאן	to whom?	כְּמָה	how much?

Which? (German "welcher"?) הַיְּידֵין *m.* הַיְּידָא *f.* אַיְּלֵין *Pl.*

7. INDEFINITE PRONOUNS.

חַד, some one, a certain —; מִלָּה or מִלָּא, something; כְּלוּם

something, לָא כְלוּם, nothing; אֱנָשׁ, some one. אִית דְּ there are some who, לֵית דְּ *no one.* אִינָשֵׁי *they* (French "on"). So also בְּרִייָתָא and עַמָּא (cf. English "people say"). *Every one* כֹּל חַד וְחַד or כֹּל בַּר נָשׁ וּבַר נָשׁ. *Everything* כֹּל מִילָּה. *All,* "the whole" כֹּל. All of it כּוּלֵּיהּ. *All of them* כּוּלְּהוֹן. *Somebody* פְּלָן or פְּלָנִי.

Another	אוּחֲרָן	*m.* Sing.	חוֹרָן
„	אוּחֲרִי	*f.* Sing.	חוֹרִי
„	אוּחֲרָנִין	*m.* Plur.	חוֹרָנִין
„	אוּחֲרָנִיָתָא	*f.* Plur.	חוֹרָיָתָא

II. NOUNS.

Aramaic Nouns have two Genders: Masculine and Feminine; two Numbers: Singular and Plural (the Dual not being found); and three States: indeterminate, determinate or emphatic, and construct.

Gender: The Masc. has no distinctive ending. It invariably ends in a consonant, except in the Nouns derived from Verbs that end in י or א. The Feminine almost always ends, even in the indeterminate form, in אָ or ן. The distinction of sex is generally observed, but there are a few Nouns which end in a consonant and which are names of things, that are Feminine: as יַד *hand*, אֶבֶן *stone,* נוּר *fire,* קֶרֶן *horn*, רוּחַ *spirit.*

Number: The rule is, the Masculine Nouns form their Plural in ין and Feminines in ָן. Occasionally this rule is disregarded in both directions. There are a few Masc. Nouns which form their Plural in ָן: as אֲבָהָן from אָב *father,* אַרְיָוָן from אַרְיֵ *lion,* שְׁמָהָן from שֵׁם *name.* There are also a few Fem. Nouns whose

Plural ends in ִין as נַפִּין from נַפָּא *wing*, כַּכְּרִין from כַּכַּר *talent*, עִלְעִין from עֲלַע *rib*, גִּנִּין from גִּנָּא *garden*, and מִלִּין from מִלָּא *word*.

The final ן of the Pl. Abs. is often dropped, e. g., מָנַיי for מָנִין (§ 13); דִּיקְלַי (§ 23); רוּמָּאֵי (§ 37).

Form. The Absolute form does not occur nearly so frequently as the Determinate, still it is more frequent in Galilean than in Syriac.

The Construct is far from rare in Galilean, though side by side with this we have the use of דְּ: (1) after the Construct; (2) after the absolute; (3) after the governing Noun with a Suffix superfluously attached: thus "the eve of the Sabbath" may be expressed:

עֲרוּבַת שַׁבַּתָּא
עֲרוּבַת דְּשַׁבַּתָּא
עֲרוּבְתָּא דְּשַׁבַּתָּא
עֲרוּבְתַּהּ דְּשַׁבַּתָּא

The Determinate from is found in all Aramaic dialects, and has in the main the same force as the prefixed article הַ in Hebrew. It consists in appending ָא to the construct state.

DECLENSION OF SIMPLE MONOSYLLABLE.

		Masculine	Feminine
Sing.	abs.	טָב	טָבָא
	const.	טָב	טָבַת
	det.	טָבָא	טָבְתָא
Plur.	abs.	טָבִין	טָבָן
	const.	טָבֵי	טָבָת
	det.	טָבַיָּא	טָבָתָא

DECLENSION OF NOUNS WITH UNCHANGEABLE PENULT.

		Masculine	Feminine
Sing.	abs.	אִמַּר	אִמְּרָא
	const.	אִמַּר	אִמְּרַת
	det.	אִמְּרָא	אִמַּרְתָּא
Plur.	abs.	אִמְּרִין	אִמְּרָן
	const.	אִמְּרֵי	אִמְּרָת
	det.	אִמְּרַיָּא	אִמְּרָתָא

DECLENSION OF SEGOLATE NOUNS.

Sing.	abs.	מֶלֶךְ king	מַלְכָּה queen
	const.	מֶלֶךְ	מַלְכַּת
	det.	מַלְכָּא	מַלְכְּתָא
Plur.	abs.	מַלְכִין	מַלְכָן
	const.	מַלְכֵי	מַלְכָת
	det.	מַלְכַיָּא	מַלְכָתָא

DECLENSION OF NOUNS ENDING IN י OR וּ.

Sing.	abs.	טְלֵי boy	טַלְיָה girl
	const.	טְלֵי	טַלְיַת
	det.	טַלְיָא	טְלִיתָא
Plur.	abs.	טְלִין	טַלְיָן
	const.	טַלְיֵי	טַלְיָת
	~~abs.~~ det.	טְלַיָּא	טַלְיָתָא

Sing.	abs.	רָעֵי shepherd	מַלְכוּ Kingdom
	const.	רָעֵי	מַלְכוּת
	det.	רָעֲיָא	מַלְכוּתָא

Plur.	abs.	רָעֲיָן	מַלְכְוָן
	const.	רַעֲיֵי	מַלְכְוָת
	det.	רָעֲיָתָא	מַלְכְוָתָא

GENTILIC NOUNS.

		Masculine		Feminine	
Sing.	abs.	מִצְרַי	Egyptian	מִצְרָיָה	
	det.	מִצְרָאָה		מִצְרֵיתָא	
Plur.	abs.	מִצְרָאִין		מִצְרָיָן	
	det.	מִצְרַיָּא		מִצְרֵיָתָא	
Sing.	abs.	יְהוּדַי	Jew	יְהוּדָאָה	Jewess
	det.	יְהוּדָאָה		יְהוּדִיתָא	
Plur.	abs.	יְהוּדָאִין		יְהוּדָיָן	
	det.	יְהוּדַיָּא		יְהוּדָיָתָא	

SOME IRREGULAR NOUNS FREQUENTLY USED.

		Absolute	Construct	Determinate	
Sing.	*m.*	אָב	אַב	אַבָּא	father
Plur.	*m.*	אֲבָהָן	אֲבָהָת	אֲבָהָתָא	
Sing.	*f.*	אֵם		אִמָּא	mother
Plur.	*f.*		אִמָּהָת	אִמָּהָתָא	
Sing.	*m.*	בַּר	בַּר	בְּרָא	son
Plur.	*m.*	בְּנִין	בְּנֵי	בְּנַיָּא	
Sing.	*f.*	בְּרַת	בְּרַת	בְּרַתָּא	daughter
Plur.	*f.*	בְּנָן	בְּנָת	בְּנָתָא.	
Sing.	*m.*	אַח	אֲחִי	אֲחָא	brother
Plur.	*m.*	אַחִין	אֲחֵי		
Sing.	*f.*	אִתָּא	אִתַּת	אִ[נ]תְּתָא	wife
Plur.	*f.*	נְשִׁין	נְשֵׁי	נְשַׁיָּא	

SUFFIXES TO NOUNS.

1. To Sing. Masc.

מֶלֶךְ	king		
מַלְכִּי	my king	מַלְכַּן	our king
מַלְכָּךְ	thy *m.* king	מַלְכְּכוֹן	your *m.* king
מַלְכִיךְ	thy *f.* „	מַלְכְּכֶן	your *f.* „
מַלְכֵיהּ	his king	מַלְכְּ[ה]וֹן	their *m.* „
מַלְכַהּ	her king	מַלְכְהֵין	their *f.* „

2. To Plural Masc.

מַלְכִין	kings		
מַלְכַי	my kings	מַלְכֵינַן	our kings
מַלְכַיךְ	thy *m.* kings	מַלְכֵיכוֹן	your *m.* kings
מַלְכַיְכִי	thy *f.* „	מַלְכֵיכֵין	your *f.* „
מַלְכוֹי	his kings	מַלְכֵיהוֹן	their *m.* „
מַלְכָהָא	her „	מַלְכֵיהֵין	their *f.* „

3. To Sing. Fem.

מַלְכָה	queen		
מַלְכְּתִי	my queen	מַלְכְּתַן	our queen
מַלְכְּתָךְ	thy *m.* queen	מַלְכַּתְכוֹן	your *m.* queen
מַלְכְּתִיךְ	thy *f.* „	מַלְכַתְכֵין	your *f.* „
מַלְכְּתֵיהּ	his queen	מַלְכַּתְהוֹן	their *m.* „
מַלְכְּתַהּ	her „	מַלְכַּתְהֵין	their *f.* „

4. To Plural Fem.

מַלְכָן	queens		
מַלְכָתִי	my queens	מַלְכָתַן	our queens
מַלְכָתָךְ	thy *m.* queens	מַלְכָתְכוֹן	your
מַלְכָתִיךְ	thy *f.* „		
מַלְכָתֵיהּ	his queens	מַלְכָתְהוֹן	their
מַלְכָתַהּ	her „		

III. VERBS.

In Aramaic the same seven modifications occur as in Hebrew, only with slightly different names: Peal, with its Passive, Ithpeel; Pael, with its Passive, Ithpael; and Aphel, with its Passive, Ittaphal — the only difference being the Passive Ittaphal instead of the reflexive Hithpael.

The simplest form, 3. Sing. *m.* Peal, is קְטַל, instead of קָטַל in Hebrew.

The Hebrew Niphal נִקְטַל is displaced by Ithpeel, אִתְקְטֵל.

The Hebrew Piel קִטֵּל becomes Pael קַטֵּל, and Pual קֻטַּל disappears in favour of a more regular form, Ithpael אִתְקַטֵּל.

The Hebrew Hiphil, which presents Ḥireq as the first vowel only in Qal.-having Pathaḥ in all other Moods and Tenses, appears in Aramaic as Aphel אַקְטֵל. But, in the Aramaic of Daniel, of the Elephantine Papyri and of the Pal. Talm. we have also the form Haphel.

The Passive of Aphel, namely Ittaphal אִתַּקְטַל is somewhat rare.

In addition to the above, there are, as in Hebrew, other forms which are much more infrequent:

Poel, as סוֹבֵר to carry, רוֹקֵן to empty.
Palel, as עַרְבֵּב to confound, שַׂרְטֵט to trace.
Palpel, as טַלְטֵל to carry, רַבְרֵב to be great.
Shaphel, as שַׁעְבֵּד to subdue, שֵׁיזִיב to rescue.

Peil occurs with a few Verbs as Passive or Reflexive of Peal, as נְהִיר (in § 33) to remember; chiefly however in Participles.

The ת of the Prefix of the Passive את is transposed with the initial radical, in Verbs commencing with צ and ז. Also with initial צ, the ת becomes ט; and with initial ז, the ת becomes ד: thus אִצְטַמֵּת from צְמַת to assemble and אִזְדַּמַּן from זְמַן to prepare. Before Verbs commencing with נ ח ע י ק פ כ מ נ the ת of the Passive Prefix את disappears in a Daghesh forte, and the Prefix is usually אִי, in which the י is probably a *mater lectionis*, to ensure that the syllable is vocalized with Ḥireq: thus the Passive of פְּתַח to open, is אִיפַּתַּח; of נְחַךְ to mock, אִינַּחֵק; of בְּעַל to marry, אִיבְּעֵל.

The Tenses and Moods are the same as in Hebrew. Perfect, Imperfect, Imperative, Infinitive, Participle (active and passive).

The Perfect. The 3. Sing. fem. usually ends in *ath*. ַת, the Babylonian in ָא.

The 2. Sing. masc. ending is often תָּה, side by side with תְּ as the 2. Sing. fem.

In 1. Sing., instead of Hebrew תִּי, Aramaic has ֵת or ֵית.

3. Plur. masc. ends in וּן. Onkelos has וּ, Jer. Targg. have often וּן.

3. Plur. fem. ends in ָן as Jer. Targg., while Onkelos has ָא.

2. Plur. masc. and fem. end alike in תּוּן. The Targg. have a fem. ending in תִּין.

1. Plur. ends in נַן, sometimes ן: Onkelos has נָא, Jer. Targg. נַן.

Gal. Aram. puts the accent on the final syllable; exc. in 2. Sing. m. and 1. Plur.

Verbs which are intransitive of the forms קְטֵל and קְטוֹל sometimes have a Prefix known as Prosthetic Aleph.

The Imperfect. The Prefix to the 3. Sing. and Plur. masc. and the 3. Plur. fem. is יִ *yi*. In Syriac this Prefix is נְ. In Bibl. Aram., these parts of the Verb "to be" הֲוָה, take the Prefix לְ, לֶהֱוֵא (Dan. 2^{20}), לֶהֱוֹן (2^{43}), לֶהֱוְיָן (5^{17}). In Gal. Aram., this use of לְ is extended to all Verbs; especially when the Impf. is used in the following senses:

1. a clause expressing design דְּלֵיכוּל (§ 33);
2. a wish;
3. a possibility;
4. rarely, the future.

N.B. See page 14 for the continuation of *Imperfect*.—Editor.

THE STRONG VERB.

Peal.

	Perfect	Imperfect		Imperative
Sing. 3. *m.*	כְּתַב	יִכְתּוּב	Sing. 2. *m.*	כְּתוּב
3. *f.*	כַּתְבַת	תִּכְתּוּב	2. *f.*	כּוּתְבִין
2. *m.*	כְּתַבְתָּה	תִּכְתּוּב	Plur. 2	כּוּתְבוּן
2. *f.*	כְּתַבְתְּ	תִּכְתְּבִין		Infinitive
1. com.	כִּתְבֵת	אֶכְתּוּב		מִכְתּוּב or מִכְתַּב
				מִכְתְּבָא
Plur. 3. *m.*	כְּתַבוּן	יִכְתְּבוּן		Participle
3. *f.*	כְּתַבָן	יִכְתְּבָן	Act. *m.* כָּתֵיב	*f.* כָּתְבָה
2. com.	כְּתַבְתּוּן	תִּכְתְּבוּן	Pass. *m.* כְּתִיב	*f.* כְּתִיבָה
1. com.	כְּתַבְנַן	נִכְתּוּב		

Peil, a passive form occurs occasionally (§ 14) 3. Sing. *f.* שְׁנִיצַת "is squeezed".

ITHPEEL.

	Perfect	Imperfect		Imperative
Sing. 3. *m.*	אִיתְכְּתֵיב	יִתְכְּתֵיב	Sing. 2. *m.*	אִיתְכְּתֵיב
3. *f.*	אִיתְכְּתֵיבַת	תִּתְכְּתֵיב	2. *f.*	אִיתְכַּתְבִין
2. *m.*	אִיתְכְּתַבְתְּ	תִּתְכְּתֵיב	Plur. 2.	אִיתְכַּתְבוּן
2. *f.*		תִּתְכַּתְבִין		Infinitive
1. com.	אִיתְכַּתְבֵית	אִתְכְּתֵיב		מִתְכְּתָבָא
Plur. 3. *m.*	אִיתְכַּתְבוּן	יִתְכַּתְבוּן		Participle
3. *f.*	אִיתְכַּתְבָן	יִתְכַּתְבָן	Act. *m.*	מִתְכְּתֵיב
2. *m.*	אִיתְכַּתְבְתּוּן	תִּתְכַּתְבוּן	*f.*	מִתְכְּתֵיבָה
1. com.	אִיתְכַּתְבְנַן	נִתְכְּתֵיב		

PAEL.

	Perfect	Imperfect		Imperative
Sing. 3. *m.*	כַּתֵּב	יְכַתֵּב	Sing. 2. *m.*	כַּתֵּב
3. *f.*	כַּתְּבַת	תְּכַתֵּיב	*f.*	כַּתְּבִין
2. *m.*	כַּתֵּיבְתְּ	תְּכַתֵּיב	Plur. 2. *m.*	כַּתְּבוּן
		תְּכַתְּבִין		Infinitive
1. com.	כַּתֵּיבֵית	אֲכַתֵּב		מְכַתָּבָא
Plur. 3. *m.*	כַּתְּבוּן	יְכַתְּבוּן		Participle
3. *f.*	כַּתְּבָן	יְכַתְּבָן	Act. *m.*	מְכַתֵּיב
2. *m.*	כַּתֵּבְתּוּן	תְּכַתְּבוּן	*f.*	מְכַתְּבָה
1. com.	כַּתֵּבְנַן	נְכַתֵּיב	Pass. *m.*	מְכַתַּב
			f.	מְכַתְּבָה

ITHPAAL.

	Perfect	Imperfect		Imperative
Sing. 3. *m.*	אִיתְכַּתַּב	יִתְכַּתַּב	Sing. 2. *m.*	אִיתְכַּתַּב
3. *f.*	אִיתְכַּתְּבַת	תִּתְכַּתַּב	2. *f.*	אִיתְכַּתְּבִין

	Perfect	Imperfect		Imperative
2. *m.*	אִיתְכַּתַּבְתְּ	תִּתְכַּתַּב	Plur. 2. *m.*	אִיתְכַּתְּבוּן
2. *f.*		תִּתְכַּתְּבִין		Infinitive
1. c.	אִיתְכַּתְּבֵית	אִתְכַּתַּב		מִתְכַּתָּבָא
Plur. 3. *m.*	אִיתְכַּתְּבוּן	יִתְכַּתְּבוּן		Participle
3. *f.*	אִיתְכַּתְּבָן	יִתְכַּתְּבָן	Act. *m.*	מִתְכַּתַּב
2. *m.*	אִיתְכַּתַּבְתּוּן	תִּתְכַּתְּבוּן	*f.*	מִתְכַּתְּבָה
1. c.	אִיתְכַּתַּבְנַן	נִתְכַּתַּב		

APHEL.

	Perfect	Imperfect		Imperative
Sing. 3. *m.*	אַכְתֵּיב	יַכְתֵּיב	Sing. 2. *m.*	אַכְתֵּיב
3. *f.*	אַכְתֵּיבַת	תַּכְתֵּיב	2. *f.*	אַכְתְּבִין
2. *m.*	אַכְתֵּיבְתְּ	תַּכְתֵּיב	Plur. 2. *m.*	אַכְתְּבוּן
2. *f.*		תַּכְתְּבִין		infinitive
1. c.	אַכְתְּבֵית	אַכְתֵּיב		מַכְתָּבָא
Plur. 3. *m.*	אַכְתְּבוּן	יַכְתְּבוּן		Participle
3. *f.*	אַכְתְּבָן	יַכְתְּבָן	Act. *m.*	מַכְתִּיב
2. *m.*	אַכְתֵּיבְתּוּן	תַּכְתְּבוּן	*f.*	מַכְתְּבָה
1. c.	אַכְתֵּיבְנַן	נַכְתֵּיב	Pass. *m.*	מַכְתַּב
				מַכְתְּבָה

No instances of Ittaphal אִיתַּכְתַּב in the Strong Verb occur in Gal. Aram.

The *Imperfect*, continued from p. 12.

The 3. S. fem. and 2. S. masc. have prefix תִּ (as in Hebrew). 2. S. f. has prefix תִּ and affix ִין (as in Heb. of Ruth 2^{8}, 3^{4}, 3^{18}).

The prefix of the 1st Sing. is א, or אֵי. A peculiarity of Gal. Aram. is that the 1st Plural is often used for the 1st Sing., even when the 1st Sing. Suffix immediately follows. Perhaps an instance of this is traceable in John. 9^{4}: "*We* must work the works of him that sent *me*"; e. g. נִיהוֹת לי (§ 12).

The 3. Plur. fem. has the Affix ָן, and the Prefix *yi* יִ; occasionally תִּ.

The 1. Plur. takes the Prefix נ. There are instances in which Gal. Aram. imitates Heb. by affixing ָא in a cohortative sense.

As in Latin *amaturus sum* is used of the immediate Future, so in Aram. עָתִיד, followed by Infinitive, means “he is about to —”.

The Infinitive in all forms of the Verb takes the Prefix מ in Gal. Aram. In Peal the two forms מִכְתַּב and מִכְתּוֹב are both found.

The other forms all have the ending ָ ָה. Ithpeel מִתְכַּתָּבָה. Pael מְכַתָּבָה Aphel מַכְתָּבָה and so on.

The use of the Inf. to strengthen the verbal notion of the Verb is not uncommon in the Targums, which in many ways imitate the Hebrew, but is extremely rare in free composition.

The Participle. The three Active forms, Peal, Pael, and Aphel, have each two Participles, Active and Passive. Peal Act. כָּתֵיב, Pass. כְּתִיב. Pael Act. מְכַתֵּיב, Pass. מְכוּתַּב. This Passive occurs regularly in Onkelos, rarely in Pal. Talm. and Midrash, which prefer מְכַתַּב. In Aphel, the Act. Part. is מַכְתֵּיב; the Pass. מַכְתַּב and מוּכְתַּב.

The Participle is of very frequent occurrence in Gal. Aram.

1. Standing alone, in Sing. or Plur., it is used of the Present Tense.

2. It occurs very often with הֲוָה in the sense of a Past Continuative.

3. In many instances the Personal Pronoun in an abbreviated form is attached to the Participle, thus קָאֵים אֲנָא *I am standing*, becomes קָאֵימְנָא. יָדַע אַתְּ Thou knowest, becomes יָדַעְתְּ. Similarly שָׁמְעִינַן *we hear*, דָּמְכִיתוּן *ye sleep*, יָדְעִינוּן *they know*. בָּעֵינָא I wish (§ 20).

4. The Participle receives Suffixes: Nominal Suffix when the suffix is the subject of the Verb; Verbal Suffix when it is the object of the Verb.

GUTTURAL VERBS.

Since the Palestinian Talmud is unvocalized, the assignment of vowels is always a matter of some uncertainty. This is specially the case with the Guttural Verbs, and we have to depend almost exclusively on those Targums which have superlinear vowels, as the sublinear vocalization in the printed Editions of the Targums is assimilated entirely to the Hebrew.

In Verbs, פ Guttural, the Guttl. is usually treated as an ordinary consonant. There are isolated cases when the Guttl. takes a compound Sheva and also cases when the Guttural takes a full vowel and the following letter a Daghesh Forte.

In Verbs ע Guttural, when the Guttural should be doubled the preceding vowel is usually lengthened as טָעֵין Pael of טען.

In Verbs ל Guttural, the e in Ithpeel, Pael and Aphel becomes a: אִשְׁתְּמַע; תַּבַּר; אַשְׁכַּח.

In Verbs ע and ל Guttl. ר is treated like a Guttl.; thus חַמַּר, Pael of חֲמַר, and תַּבַּר, cited above.

VERBS PE NUN.

In Verbs whose first letter is נ, the rule is that after a Prefix with an open syllable, the Nun disappears, and is compensated for by Daghesh Forte in the second radical. This occurs in the Impft. and Inf. of Peal and in all forms of Aphel and Ittaphal. Thus the Impft. Peal of נְסַב is יִסַּב and the Pft. Aphel of נְפַק is אַפֵּק. Though this is the rule, the instances of the retention of Nun are somewhat frequent: thus instead of אַפֵּק, we find אַנְפֵּק or הַנְפֵּק.

When the middle radical is a Guttural, the initial Nun is retained before ה and ע, and disappears before ח: thus we find Aphel אַנְהַר and אַנְעִיל, but אַחֵית from נְחַת. Inf. Peal מֵיחוֹת (§ 20).

The most unexpected feature in these Verbs is the Imperative: thus נְפַק gives פּוּק *go out!* and נְחַת, חוּת *go down!*

VERBS PE ALEPH.

Peal. In Gal. Aram. the א disappears in י in Impft. and Inf. thus: אֲכַל gives Impft. יֵיכוּל or לֵיכוּל; Inf. מֵימוֹר of אֲמַר.

Pael. The only Verb which presents any differences from Pe Guttural Verbs is אַלֵּף: Pael אַלֵּיף to teach, which drops א after all Prefixes thus: מְאַלְּפָא Inf., becomes מַלְּפָא, and מְאַלֵּיף Part.; becomes מַלֵּיף.

Aphel. The first radical א, in some Verbs, becomes י, in others ו. Thus Aph. pft. of אֲכַל is אֵיכֵיל, of אֲבַד is אוֹבֵיד. Aph. impft. of אֲכַל is יֵיכֵל or יוֹכֵל, and Inf. of אֲבַד is מוֹבָדָא.

VERBS PE YODH.

Some of these Verbs were (as in Hebrew) originally Pe Waw, while others are originally Pe Yodh.

Peal	יְתַב.	Imv.	תִּיב.	Inf.	מֵיתַב.
Peal	יְנַק.	Impf.	יֵינַק.	Inf.	מֵינַק.
Aphel	אוֹתֵיב.	Inf.	מוֹתָבָא.	Part.	מוֹתֵב.
Aphel	אַיְנֵיק.	Inf.	מֵינָקָא.	Part.	מֵינַק.

VERBS AYIN WAW.

Of these Verbs there are two classes: Transitive and Intransitive.

The former have ָ in Pft Peal, as קָם *arose,* תָּב *returned,* צָם *fasted.* The latter have י in Pft Peal, as מִית *died,* סִיב *was old.*

	Peal		Ithpeel	Pael	Aphel
	Perfect		Perfect	Perfect	Perfect
Sing. 3. *m.*	קָם	מִית	אִיתְקָם	קַיֵּם	אוֹקֵים ,אֲקֵים
3. *f.*	קָמַת	מֵיתַית		קַיֵּמַת	אֲקֵימַת
2. *m.*	קַמְתָּה	מֵיתְתְּ			אֲקֵימְתְּ
1. c.	קַמֵית	מֵיתֵית	אִיתְקַמֵית		אֲקֵימֵית
Plur. 3. *m.*	קָמוּן	מֵיתוּן		קַיְּמוּן	אֲקִימוּן
3. *f.*	קָמָן	מֵיתָן			אֲקִימָן
2. *m.*	קַמְתּוּן				אֲקִימְתּוּן
1. c.	קַמְנַן				אֲקִימְנַן
	Imperfect		Imperfect	Imperfect	Imperfect
Sing. 3. *m.*	יְקוּם	יְמוּת	יִתְקָם	יְקַיֵּם	יְקִים
3. *f.*	תִּיקוּם	תְּמוּת			תְּקִים
2. *m.*	תִּיקוּם				תְּקִים
2. *f.*	תְּקוּמִין				תְּקִימִין
1. c.	אֵיקוּם				אֲקִים
Plur. 3. *m.*	יְקוּמוּן		יִתְקָמוּן	יְקַיְּמוּן	יְקִימוּן
2. *m.*	תְּקוּמוּן				יְקִימָן
1. c.	נִיקוּם				נְקִים
	Imperative		Imperative	Imperative	Imperative
Sing. 2. m.	קוּם			קַיֵּם	אֲקִים
2. *f.*	קוּמִין				
Plur. 2. m.	קוּמוּן			קַיְּמוּ	
	Infinitive		Infinitive	Infinitive	Infinitive
	מֵיקָם	מֵמַת	מִתְקָמָא	מְקַיָּמָא	מֵיקָמָא

	Participle	Participle	Participle	Participle
Act. *m.*	מִית, מָאֵית קָאֵים	מִתְקָם	מְקַיֵּים	מְקִים
f.	קָיְמָה			מְקִימָה
Pass. *m.*	קִים			
f.	קִימָה			

VERBS DOUBLE AYIN.

	Peal	Pael	Aphel
	Perfect	Perfect	Perfect
Sing. 3. *m.*	עָאל	טַלֵּיל	אַעֵיל
3. *f.*	עַלַּת		אַעֵילַת
2. *m.*	עַלְתָּא	טַלֵּלְתָּא	אַעֵילְתָּא
1. c.	עַלֵּית		אַעֵילֵית
Plur. 3. *m.*	עַלּוּן		אַעֵילוּן
3. *f.*	עַלָּן		
2. *m.*	עַלְתּוּן		אַעֵילְתּוּן
1. c.	עַלְנַן		אַעֵילְנַן
	Imperfect	Imperfect	Imperfect
Sing. 3. *m.*	יֵיעוּל	יְטַלֵּיל	יַעֵיל
3. *f.*	תֵּיעוּל		תַּעֵיל
2. *m.*	תֵּעוּל		תַּעֵיל
2. *f.*	תֵּיעֲלִין		תַּעֲלִין
1. c.	אֵיעוּל		אַעֵיל
Plur. 3. *m.*	יֵיעֲלוּן		יַעֲלוּן
3. *f.*	יֵיעֲלָן		יַעֲלָן
2. *m.*	תֵּעֲלוּן		תַּעֲלוּן
1. c.	נֵעוּל		נַעֵיל

	Peal	Aphel
	Imperative	**Imperative**
Sing. 2. *m.*	עוּל	אַעֵיל
2. *f.*	עוּלִין	אַעֵלִין
Plur. 2. *m.*	עוּלוּן	אַעֵלוּן
	Infinitive	**Infinitive**
	מֵיעוֹל	מַעָלָא
	Participle	**Participle**
Act. *m.*	עָלֵיל	מַעֵיל
f.	עָלְלָה	מַעֲלָה
Pass. *m.*	עֲלִיל	
f.	עֲלִילָה	

VERBS LAMEDH ALEPH, YODH OR HE.

	Peal	Ithpeel	Pael	Aphel
	Perfect	**Perfect**	**Perfect**	**Perfect**
Sing. 3. *m.*	חֲמָא, חֲמֵי	אִיתְחֲמֵי	חַמֵּי	אַחְמֵי
3. *f.*	חֲמַת, חֲמֵית	אִיתְחֲמִיַּת	חַמְּיָת	אַחְמִיַת
2. *m.*	חֲמֵיתָה	אִיתְחֲמֵיתָה	חַמִּיתָה	אַחְמִיתָא
2. *f.*	חֲמֵית		חַמִּית	
1. c.	חֲמֵית, חַמְיֵית	אִיתְחֲמֵית	חַמְּיֵית	אַחְמֵית
Plur. 3. *m.*	חֲמוֹן, חֲמִיוּן	אִיתְחֲמוֹן	חַמּוֹן	אַחְמוֹן
5. *f.*	חֲמִיָן	אִיתְחֲמָן	חַמְּיָן	אַחְמְיָן
2. *m.*	חֲמִיתוּן	אִיתְחֲמִתוּן	חַמִּיתוּן	אַחְמִיתוּן
1. c.	חֲמֵינַן	אִיתְחֲמְנַן	חַמֵּינַן	אַחְמֵינַן
	Imperfect	**Imperfect**	**Imperfect**	**Imperfect**
Sing. 3. *m.*	יִחְמֵי	יִיח יִתְחֲמֵי	יְחַמֵּי	יַחְמֵי
3. *f.*	תִּיחֲמֵי	תִּיח תִּתְחֲמֵי	תְּחַמֵּי	תַּחְמֵי

	Peal	Ithpeel	Pael	Aphel
	Imperfect	Imperfect	Imperfect	Imperfect
Sing. 2. *m.*	תִּיחְמֵי	תִּתְחֲמֵי	תְּחַמֵּי	תַּחְמֵי
2. *f.*	תִּיחְמַיִין	תִּתְחֲמַיִין	תְּחַמְּיִין	תַּחְמְיִין
1. c.	אִיחְמֵי	אִיח אִתְחֲמֵי	אִיחַמֵּי	אַחְמֵי
Plur. 3. *m.*	יִחְמוּן	יִתְחֲמוּן	יְחַמּוּן	יַחְמוּן
3. *f.*	יִחְמַיָּין	יִתְהַמָּן	יְחַמְּיָין	יַחְמְיָין
2. *m.*	תִּחְמוּן	תִּתְחֲמוּן	תְּחַמּוּן	תַּחְמוּן
1. c.	נִיחְמֵי	נִיחֲמֵי נִתְחֲמֵי	נְחַמֵּי	נַחְמֵי
	Imperative	Imperative	Imperative	Imperative
Sing. 2. *m.*	חֲמֵי	אִיתְחֲמֵי	חַמֵּי	אַחְמֵי
2. *f.*	חֲמַיי	אִיתְחֲמַיי	חַמַּיי	אַחְמַיי
Plur. 2. *m.*	חֲמוּן	אִיתְחֲמוּן	חַמּוּן	אַחְמוּן
	Infinitive	Infinitive	Infinitive	Infinitive
	מֵיחְמֵי מַחְמָא	מִתְחַמָּיָה	מְחַמָּיָה	מַחְמָיָא
	Participle	Participle	Participle	Participle
Act. *m.*	חָמֵי	מִתְחֲמֵי	מְחַמֵּי	מַחְמֵי
f.	חָמְיָא	מִתְהַמְּיָא	מְחַמְּיָא	מַחְמְיָא
Pass. *m.*	חֲמֵי		מְחַמַּי מְחוּמַּי	
f.	חַמְיָא		מְחַמְּיָא	

STRONG VERB WITH SUFFIXES.

Peal

Perfect

	1. Sing. Suffix	2. Sing. *m.*	3. Sing. *m.*	3. Sing. *f.*
Sing. 3. *m.*	קַטְלִי	קַטְלָךְ	קַטְלֵיהּ	קַטְלַהּ
3. *f.*	קְטַלְתַּנִי	קְטַלְתָּךְ	קְטַלְתֵּיהּ	קְטַלְתַּהּ
2. *m.*	קְטַלְתַּנִי		קְטַלְתִּינֵהּ	קְטַלְתִּינַהּ

2. *f.*				
1. c.		קְטַלְתָּךְ	קְטַלְתֵּיהּ	קְטַלְתַּהּ
Plur. 3. *m.*	קַטְלוּנִי	קַטְלוּנָךְ	קַטְלוּנֵהּ	קַטְלוּנַהּ
2. *m.*	קְטַלְתּוּנִי		קְטַלְתּוּנֵה	קְטַלְתּוּנַהּ
1. c.		קְטַלְנָתָךְ	קְטַלְנָתֵהּ	קְטַלְנָתַהּ

	1. Plur. Suffix	2. Plur. *m.*	3. Plur. *m.*
Sing. 3. *m.*	קַטְלַן		קַטְלוֹן
3. *f.*	קְטַלְתַּן		קְטַלְתּוֹן
2. *m.*	קְטַלְתִּינַן		קְטַלְתִּינוּן
1. c.			קְטַלְתְּנוּן
Plur. 3. *m.*			קַטְלוּנוּן

Peal

Imperfect

	1. Sing. Suff.	2. Sing. *m.*	3. Sing. *m.*	3. Sing. *f.*
Sing. 3. *m.*	יִקְטְלִינִי	יִקְטְלִינָךְ	יִקְטְלִינֵיהּ	יִקְטְלֵינַהּ
Plur. 3. *m.*	יִקְטְלוּנַנִי	יִקְטְלוּנָךְ	יִקְטְלוּנֵיהּ	יִקְטְלוּנַהּ

	1. Plur. Suffix	3. Plur.
Sing. 3. *m.*	יִקְטְלִינַן	יִקְטְלִינוּן
Plur. 3. *m.*	יִקְטְלוּנַן	יִקְטְלוּנוּן

Imperative

	1. Sing. Suff.	3. Sing. *m.*	3. Sing. *f.*	1. Plur.	3. Plur.
Sing. 2. *m.*	קִטְלִי	קִטְלֵיהּ	קִטְלַהּ	קִטְלָן	קִטְלוֹן
Plur. 2. *m.*	קִטְלוּנִי	קִטְלוּנֵיהּ	קִטְלוּנַהּ	קִטְלוּנַן	קִטְלוּנוּן

Infinitive.

1. Sing. Suff.	2. Sing. *m.*	3. Sing. *m.*	3. Sing. *f.*	1. Plur.	3. Plur.
מִקְטְלִינַנִי	מִקְטְלִינָךְ	מִקְטְלִינֵיהּ	מִקְטְלִינַהּ	מִקְטְלִינַן	מִקְטְלִינוּן

Participle.

Objective Suffix

1. Sing.	2. Sing. *m.*	2. Sing. *f.*	3. Sing. *m.*	3. S. *f.*
פָּרְקִינִי	פָּרְקָךְ	פָּרְקִיךְ	פָּרְקֵיהּ	פָּרְקַהּ

1. Plur.	2. Plur. *m.*	3. Plur. *m.*
פָּרְקֶנַן	פָּרְקֶכוֹן	פָּרְקִינוּן

VERBS LAMEDH YODH WITH SUFFIXES.

Peal

Perfect

	1. Sing. Suff.	2. Sing. *m.*	3. Sing. *m.*	3. Sing. *f.*	3. Plur.
Sing. 3. *m.*	חֲמָתִי		חֲמָתֵיהּ	חֲמָתַהּ	חֲמַיתוּן
3. *f.*			חֲמַיתֵיהּ	חֲמָתַהּ	
2. *m.*	חֲמַיתַנִי		חֲמַיתֵיהּ	חֲמַיתַהּ	חֲמַיתִינוּן
1. c.		חֲמֵיתָךְ	חֲמֵיתֵיהּ	חֲמֵיתַהּ	חֲמֵיתוּן
Plur. 3. *m.*	חֲמוֹנִי	חֲמוֹנָךְ	חֲמוֹנֵיהּ	חֲמוֹנַהּ	חֲמוֹנוּן
1. c.			חֲמִינָתֵיהּ	חֲמִינָתַהּ	חֲמִינָתוּן

Imperfect

Sing. 3. *m.*	יִחְמַינַנִי	יִחְמֵינָךְ	יִחְמֵינֵיהּ	יִחְמֵינַהּ	יִחְמֵינוּן
Plur. 3. *m.*	יִחְמוּנַנִי				

Imperative

Sing. 2. *m.*	חֲמֵנִי		חֲמֵיתֵיהּ	חֲמֵיתַהּ	חֲמֵינוּן
Plur. 2. *m.*	חֲמוֹנִי		חֲמוֹנֵיהּ	חֲמוֹנַהּ	

Infinitive

Peal			מִיחֲמֵינֵיהּ	מִיחֲמֵינַהּ
Pael	חַמָּיוּתִי	חַמָּיוּתָךְ		

IV. NUMERALS.

The Cardinals from 3 to 10 are used so that the Masc. Forms go with Fem. Substantives, and Fem. Forms with Mas. Substantives.

With Masc. Subst.

1. חַד. 2. תְּרֵי, תְּרֵין. 3. תְּלָתָא. 4. אַרְבְּעָה. 5. חַמְשָׁא.

6. שִׁיתָּא. 7. שֵׁבְעָה. 8. תְּמָנְיָא. 9. תֵּשְׁעָא. 10. עַשְׂרָא.

With Fem. Subst.

1. חֲדָא. 2. תַּרְתֵּי, תַּרְתֵּין. 3. תְּלַת. 4. אַרְבַּע. 5. חֲמֵשׁ.

6. שֵׁית. 7. שֵׁיב, שְׁבַע. 8. תְּמָנֵי. 9. תְּשַׁע. 10. עֲשַׂר.

Cardinals from 11 to 19.

With Masc. Subst.

11. חַדְסַר, חַד עֲשַׂר. 12. תְּרֵיסַר. 13. תְּלַת עֲסַר.

14. אַרְבֵּיסַר, אַרְבְּעַת עֲשַׂר. 15. חֲמֵיסַר, חַמְשַׁת עֲשַׂר.

16. שיתסר, שִׁית עֲשַׂר. 17. שִׁבְעַת עֲשַׂר.

18. תמניסר, תְּמָנַת עֲסַר. 19. תִּשְׁעַת עֲסַר.

With Fem. Subst.

11. חדסרי, חֲדָא עַסְרֵי. 12. תרתיסרי, תַּרְתֵּי עַשְׂרֵי.

13. תליסרי, תְּלַת עַשְׂרֵי. 14. ארביסרי, אַרְבַּע עַשְׂרֵי.

15. חֲמֵשׁ עַסְרֵי. 16. שיתסרי, שֵׁית עַסְרֵי.

17. שבסרי, שְׁבַע עַסְרֵי. 18. תמנסרי, תְּמָנֵי עַשְׂרֵי.

19. תשסרי, תְּשַׁע עַסְרֵי.

The Tens, from 20 to 90 are in the Masc. Form.

20. עֶשְׂרִין. 30. תְּלָתִין. 40. אַרְבְּעִין. 50. חַמְשִׁין.
60. שִׁתִּין. 70. שִׁבְעִין. 80. תְּמָנִין. 90. תִּשְׁעִין.

Hundreds.

100. מְאָה. 200. מָאתַן. 300. תְּלַת מְאָה. 400. אַרְבַּע מְאָה.

Thousands.

1,000. אֲלַף. 2,000. תְּרֵין אַלְפִין. 3,000. תְּלָתָא אַלְפִין.
10,000. רִיבּוֹ, det. רִבּוֹתָא; pl. רִבְוָן.
60,000. שית רִבְוָן, and שִׁתִּין אַלְפִין.
1,000,000. אֲלַף אַלְפִין.

Ordinals.

Masc. Form.

First. קַדְמַיי. *Second.* תִּנְיָין. *Third.* תְּלִיתַאי.

Fem. Form.

First. קַדְמֵיתָא det. *Second.* תִּנְיֵיתָא det.

Fractionals.

$\frac{1}{2}$. פַּלְגָא. $\frac{1}{3}$. תּוּלְתָא, תַּלְתּוּת c. $\frac{1}{4}$. רַבְעוּת c.
$\frac{1}{5}$. חוּמְשָׁא. $\frac{1}{6}$. שְׁתוּתָא.

V. ORDINARY ADVERBS.

1. TIME.

כַּדּוּ, כַּדּוּן	Now.	אֵימַת	When?
הַשְׁתָּא	Now.	עוֹד	Yet, Still.
הָאִדָּנָא	Now.	תּוּבָן	Yet, Still.
		לְהַל, לְהַלָּא, לְהַלָּן	In future.
		כְּבָר	Long since.
מִיַּד, מִן יַד	At once.	יוֹמָא דֵין	To-day.
אִתְמָל	Yesterday.	לְמַחַר	To-morrow.

2. PLACE.

עֵיל, עֵילָא	Above.	לְרַע	Below.
תַּתָּא	Under.	בָּר, בָּרָא	Outside.
מִלְּגָיו	Within.	כָּא, הָכָא	Here.
תַּמָּן	There.	אָן, הָן	Where?
הֵיכָן	Where?	הֵיכָא	Where?
הַיְידָא, הַיְידֵי	Where?		

3. RELATION.

אֵיךְ, הֵיךְ	How?	אֵיכֵי, הֵיכֵי, הֵיכֵין	How?
כֵּן	Thus, so.	כְּדֵין	As this, so.
הָכְדֵין	Thus, as this, so.		
הָכֵי, אָכֵין, הָכֵין	Thus, so.	לְמָה	Why?
בְּגֵין מָא	On account of what?	בְּגֵין כֵּן	Therefore.
בִּלְחוֹד	Only.	אֵלָּא	Unless.

4. AFFIRMATION AND NEGATION, POSSIBILITY AND PROBABILITY.

אִין Yes. לָא No, not.
כְּלוּם Is there any? דִּילְמָא Perhaps, may be.
מִי, כִּי Indeed. Is there then?

PREPOSITIONS.

בְּ In. לְ To. כְּ As. כְּוָת As, like.
כְּמִין As, like. כְּגוֹן Like.
מִן From. עַד Unto, as far as.
גַּבֵּי, גַּב With, by, within.
גּוֹא, גּוֹ In. עִלָּוֵי, עַל On, upon.
תּוֹתֵי, תּוֹחֲתֵי Under, beneath. תְּחוֹת, תְּחוֹתֵי Under, beneath.
קֳמֵי, קַמֵּי, קֳדָם Before.
חוֹרֵי, אֲחוֹרֵי Behind. בָּתַר After.
בֵּינֵי, בֵּין Between. קֳבֵל Over-against.
עִם With. בְּגִין On account of.
בְּגְלַל For the sake of. לְפוּם According to.
חִילוּפֵי, חֲלַף Instead of; in behalf of.

CONJUNCTIONS.

1. TIME.

כַּד, כִּד When. מִדְּ, מִן דְּ Since.
כֵּיוָן דְּ When, as then. אֵימַת דְּ When.
עַד דְּ During, as long as, before.
עַד דְּלָא Before.

2. PLACE.

אָן דְּ, הָן דְּ There, where.

בַּאֲתַר דְּ There, where.

3. CAUSE OR REASON.

דְּ Because.

בְּדִיל דְּ, בְּגֵין דְּ Since, because.

מִשּׁוּם דְּ Because.

אַף עַל גַּב דְּ Although.

מִן דְּ, עַל דְּ Because.

מִן גַּמ דְּ Because.

מִכֵּיוָן דְּ Because.

מִכֵּיוָן Because.

4. PURPOSE.

בְּגֵין דְּ In order that.

דְּלָא So as not.

5. CONDITION.

אִי, אִין If.

אִילּוּ If.

אִילּוּלָא, אִילּוּלֵי If not.

6. COMPARISON.

כִּדְ As, like.

הֵיכְמָה דְּ Just as.

כְּמָה דְּ As that.

הֵיךְ, הֵיךְ דְּ As.

7. STATEMENT AND EXPLANATION.

דְּ That, that is.

8. CONNECTION AND SEPARATION.

וְ And. וּ And.

וּ is used always before מ, ב, ף, ו, and before other letters having Shewa, which may then disappear; but excepting gutturals and yodh.

אַף, אוּף Also. בְּרַם But, yet.

אֶלָּא Except, but. אוֹ Or.

INTERJECTIONS.

הָא See! Behold! וָוי Woe! Alas! הַלְוַאי O that!

THE PLACE OF THE TONE.

In Gal. Aramaic *the tone generally falls on the last syllable of a word.*

The Penultimate syllable receives the tone

(*a*) in the 1st Plural Perfect of all stems of the strong Verb and Verbs Lamed א, ו and י;

(*b*) in the 2nd Per. S. Masc., with the ending ָת, of the Perfect of the Strong Verb and Verbs Lamed א, ו and י;

(*c*) in the 1st P. Sing., with the ending ִי, of the Perfect of Verbs Lamed א, ו and י;

(*d*) in the Masc. Plur. Participle of Verbs Lamed א, ו and י, and in the word מַ֫יִן;

(*e*) before the Verbal Suffix נִי;

(*f*) when the Nominal Suffixes כִּי, הִי, הָא, נַן are attached to the Plural, and when נַן is attached to a Sing. with a vowel ending, as in אֲב֫וּנַן;

(*g*) in the indeterminate or Construct form of Segolates, used as in Hebrew:

thus עֶ֫בֶד, סֵ֫פֶר, ק֫וֹדֶשׁ;

(*h*) in Adverbs of Place having the Accusative ending ā, as עֵ֫ילָא, תַּ֫חְתָּא, בָּ֫רָא, אַ֫חְרָא, הַ֫לְאָה.

ARAMAIC FRAGMENTS
FROM THE PALESTINIAN TALMUD.

BERAKOTH.

1 (I. 2 *d*)

רַבִּי שְׁמוּאֵל בַּר נַחְמָנִי כַּד הֲוָה נָחֵית לְעִיבּוּרָא הֲוָה מְקַבַּל גַּבֵּי רַבִּי יַעֲקֹב גָּרוֹסָא, וַהֲוָה רַבִּי זְעֵירָא מְטַמַּר בֵּינֵי קוּפַּיָּא מִשְׁמְעָנָא הֵיךְ הֲוָה קָרֵי שְׁמַע, וַהֲוָה קָרֵי וְחָזַר וְקָרֵי עַד דַּהֲוָה שָׁקֵיעַ מִינֵּהּ גַּו שֵׁינָתֵיהּ,

2 (I. 2 *d*)

אֲמַר רַבִּי זְעֵירָא אֲנָא תְכָפֵית גְּאוּלָּה לִתְפִילָּה וְאִיתְצְדֵית בְּאַנְגַּרְיָא מוּבְלָא הֲדָם לְפַלָּטִין, אֲמַרוּ לֵיהּ רַבָּנָן רְבוּ הִיא, אִית בְּנֵי אֱנָשֵׁי יָהֲבִין פְּרִיטִין מִיחֲכַם פַּלָּטִין,

3 (I. 3 *b*)

רַבִּי שִׁמְעוֹן בֶּן יוֹחַי אֲמַר אִילּוּ הֲוֵינָא קָאֵים עַל טוּרָא דְסִינַי בְּשַׁעְתָּא דְאִיתְיְהֵיבַת תּוֹרָה לְיִשְׂרָאֵל הֲוֵינָא מִתְבְּעֵי קוֹמוֹי רַחֲמָנָא דְיִתְבְּרֵי לְבַר נָשָׁא תְּרֵין פּוּמִין חַד דַּהֲוָה לָעֵי בְאוֹרַיְתָא וְחַד דְּעָבֵיד לֵיהּ כָּל צוֹרְכֵיהּ, חֲזַר וָמַר וּמָה אִין חַד הוּא לֵית עָלְמָא יָכֵיל קָאֵים בֵּיהּ מִן דִּילָטוֹרַיָּא אִילּוּ הֲווּ תְּרֵין עַל אַחַת כַּמָּה וְכַמָּה,

4 (I. 3 *d*)

חָנָן בַּר בָּא אֲמַר לְחַבְרַיָּא נֵימוֹר לְכוֹן מִילְּתָא טָבָא דַּחֲמֵית לְרַב עָבֵיד וְאִמְרֵיתֵיהּ קוֹמֵי שְׁמוּאֵל וְקָם וּנְשַׁק עַל פּוּמִי,

5 (I. 4 *a*)

רַב שְׁאֵיל לְרַבִּי חִייָא רַבָּא וְלֵינָא חָמֵי לְרַבִּי מְקַבֵּל עֲלוֹי מַלְכוּת שָׁמַיִם. אֲמַר לֵיהּ כַּד תֶּחְמֵינֵיהּ יָהֵיב יְדֵיהּ עַל אַפּוֹהִי הוּא מְקַבֵּל עֲלוֹי עוֹל מַלְכוּת שָׁמַיִם.

6 (II. 4 *b*)

רַבִּי יוֹחָנָן הֲוָה מִיסְתְּמֵיךְ עַל רַבִּי יַעֲקוֹב בַּר אִידִי וַהֲוָה רַבִּי אֶלְעָזָר חָמֵי לֵיהּ וּמִיטַּמַּר מִן קֳדָמוֹי. אֲמַר הָא תַּרְתֵּין מִילִּין הָדֵין בַּבְלָיָא עָבֵיד בִּי. חֲדָא דְלָא שָׁאֵל בִּשְׁלוֹמִי. וַחֲדָא דְלָא אָמַר שְׁמוּעֲתָא מִשְּׁמִי. אֲמַר לֵיהּ כָּךְ אִינּוּן נְהִיגִין גַּבֵּיהוֹן. זְעֵירָא לָא שָׁאַל בִּשְׁלָמֵיהּ דְרַבָּה. דְּאִינּוּן מְקַיְּימִין ראוני נערים ונחבאו. (Job 29[8]) מִי מְהַלְּכִין חַמֵּי לֵיהּ חַד בֵּית מִדְרָשׁ. אֲמַר לֵיהּ הָכָא הֲוָה רַבִּי מֵאִיר יָתֵיב דָּרֵישׁ וַאֲמַר שְׁמוּעֲתָא מִן שְׁמֵיהּ דְּרַבִּי יִשְׁמָעֵאל וְלָא אֲמַר שְׁמוּעֲתָא מִן שְׁמֵיהּ דְּרַבִּי עֲקִיבָא. אֲמַר לֵיהּ כָּל עָלְמָא יָדְעִין דְּרַבִּי מֵאִיר תַּלְמִידֵיהּ דְּרַבִּי עֲקִיבָא. אֲמַר לֵיהּ כָּל עָלְמָא יָדְעִין דְּרַבִּי אֶלְעָזָר תַּלְמִידֵיהּ דְּרַבִּי יוֹחָנָן.

מָהוּ מִיעֲבוֹר קוֹמֵי אַהֲדוּרֵי צֵילְמָא. אֲמַר לֵיהּ מַה אַתְּ מְפַלֵּיג לֵיהּ אִיקָר אֶלָּא עֲבוֹר קוֹמוֹי וְסַמֵּי עֵינֵיהּ. אֲמַר לֵיהּ יָאוּת רַבִּי אֶלְעָזָר עָבֵיד דְּלָא עָבַר קוֹמָךְ. אֲמַר רַבִּי יַעֲקוֹב בַּר אִידִי יוֹדַע אַתְּ לְפַיֵּיס. וְרַבִּי יוֹחָנָן בְּעֵי דְּיֵימְרוּן שְׁמוּעֲתָא מִן שְׁמֵיהּ.

7 (II. 4 *c*)

אֲמַר רַבִּי יַנַּאי תְּפִילִּין צְרִיכִין גּוּף נָקִי. מִפְּנֵי מָה לֹא הֶחֱזִיקוּ בְהוֹן מִפְּנֵי הָרַמָּאִין: עוּבְדָא הֲוָה בְחַד בַּר נָשׁ דְּאַפְקֵד גַּבֵּי חַבְרֵיהּ וּכְפַר בֵּיהּ. אֲמַר לֵיהּ לָא לָךְ הֵימְנֵית אֶלָּא לְאִילֵּין דִּבְרֵישָׁךְ הֵימְנֵית.

8 (II. 4*c*)

רַבִּי יוֹחָנָן בֶּן זַכַּאי לָא הֲווֹן תְּפִילּוֹי זָעְןָן מִינֵּיהּ לָא בְּקַיְיטָא וְלָא בְּסִיתְוָא וְכָךְ נָהַג רַבִּי אֱלִיעֶזֶר תַּלְמִידוֹ אַחֲרָיו. רַבִּי יוֹחָנָן בְּסִיתְוָא דַּהֲוָה חֲזִיק רֵישֵׁיהּ לְבֵישׁ תַּרְוֵיהוֹן. בְּרָם בְּקַיְיטָא דְלָא הֲוָה חֲזִיק רֵישֵׁיהּ לָא הֲוָה לָבֵישׁ אֶלָּא דְאֶדְרְעֵיהּ.

9 (II. 5*a*)

רַבָּנַן אָמְרִין אֲהֵן מַלְכָּא מְשִׁיחָא אִין מִי חַיָּיא הוּא דָוִיד שְׁמֵיהּ אִין מִי דָמְכַיָּא הוּא דָוִיד שְׁמֵיהּ. אֲמַר רַבִּי תַּנְחוּמָא אֲנָא אֲמְרֵית טַעֲמָא וְעוֹשֶׂה חֶסֶד לִמְשִׁיחוֹ לְדָוִד (Psa 18[51]). רַבִּי יְהוֹשֻׁעַ בֶּן לֵוִי אֲמַר צֶמַח שְׁמוֹ. רַבִּי יוּדָן בְּרֵיהּ דְּרַבִּי אַיְיבוּ אֲמַר מְנַחֵם שְׁמוֹ אֲמַר חֲנִינָא בְּרֵיהּ דְּרַבִּי אֲבָהוּ וְלָא פְּלִיגִין. חוּשְׁבָּנֵיהּ דְּהָדֵין כְּחוּשְׁבָּנֵיהּ דְּהָדֵין, הוּא צֶמַח וְהוּא מְנַחֵם.

וְדָא מְסַיְיעָא לְהוּ׳ דְּמַר רַבִּי יוּדָן בְּרֵיהּ דְּרַבִּי אַיְיבוּ. עוּבְדָא׳ הֲוָה בְּחַד יְהוּדַאי דַּהֲוָה קָאֵים רָדֵי, גְּעַת תּוֹרָתֵיהּ. קוֹמוֹי עֲבַר חַד עַרְבַּיי וּשְׁמַע קָלָהּ. אֲמַר לֵיהּ בַּר יוּדַאי בַּר יוּדַאי שְׁרֵי תוֹרָךְ וּשְׁרֵי קַנְקַנָּךְ דְּהָא חֲרִיב בֵּית מוּקְדְּשָׁא. גְּעַת זְמַן תִּנְיָינוּת. אֲמַר לֵיהּ בַּר יוּדַאי בַּר יוּדַאי קְטוֹר תּוֹרָךְ וּקְטוֹר קַנְקַנָּךְ דְּהָא יְלִיד מַלְכָּא מְשִׁיחָא. אֲמַר לֵיהּ מָה שְׁמֵיהּ. מְנַחֵם אֲמַר לֵיהּ וּמָה שְׁמֵיהּ דַּאֲבוּי. אֲמַר לֵיהּ חִזְקִיָּה אֲמַר לֵיהּ מִן הָן הוּא. אֲמַר לֵיהּ מִן בִּירַת מַלְכָּא דְבֵית לֶחֶם יְהוּדָה. אֲזַל זַבֵּין תּוֹרוֹי וְזַבֵּן קַנְקַנּוֹי וְאִתְעֲבֵיד זָבֵין לִבְדִּין לְמַיינוּקַיָּא. וַהֲוָה עָיֵיל קִרְיָיה וְנָפֵק קִרְיָיה עַד דְּעַל לְהַהִיא קַרְתָּא וַהֲוְיָין כָּל נְשַׁיָּא זָבְנָן וְאִימֵּיהּ דִּמְנַחֵם לָא זָבְנָה. שְׁמַע קָלָן דִּנְשַׁיָּא אָמְרִין אִימֵּיהּ דִּמְנַחֵם אִימֵּיהּ דִּמְנַחֵם אִיתַיי זוֹבְנִין לִבְרָךְ. אָמְרָה בָּעְיָיא אֲנָא מִיחְנְקוּנֵיהּ סַנְאֵיהוֹן דְּיִשְׂרָאֵל דְּבְיוֹמָא דְאִיתְיְלֵיד אִיחֲרוּב

בֵּית מוּקְדָּשָׁא. אֲמַר לָהּ רְחִיצַיָּא אֲנַן דִּבְרִגְלֵיהּ חֲרִיב וּבְרִגְלֵיהּ מִתְבְּנִיָּא. אָמְרָה לֵיהּ לֵית לִי פְּרִיטִין. אֲמַר לָהּ מָה אִיכְפַּת לִיךְ. אֵיתַיי זוּבְנִין לֵיהּ. אִין לֵית קוּמָךְ יוֹמָא דֵין בָּתַר יוֹמִין אֲנָא אָתֵי וְנָסֵיב.

בָּתַר יוֹמִין עָאל לְהַהִיא קַרְתָּא. אֲמַר לָהּ מָהוּ מְיַינּוּקָא עֲבֵיד. אָמְרָה לֵיהּ מִן שַׁעְתָּא דַּחֲמֵיתַנִי אֲתוֹן רוּחִין וְעַלְעוֹלִין וְחַטְפוּנֵיהּ מִן יְדַיי.

10 (II. 5 *b*)

רַבִּי חָמָא אֲבוּי דְּרַבִּי אוֹשַׁעְיָא הֲוָה לֵיהּ עוּבְדָא. שְׁאַל לְרַבָּנַן וַאֲסַרוּן. רַבִּי יוֹסֵי בְּעָא אַיילֵין רַבָּנַן. רַבָּנַן דְּהָכָא אִי רַבָּנַן דְּרוֹמָאֵי אִין תֵּימַר רַבָּנַן דְּהָכָא נִיחָא. אִין תֵּימַר רַבָּנַן דְּרוֹמָאֵי רַבְרְבַיָּא קוֹמוֹי וְהוּא שָׁאֵיל לִזְעֵירַיָּא. אִין תֵּימַר רַבָּנַן דְּרוֹמָאֵי אִינּוּן שָׁרַיִין וְאִינּוּן אָסְרִין.

11 (II. 5 *b*)

רַבִּי הוֹשַׁעְיָא רוּבָא אֲזַל לְחַד אֲתַר וַחֲזָא אֲבֵילַיָּא בְּשַׁבַּתָּא וּשְׁאֵיל בּוֹן. אֲמַר לוֹן אֲנִי אֵינִי יוֹדֵעַ מִנְהַג מְקוֹמְכֶם אֶלָּא שָׁלוֹם כְּמִנְהַג מְקוֹמֵינוּ. רַבִּי יוֹסֵי בֵּירַבִּי חֲלַפְתָּא מְשַׁבַּח בְּרַבִּי מֵאִיר קוֹמֵי צִפּוֹרָאֵי. אָדָם גָּדוֹל אָדָם קָדוֹשׁ אָדָם צָנוּעַ. חַד זְמַן חֲמֵי אֲבֵילַיָּא בְּשׁוּבְתָּא וּשְׁאֵל בּוֹן. אֲמַרוּן לֵיהּ אֲהֵן דְּאַתְּ מְתַנֵּי שִׁבְחֵיהּ. אֲמַר לוֹן מָה עִיסְקֵיהּ. אֲמַרוּן לֵיהּ חֲמָא אֲבֵילַיָּא בְּשׁוּבְתָּא וּשְׁאֵל בּוֹן. אֲמַר לוֹן בָּעֵיי אַתּוּן מֵידַע מַהוּ חֵילֵיהּ. [.Heb בָּא לְהוֹדִיעֲכֶם שֶׁאֵין אֵבֶל בְּשַׁבָּת].

12 (II. 5 *c*)

כַּהֲנָא הֲוָה עוּלֵם סַגִּין כַּד סְלֵיק לְהָכָא. חֲמָתֵיהּ חַד בַּר פַּחִין. אֲמַר לֵיהּ מַה קָלָא בִּשְׁמַיָּא. אֲמַר לֵיהּ גְּזַר דִּינֵיהּ דְּהַהוּא גַּבְרָא

מִיחַתַּם. וְכֵן הֲוַות לֵיהּ. וּמִתְפְּנַע בֵּיהּ. חֲמָתֵיהּ חַד חַרָן. אֲמַר לֵיהּ מַה קָלָא בִשְׁמַיָּא. אֲמַר לֵיהּ גְּזַר דִּינֵיהּ דְּהַהוּא גַבְרָא מִיחַתַּם וּכֵן הֲוַות לֵיהּ. אֲמַר מָרָה סְלֵיקִית מִזְכֵּי וַאֲנָא אִיחַטִי. מַה סְלֵיקִית לְמִיקְטָלָה בְּנֵי אֲרַע דְּיִשְׂרָאֵל נִיזוֹל וְנִיחוֹת לִי מִן הָן דִּסְלֵיקִית. אֲתָא לְגַבֵּי רַבִּי יוֹחָנָן אֲמַר לֵיהּ בַּר נָשׁ דְּאִימֵּיהּ מְבַסְּרָא לֵיהּ וְאִיתְּתֵיהּ דְּאָבוּהִי מוֹקְרָא לֵיהּ. לְהָן יֵיזֵיל לֵיהּ. אֲמַר לֵיהּ יֵיזֵיל לְהָן דְּמוֹקְרִין לֵיהּ. נְחַת לֵיהּ כַּהֲנָא מִן הָן דִּסְלַק. אֲתוֹן אָמְרִין לֵיהּ לְרַבִּי יוֹחָנָן נְחֵית כַּהֲנָא לְבָבֶל. אֲמַר מָה הֲוָה מֵיזַל לֵיהּ דְּלָא מִיסַּב רְשׁוּתָא. אָמְרִין לֵיהּ הַהִיא מִילְּתָא דַּאֲמַר לָךְ הוּא הֲוָה נְטִילַת רְשׁוּת דִּידֵיהּ:

13 (II. 5 *c*)

רַבִּי זְעֵירָא כַּד סְלֵק לְהָכָא אֲזַל אַקֵּיז דַּם. אֲזַל בָּעֵי מִיזְבּוֹן חֲדָא לִיטְרָא דְקוּפַּד מִן טַבָּחָא. אֲמַר לֵיהּ בְּכַמָּה הָדֵין לִיטְרָתָא אֲמַר לֵיהּ בְּחַמְשִׁין מָנֵיי וְחַד קוּרְסַם. אֲמַר לֵיהּ סַב לָךְ שִׁיתִּין וְלָא קַבֵּיל עִילוֹי. סַב לָךְ שִׁבְעִין וְלָא קַבֵּיל עִילוֹי. סַב לָךְ תְּמָנִין. סַב לָךְ תִּשְׁעִין. עַד דִּמְטָא לְמְאָה וְלָא קַבֵּיל עִילוֹי. אֲמַר לֵיהּ עֲבֵיד כְּמִנְהָגָךְ. בְּרוּמְשָׁא נְחֵית לְבֵית וַעֲדָא. אֲמַר לוֹן לְרַבָּנַן מָה בִישׁ מִנְהָגָא דְהָכָא דְלָא אָכֵיל בַּר נָשׁ לִיטְרָא דְקוּפַּד עַד דִּמְחוּ לֵיהּ חַד קוּרְסַם. אָמְרִין לֵיהּ וּמָה הוּא דֵין. אֲמַר לוֹן פְּלַן טַבָּחָא. שְׁלַחוּן בָּעֵיי מַייתִיתֵיהּ וְאַשְׁכְּחוּן אֲרוֹנֵיהּ נָפְקָא. אֲמַרוּ לֵיהּ רַבִּי כָל הָכֵין. אֲמַר לְהוֹן וְיֵיתֵי עֲלַיי דְלָא כַעֲסִית עִילוֹי מִי סְבְרֵית דְּמִנְהָגָא כֵן:

14 (II. 5 *c*)

רַבִּי יַסָּא כַּד סְלֵיק לְהָכָא אֲזַל סַפֵּר בָּעְיָא מִסְחֵי בַּאֲהָן דִּימוֹסִן דְּטִיבֵּרְיָא. פְּגַע בֵּיהּ חַד לֵיצָן וִיְהַב לֵיהּ פּוּרְקְדַל חַד. אֲמַר לֵיהּ עַד כַּדוּן עוּנְקְתֵיהּ דְּהַהוּא גַבְרָא רְפְיָא. וַהֲוָה אַרְכוֹנָא קָאֵים דָּאֵין חַד

לֵיסְטֵים וַאֲזַל קָם לֵיהּ נָחֵיךְ כָּל קִבְלֵיהּ. אֲמַר לֵיהּ אַרְכוֹנָא מַאן הֲוָה עִמָּךְ. תְּלָה עֵינוֹי וַחֲמָא דְהוּא נָחֵיךְ. אֲמַר לֵיהּ אֲהָן דְּנָחֵיךְ הֲוָה עִמִּי. נַסְּבֵיהּ וְדָנֵיהּ וְאוֹדִי לֵיהּ עַל חַד קְטִיל. מִי נָפְקִין תַּרְוֵיהוֹן טְעִינִין תַּרְתֵּי שֵׁרִין a) דְּעֲבַד רַבִּי יַסָּא מַסְחֵי. אֲמַר לֵיהּ הַהִיא עוּנְקְתָא דַהֲוָת רָפְיָא כְּבָר שְׁנִיצָת. אֲמַר לֵיהּ בִּישׁ נַדָּא דְהַהוּא גַּבְרָא. וְלָא כְתִיב וְעַתָּה אַל תִּתְלוֹצָצוּ פֶּן יֶחֶזְקוּ מוֹסְרֵיכֶם: (Isa 28[22])

15 (II. 5 *d*)

רַבִּי יַסָּא וְרַבִּי שְׁמוּאֵל בַּר רַב יִצְחָק הֲווּ יָתְבִין אָכְלִין בַּחֲדָא מִן אִילֵּין כְּנִישָׁתָא עִלָּיְיתָה. אֲתַת עוֹנְתָה דִצְלוֹתָא וְקָם רַבִּי שְׁמוּאֵל בַּר רַב יִצְחָק מְצַלָּיָא. אֲמַר לֵיהּ רַבִּי מַיְישָׁא לָא כֵן אַלְפַן רַבִּי, אִם הִתְחִילוּ אֵין מַפְסִיקִין:

16 (III. 6 *a*)

כַּד דְּמַךְ רַבִּי יַסָּא קַבֵּיל רַבִּי חִיָּיא בַּר וָוָה אֲבֵילוּי וְאַיְיכְלוֹן בְּשַׂר וְאַשְׁקִיתוֹן חֲמַר: כַּד דְּמַךְ רַבִּי חִיָּיא בַּר אַבָּא קַבֵּיל רַבִּי שְׁמוּאֵל בַּר רַב יִצְחָק אֲבֵילוּי וְאַיְיכְלוֹן בְּשַׂר וְאַשְׁקִיתוֹן חֲמַר: כַּד דְּמַךְ רַבִּי שְׁמוּאֵל בַּר רַב יִצְחָק קַבֵּל רַבִּי זְעֵירָא אֲבֵילוּי וְאַיְיכְלוֹן טְלוֹפְחִין מֵימַר כְּמָה דְהוּא מִנְהָגָא: רַבִּי זְעֵירָא מִי דְמַךְ פַּקֵּיד וּמַר לָא תְּקַבְּלוּן עֲלַי יוֹמָא הֵן אֶבְלָא לִמְחַר מִזְרָחִיי (מַרְזֵיחַיָּא?)

רַבִּי יִצְחָק בְּרֵיהּ דְּרַבִּי הֲוָה כָתוּבָה. מְטָתֵיהּ אוֹנֶס וְעָלוּן לְגַבֵּיהּ רַבִּי מָנָא וְרַבִּי יוּדָן וַהֲוָה תמן חֲמַר טָב וְאִישְׁתּוּן סַגִּין וְנָחֲכֵיי. לִמְחַר אֲתוֹן בָּעַיִין מֵיעוֹל גַּבֵּיהּ. אֲמַר לוֹן רַבָּנָן אָכֵן בַּר נָשׁ עָבֵיד לְחַבְרֵיהּ. לָא הֲוֵינַן חָסְרִין אֶתְמוֹל אֶלָּא מֵיקוֹם וּמִירְקוֹד:

---

a) ? l. דְּעַבְדוּ

17 (III. 6 *a*)

רַבִּי אָמִי רַבִּי חִזְקִיָּה וְרַבִּי כָּהֵן וְרַבִּי יַעֲקֹב בַּר אַחָא הֲווּ מְטַיְילִין בְּאִילֵין פַּלְטִיוָתָא דְצִיפּוֹרִי. הִגִּיעוּ לְכִיפָּה וּפֵירַשׁ רַבִּי כָּהֵן. הִגִּיעוּ לְמְקוֹם טָהֳרָה וַחֲזַר אֶצְלָן. אֲמַר לוֹן בְּמָה הֲוִיתוּן עָסְקִין. אֲמַר רַבִּי חִזְקִיָּה לְרַבִּי יַעֲקֹב בַּר אַחָא לָא תֵימוֹר לֵיהּ כְּלוּם. אִין מִשּׁוּם דְּבָאֵישׁ לֵיהּ דְּפֵרַשׁ שֶׁמְּטַמֵּא לְתַלְמוּד תּוֹרָה לָא יָדְעִין. וְאִין מִשּׁוּם דַּהֲוָה טַיְיסָן לָא יָדְעִין:

18 (III. 6 *a*)

רַבִּי אַבָּהוּ הֲוָה יָתֵיב מַתְנֵי בִּכְנִישְׁתָּא מדרתה (l. מָרְדְתָא) בְּקֵיסָרִין וַהֲוָה תַמָּן מִיתָא. אֲתַת עוֹנְתָא דִנְשִׂיאוּת כַּפָּיִם וְלָא שְׁאַלוּן לֵיהּ. אֲתַת עוֹנְתָא דְמֵיכְלָא וּשְׁאַלוּן לֵיהּ. אָמַר לוֹן עַל נְשִׂיאוּת כַּפַּיִם לָא שְׁאִילְתּוּן לִי וּלְמֵיכְלָא שְׁאַלְתּוּן לִי. כֵּיוָן דְּשָׁמְעוּן כֵּן הֲוָה כָּל חַד וְחַד שְׁבֵק גַּרְמֵיהּ וַעֲרַק: אֲמַר רַבִּי יַנַּאי מִטַּמֵּא כָּהֵן לִרְאוֹת אֶת הַמֶּלֶךְ: כַּד סְלֵיק דּוּקְלִיטְיָינוּס מַלְכָּא לְהָכָא חֲמוֹן לְרַבִּי חִיָּיא בַּר אַבָּא מִיפַּסַּע עַל קִיבְרַיָּהייא דְצוֹר בְּגִין מִיחְמֵינֵיהּ:

19 (III 6 *c*)

רַבִּי חֲנִינָא הֲוָה עָבֵר עַל תַּרְעֵי דִימוֹסִין בְּקְרִיצְתָּא וַאֲמַר מָה טוֹבְלֵי שַׁחֲרִית עוֹשִׂין פֹּה יֵיזְלוּן וִיתַנּוּן, בְּהַהִיא צַפְרָא הֲוָה אָמֵר מַאן דְּאִית לֵיהּ עֲבִידָא יֵיזֵל וְיַעֲבֵד:

20 (III. 6 *c*)

רַבִּי יוֹסֵי בֶּן יוֹסֵי הֲוָה אָתֵי בְּאִילְפָא חֲמָא חַד קָטֵר גַּרְמֵיהּ בְּחַבְלָא מֵיחוּת וּמִיסְחֵי. אֲמַר לֵיהּ לָא תִסְכַּן בְּנַפְשָׁךְ. אֲמַר לֵיהּ הַהוּא גברא מֵיכַל בָּעֵינָא. אֲמַר לֵיהּ אֲכֵיל. הַהוּא גַּבְרָא בָּעֵי

מִישְׁתֵּי אֲמַר לֵיהּ שְׁתֵי. כֵּיוָן דִּמְטוֹן לִלְמֵינָה. אֲמַר לֵיהּ תַּמָּן לָא שְׁרֵית לָךְ אֶלָּא בְּגִין דְּסַכַּנְתָּא דְנַפְשָׁא בְּרַם הָכָא אָסוּר לְהַהוּא גַּבְרָא לְמִיטְעַם כְּלוּם עַד שַׁעְתָּא דְיִסְחֵי:

21 (III. 6 *d*)

רַבִּי לֵיָּא וְחַבְרַיָּא הֲווֹן יָתְבִין קוֹמֵי פּוּנְדְּקָ(י)א בְּרַמְשָׁא. אֲמַרוּן מָהוּא מֵימַר מִילַּיָּא דְאוֹרַיְתָא. אֲמַר לוֹן מִכֵּוָן דְּאִילוּ הֲוָה אִימְמָא הֲוֵינַן חָמְיִין מַה קוֹמֵינַן. בְּרַם כַּדּוֹן אָסוּר.

22 (IV. 7 *a*)

רַבִּי אַבָּא בַּר זַבְדָּא מְצַלֵּי בְּקָלָא. רַבִּי יוֹנָה כַּד הֲוָה מְצַלֵּי בִּכְנִישְׁתָּא הֲוָה מְצַלֵּי בִּלְחִישָׁה. כַּד הֲוָה מְצַלֵּי בְּבֵיתָא הֲוָה מְצַלֵּי בְּקָלָא עַד דְּיֵילְפוּן בְּנֵי בַּיְתֵיהּ צְלוֹתֵיהּ מִינֵּיהּ. אֲמַר רַבִּי מָנָא וּבְנֵי בֵּיתָא דְאַבָּא יַלְפוּן צְלוֹתֵיהּ מִינֵּיהּ

23 (IV. 7 *b*)

רַבִּי יְהוֹשֻׁעַ בֶּן לֵוִי מְפַקֵּד לְתַלְמִידוֹי אִין הֲוָה לְכוֹן אֲרִיסְטוֹן וּמְטָא יוֹמָא לְשֵׁית שָׁעִין עַד דְּלָא תִסְקוּן לַאֲרִיסְטוֹן תְּהֱווֹן מְצַלִּין דְּמִנְחָתָא עַד דְּלָא תִסְקוּן.

אֲחוּי דְאִימֵּיהּ דְּרַבִּי אָדָא הֲוָה מְצַיֵּיר גּוֹלְתָא דְרַב בְּצוֹמָא רַבָּא. אֲמַר לֵיהּ כַּד תֵּיחֲמֵי שִׁימְשָׁא בְּרֵישׁ דִּיקְלֵי תִּיהַב לִי גּוֹלְתִי דְנִצַּלֵּי דְמִנְחָתָא. וְשִׁמְשָׁא בֵּירַב בְּרֵישׁ דִּיקְלֵי תַּמָּן אִימְמָא הוּא.

24 (IV. 7 *c*)

רַבִּי מְפַקֵּד לַאֲבְדּוֹן אָמוֹרֵיהּ אַכְרֵיז קוֹמֵי צִיבּוּרָא מַאן דִּמְצַלֵּי לִיצַלֵּי דְרַמְשָׁא עַד יוֹמָא קָאֵם.

רַבִּי חִיָּיא בַּר וָוא מְפַקֵּיד לְאָמוֹרֵיהּ אַכְרֵיז קוֹמֵי צִבּוּרָא מַאן דִּמְצַלֵּי יְצַלֵּי דְּרַמְשָׁא עַד יוֹמָא קָאֵים.

25 (IV. 7 *d*)

אֲזַל גַּבֵּי רַבִּי יְהוֹשֻׁעַ אַשְׁכְּחֵיהּ יָתֵיב עָבֵיד מַחְטִין׳ אֲמַר לֵיהּ אִילֵּין אַתְּ חַיי. אֲמַר לֵיהּ וְעַד כַּדּוֹן אַתְּ בָּעֵי מִידַע

(IV. 8 *b*)

רַבִּי יַנַּאי כַּד הֲוָה נָפֵיק לְאַכְסֶנְיָא הֲוָה מְפַקֵּד גּוֹ בַּיְתֵיהּ. רַבִּי מָנָא כַּד הֲוָה אָזֵיל מִסְחֵי בְּמֶרְחָץ שֶׁהִיא נִיסוֹקֶת הֲוָה מְפַקֵּיד גּוֹ בַּיְתֵיהּ.

26 (IV. 8 *c*)

אֲמַר שְׁמוּאֵל אֲנָא מִן יוֹמַי לָא צַלֵּית דְּמוּסָפָא אֶלָּא חַד זְמַן דְּמֵית בְּרֵיהּ דְּרֵישׁ גָּלוּתָא וְלָא צַלּוֹ צִיבּוּרָא וְצַלֵּיית.

27 (IV. 8 *c*)

רַבִּי זְעֵירָא וְרַב נַחְמָן בַּר יַעֲקוֹב הֲווּ יָתְבִין. מִן דִּמְצַלִּין אֲתַת צְלוֹתָא. קָם רַב נַחְמָן בַּר יַעֲקֹב מְצַלְּיָיא. אֲמַר לֵיהּ רַבִּי זְעֵירָא וְלָא כְּבַר צַלֵּינַן. אֲמַר לֵיהּ מְצַלֵּי אֲנָא וְחָזַר וּמְצַלֵּי.

28 (V. 9 *a*)

רַבִּי יוֹחָנָן הֲוָה יָתֵיב קָרֵי קוֹמֵי כְּנִישְׁתָּא דְּבָבֵל בְּצִיפּוֹרִין. עֲבַר אַרְכוֹנָא וְלָא קָם לֵיהּ מִקּוֹמוֹי. אֲתוֹן בָּעַיִין מִימְחֵינֵיהּ. אֲמַר לוֹן אַרְפּוֹנֵיהּ בְּנִימוּסַיָּא דְּבָרְיֵיהּ הוּא עָסֵיק.

רַבִּי חֲנִינָא וְרַבִּי יְהוֹשֻׁעַ בֶּן לֵוִי עָלּוֹן קוֹמֵי אַנְטִיפּוּתָא [ἀνθυπατος] דְּקֵיסָרִין חֲמָתוֹן וְקָם מִן קוֹמֵיהוֹן. אָמְרִין לֵיהּ מִן קוֹמֵי אִילֵּין יְהוּדָאֵי אַתְּ קָאֵים. אֲמַר לוֹן אַפֵּיהוֹן דְּמַלְאָכִין חֲמֵית.

רַבִּי יוֹנָה וְרַבִּי יוֹסֵי עָלּוֹן קוֹמֵי אָרְסְקִינַס דְּאַנְטוֹכְיָא. חֲמָתוֹן וְקָם

מִן קוּמֵיהוֹן. אָמְרִין לֵיהּ מִן קוּמֵי אִילֵּין יְהוּדָאֵי אַתְּ קָאֵים לָךְ אֲמַר לוֹן אַפֵּיהוֹן דְּהַנֵּי אֲנָא חָזֵי בִּקְרָבָא וְנָצַח

רַבִּי אָבִין עָל קוּמֵי מַלְכוּתָא, כִּי נָפֵיק הֲפַךְ קְדָל. אֲתוֹן בָּעַיִין מִיקְטְלִיכֵיהּ וַחֲמוֹן תְּרֵין זִיקוּקִין דְּנוּר נָפְקִין מִקְּדָלֵיהּ וּשְׁבַקוּהּ.

29 (V. 9 *a*)

רַבִּי יַנַּיי וְרַבִּי יוֹנָתָן הֲווּ מְטַיְּילִין באסלטין (l. בְּאַסְרָטִין). חֲמָתוֹן חַד וּשְׁאַל בְּהוֹן. אֲמַר לְהוֹן שְׁלַמְכוֹן רַבַּיָּא. אָמְרִין אֲפִילוּ תוֹאַר חַבְרוּת אֵין עָלֵינוּ לְרָעָה

רַבִּי שִׁמְעוֹן בֶּן לָקִישׁ מַ״הֲנֵי בְּאוֹרַיְתָא סַגִּין הֲוָה נָפֵיק לֵיהּ לְבַר מִתְּחוּמָא דְּשַׁבְּתָא וְהוּא לָא יְדַע לְקַיֵּים מָה שֶׁנֶּאֱמַר בְּאַהֲבָתָהּ תִּשְׁגֶּה תָמִיד. (Prov. 5[19])

רַבִּי יוּדָן בֵּי רַבִּי יִשְׁמָעֵל מִנְהֲגֵיהּ בְּאוֹרַיְתָא סַגִּין. הֲוַות גּוּלְתֵיהּ שָׁרְעָה מִינֵּיהּ וַהֲכִינָא מִזְדַּהֲרָא לָהּ. אָמְרִין לֵיהּ תַּלְמִידוֹי רַבִּי הָא גּוּלְתָךְ שְׁרִיעָה. אֲמַר לוֹן וְלֵית הַהִיא רַשִּׁיעְתָא זְהִירָא לָהּ

30 (V. 9 *c*)

רַבִּי חוּנָא הֲוָה יָתֵיב בְּחַד כְּנִישְׁתָּא. עָאל חַזָּנָא וְאַטְרַח עָל חַד דְּיֵיעוּל וְלָא קַבֵּיל עִילוּי. בְּסוֹפָא אֲתָא לְגַבֵּי רַבִּי אֶלְעָזָר. אֲמַר לֵיהּ לָא יִכְעוֹס מָרִי עֲלַי בְּגִין דְּלָא הֲוֵינָא מִיתְעַר לָא עֲלֵית. אֲמַר לֵיהּ עֲלָךְ לָא כַעֲסִית אֶלָּא עָל הָדֵין דְּאַטְרַח.

31 (VI. 10 *b*)

חַד פַּרְסָיי אֲתָא לְגַבֵּי רַב אָמַר בְּגִין דַּאֲנָא אָכֵל פִּיסְתִּי [a] וְלָא אֲנָא חָכֵים מְבָרְכָא עֲלֵיהּ וַאֲנָא אָמַר בָּרוּךְ דְּבָרָא הָדֵין פִּסָּא נָפֵיק

---

a) l. וְלֵית:

אֲנָא יְדֵי חוֹבָתִי. אֲמַר לֵיהּ אִין: רַב יְהוּדָה בְּשֵׁם אַבָּא בַּר בַּר חָנָּה בַּר קַפָּרָא וּתְרֵין תַּלְמִידוֹי נִתְאָרְחוּ אֵצֶל בַּעַל הַבַּיִת בְּהָדֵין פּוּנְדִיקָא (πανδοκεῖον) דִּבְרַכְתָּא אַפֵּיק קוֹמֵיהוֹן פַּרְגִּין וְאַחוּנַיָּיא וְקַפְלוּטִין. אָמְרֵי נְבָרֵךְ עַל קַפְלוּטָה דוּ פְּטַר אַחְוָנִיתָא וְלָא פְּטַר פַּרְגִּיתָא. נְבָרֵךְ עַל אַחוּנַייתָא. לָא פְּטַר לָא דֵין וְלָא דֵין. ו קָפַץ חַד וּבֵירַךְ עַל פַּרְגִּיתָא

32 (VII. 11 *b*)

שלש מאות נזירין עלו בימי רבי שמעון בן שטח מאה וחמשים מצא להן פתח. ומאה וחמשים לא מצא להן פתח. אֲתָא גַּבֵּי יַנַּאי מַלְכָּא. אֲמַר לֵיהּ אִית הָכָא תְּלַת מְאָה נְזִירִין בָּעֵיִין תְּשַׁע מְאָה קָרְבָּנִין. אֶלָּא יְהֵב אַתְּ פַּלְגָּא מִן דִּידָךְ. וַאֲנָא פַּלְגָּא מִן דִּידִי. שְׁלַח לֵיהּ אַרְבַּע מְאָה וְחַמְשִׁין. אֲזַל לִישָׁנָא בִישָׁא וּמַר לֵיהּ לָא יְהַב מִן דִּידֵיהּ כְּלוּם. שְׁמַע יַנַּאי מַלְכָּא וּכְעַס. דְּחֵל שִׁמְעוֹן בֶּן שְׁטַח וַעֲרַק. בָּתַר יוֹמִין סְלַקוּן בְּנֵי נָשׁ רַבְרְבִין מִן מַלְכוּתָא דְּפָרַס גַּבֵּי יַנַּאי מַלְכָּא. מִן דְּיָתְבִין אָכְלִין אָמְרִין לֵיהּ נְהִירִין אֲנַן דַּהֲוָה אִית הָכָא חַד גְּבַר סָב וַהֲוָה אָמַר קוֹמַן מִילִין דְּחָכְמָה. תַּנִּי לוֹן עוּבְדָא. אָמְרִין לֵיהּ שְׁלַח וְאַיְיתֵיהּ. שְׁלַח וִיהַב לֵיהּ מִילָּא וַאֲתָא וִיתֵיב לֵיהּ בֵּין מַלְכָּא לְמַלְכְּתָא: אֲמַר לֵיהּ לְמַה אַפְלְיַית בִּי. אֲמַר לֵיהּ לָא אַפְלְיֵית בָּךְ. אַתְּ מִמָּמוֹנָךְ וַאֲנָא מִן אוֹרַיְיתִי. דִּכְתִיב כִּי בְּצֵל הַחָכְמָה בְּצֵל הַכָּסֶף: אֲמַר לֵיהּ וּלְמָה עֲרַקְתְּ אֲמַר לֵיהּ שְׁמְעִית דְּמָרִי כְּעַס עֲלַי וּבְעִית מְקַיְּימָה הָדֵין קְרָיָיא חֲבִי כִמְעַט רֶגַע עַד יַעֲבָר זָעַם. וּקְרָא עֲלוֹי וְיִתְרוֹן דַּעַת הַחָכְמָה תְּחַיֶּה בְעָלֶיהָ. אֲמַר לֵיהּ וּלְמָה יְתַבְתְּ בֵּין מַלְכָּא לְמַלְכְּתָא. אֲמַר לֵיהּ בְּסִיפְרָא דְּבֶן סִירָא כְּתִיב סַלְסְלֶיהָ וּתְרוֹמְמֶךָּ וּבֵין נְגִידִים תּוֹשִׁיבֶךָּ: אֲמַר הֲבוּ לֵיהּ כַּסָּא דְלִיבָרֵיךְ. נְסַב כַּסָּא וּמַר נְבָרֵךְ עַל הַמָּזוֹן שֶׁאָכַל יַנַּאי וַחֲבֵירָיו. אֲמַר לֵיהּ עַד כַּדוֹן אַתְּ

בְּקַשְׁיוּתָךְ. אֲמַר לֵיהּ וּמַה נֶאֱמַר עַל הַמָּזוֹן שֶׁלֹּא אָכַלְנוּ. אֲמַר הֲבוּן לֵיהּ דְּלֵיכוּל. יְהַבוּ לֵיהּ וַאֲכַל. וּמַר נְבָרֵךְ עַל הַמָּזוֹן שֶׁאָכַלְנוּ.

34 (VII. 11 *c*)

חָנָן בַּר אַבָּא וְחַבְרַיָּא הֲווֹ יָתְבִין אָכְלִין בְּשַׁבְּתָא. מִן דְּאָכְלִין וּבָרְכִין קָם אֲזַל לֵיהּ. חֲזַר לְגַבְּן אַשְׁכְּחִנּוּן בָּרְכִין. אֲמַר וְלֹא כְּבָר בֵּירַכְנוּ. אָמְרִין לֵיהּ מְבָרְכִין וְחוֹזְרִין וּמְבָרְכִין דְּאַשְׁכַּחְנַן מִדְּכָרָא דְשַׁבְּתָא.

35 (VIII. 12 *a*)

שְׁמוּאֵל סְלֵק לְגַבֵּי רַב. חֲמִי יָתֵיהּ אָכֵיל a) בהתם אֲמַר לֵיהּ מָהוּ כֵן אֲמַר לֵיהּ אִיסְתְנֵים (ἀσθενης) אֲנִי: רַבִּי זְעֵירָא כַּד סְלֵיק לְהָכָא חֲמָא כַּהֲנַיָּא אָכְלִין a) בהתם אֲמַר לְהוֹן הָא אֲזֵילָא הַהִיא דְּרַב וּשְׁמוּאֵל:

36 (VIII. 12 *b*)

אַבָּא בַּר רַב חָנָה וְרַב חוּנָה הֲווֹן יָתְבִין אָכְלִין. וַהֲוָה רַבִּי זְעֵירָא קָאֵים מְשַׁמֵּשׁ קוֹמֵיהוֹן. עָל וְטָעֵין תַּרְוֵיהוֹן בַּחֲדָא יְדֵיהּ. אֲמַר לֵיהּ אַבָּא בַּר רַב חָנָה מַה יְדָךְ חוֹרִיתָא b) קְטִיעָה. וּכְעַס עִילוֹי אֲבוּי. אֲמַר לֵיהּ לָא מִיסְתָּךְ דְּאַתְּ רָבֵיע וְהוּא קָאֵים מְשַׁמֵּשׁ. וְעוֹד דְּהוּא כָּהֵן. וַאֲמַר שְׁמוּאֵל הַמִּשְׁתַּמֵּשׁ בִּכְהוּנָּה מָעַל. אַתְּ מֵיקַל לֵיהּ. גְּזֵירָה דְהוּא רָבֵע וְאַתְּ קָאֵים וּמְשַׁמֵּשׁ c) תְּחוֹתוֹי:

37 (IX. 13 *a*)

אֲמַר רַבִּי פִּינְחָס עוּבְדָא הֲוָה בְּרַב דַּהֲוָה עָיֵיל מֵחַמְּתָה דְטִיבֵּרְיָא פְּגַעוּן בֵּיהּ רוֹמָאֵי. אֲמַרוּן לֵיהּ מִן דְּמַאן אַתְּ. אֲמַר לוֹן מִן דְּסוּפַיָּנוּס.

---

a) l. בְּמַפָּה *b*) l. קטעין *c*) תחתיו

וּפַנּוּנֵיהּ: בְּרַמְשָׁא אֲתוֹ לְנַבְיֵהּ אֲמַרוּ לֵיהּ עַד אֵימָתַי אַתְּ מְקַיֵּים עִם אִילֵּין יְהוּדָאֵי אֲמַר לוֹן לְמָה. אֲמַרוּ לֵיהּ פָּגְעִינַן בְּחַד א״ל יְהוּדַאי וְאָמְרֵינַן לֵיהּ מִן דְּמַאן אַתְּ אֲמַר לַן דְּסוּפְיָינוּס. אֲמַר לוֹן וּמָה עֲבַדְתּוּן לֵיהּ. אֲמַרוּ לֵיהּ דַּיּוֹ לֵיהּ פַּנֵּינַן יָתֵיהּ. אֲמַר לוֹן יָאוּת עֲבַדִיתוּן:

(IX. 13 *b*)

אֲמַר רַבִּי אֲלֶכְּסַנְדְּרָא עוּבְדָא בְּחַד אַרְכוֹן דַּהֲוָה שְׁמֵיהּ אֲלֶכְּסַנְדְּרוֹס. וַהֲוָה קָיֵים דָּיֵין חַד לִיסְטֵים. אֲמַר לֵיהּ מָה שְׁמָךְ אֲלֶכְּסַנְדְּרוֹס. אֲמַר לֵיהּ אֲלֶכְּסַנְדְּרוֹס פְּנֵה אֲלֶכְּסַנְדְּרִיאָה:

38 (IX. 13 *b*)

אֲמַרוּ לוֹ לְאוֹתוֹ תִּינוֹק לֵית אַתְּ בָּעֵי מִזְבַּן לָךְ כְּלוּם. אֲמַר לְהוֹן מָה אַתּוּן בָּעֵיי מִן הָדֵין אַכְסַנְיָא עֲלוּבָה. אֲמַרוּ לֵיהּ אַתְּ אַכְסַנְיָא עֲלוּבָה. אִינּוּן אַכְסַנְיָא עֲלוּבָה׳ אִינּוּן הָכָא וְטַעֲוָותְהוֹן בְּבָבֶל. וְאִינּוּן הָכָא וְטַעֲוָותְהוֹן בְּרוֹמִי וְאִינּוּן הָכָא וְטַעֲוָותְהוֹן עִמְּהוֹן וְלָא מַהֲנִין לְהוֹן כְּלוּם. אֲבָל אַתְּ כָּל אֲהָן דְּאַתְּ אָזֵיל אֱלָהָךְ עִמָּךְ.

39 (IX. 13 *c*)

שְׁמוּאֵל אֲמַר אִין עָבַר הָדֵין זִיקָא בִּכְסִיל מַחֲרִיב הָעוֹלָם. מְתִיבִין לִשְׁמוּאֵל וַאֲנַן חָמַיִין לֵיהּ עָבַר. אֲמַר לְהוֹן לֵית אִיפְשָׁר אוֹ לְעֵיל מִינֵּהּ אוֹ לְרַע מִינֵּהּ: שְׁמוּאֵל אֲמַר חָכֵים אֲנָא בִּשְׁקָקֵי שְׁמַיָּא כִּשְׁקָקֵי נְהַרְדְּעָא קַרְתִּי. בַּר מִן הָדֵין זִיקָא לֵית אֲנָא יָדַע מָה הוּא:

40 (IX. 13 *d*)

הֲוָה בַּר נָשׁ אָתֵי לְמַקְרָבָה תוֹר אוֹ אִימַּר אוֹ גְּדִי לַעֲבוֹדָה זָרָה וְאָמַר לֵיהּ פַּיְיסֵיהּ עֲלַי וְהוּא אָמַר לֵיהּ מָה זוֹ מוֹעִילָה לָךְ לֹא רוֹאֶה וְלֹא שׁוֹמַעַת לֹא אוֹכֶלֶת וְלֹא שׁוֹתָה לֹא מְטִיבָה וְלֹא מְרִיעָה

וְלָא מְדַבֶּרֶת. אֲמַר לֵיהּ חַיֶּיךָ וּמָה נַעֲבִיד. וַאֲמַר לֵיהּ אֲזֵיל עֲבֵיד וְאַיְיתֵי לִי חַד פִּינָךְ (πίναξ) דְּסוֹלֶת וְאַתְקֵין עֲלוֹי עֶשֶׂר בֵּיעִין וְאַתְקֵין קוּמוֹי וְהוּא אָכֵל מִכָּל מָה דְּאָתֵי וַאֲנָא מְפַיֵּים לֵיהּ עֲלָךְ. מִכֵּיוָן דַּאֲזֵיל לֵיהּ הֲוָה אָכֵיל לוֹן. זִימְנָא חֲדָא חַד בַּר פַּחִין אֲמַר לֵיהּ כֵּן. אֲמַר לֵיהּ אִם אֵין מוֹעִילָה כְּלוּם אַתְּ מָה אַתְּ עָבֵיד הָכָא. אֲמַר לֵיהּ בְּגִין חַיָּי.

41 (IX. 13 *d*)

אִין תְּלָתָא אִינוּן אֲנָא וּבְרִי מִנְהוֹן. אִין תְּרֵין אִינוּן אֲנָא וּבְרִי אִינוּן:

42 (IX. 14 *a*)

רַבִּי יוֹסֵי בַּר יַעֲקֹב סְלֵק מְבַקָּרָא רַבִּי יוּדָן מַגְדְּלָיָא. עַד דַּהֲוָא תַמָּן נְחַת מִיטְרָא וּשְׁמַע קָלֵיהּ אָמַר אֲלַף אַלְפִין וְרִיבֵּי רִיבְוָון חַיָּיבִין לְהוֹדוֹת לְשִׁמְךָ מַלְכֵּינוּ עַל כָּל טִיפָּה וְטִיפָּה שֶׁאַתְּ מוֹרִיד לָנוּ שֶׁאַתָּה גוֹמֵל טוֹבָה לְחַיָּיבִים:

43 (IX. 14 *b*)

שִׁבְעָה פְּרוּשִׁין הֵן, פָּרוּשׁ שִׁיכְמִי וּפָרוּשׁ נִיקְפִּי וּפָרוּשׁ קִיזָאי, פָּרוּשׁ מִן הַנִּכְיָיה, פָּרוּשׁ אֵדַע חוֹבָתִי וְאֶעֱשֶׂנָּה, פָּרוּשׁ מִיִּרְאָה, פָּרוּשׁ מֵאַהֲבָה: פָּרוּשׁ שִׁיכְמִי. טָעֵין מִצְוָותָא עַל [a]כִּיתְפָּא: פָּרוּשׁ נִיקְפִּי. אַקֵּיף לִי וַאֲנָא עָבֵיד מִצְוָה: פָּרוּשׁ קִיזָאי. עָבֵד חֲדָא חוֹבָה וַחֲדָא מִצְוָה וּמְקַזֵּז חֲדָא בַּחֲדָא: פָּרוּשׁ מִן הַנִּכְיָיה. מִן מַאי דְּאִית לִי אֲנָא מְנַכֵּי עָבֵד מִצְוָה: פָּרוּשׁ דְּמַר אֵדַע חוֹבָתִי וְאֶעֱשֶׂנָּה. הֵי דָא חוֹבָתָה עֲבַדִית דְּאֶעֱבֵיד מִצְוָה כְּוָותָהּ: פָּרוּשׁ מִן יִרְאָה כְּאִיּוֹב: פָּרוּשׁ מִן אַהֲבָה כְּאַבְרָהָם: אֵין לָךְ חָבִיב מִכּוּלָּם אֶלָּא פָּרוּשׁ מִן אַהֲבָה כְּאַבְרָהָם.

---

a) v. l. כִּתְפֵּיהּ

44 (IX. 14 *b*)

רַבִּי עֲקִיבָה הֲוָה קָיֵים מִיתְדִּין קוֹמֵי טוּרְנוּס רוּפוּס הָרָשָׁע, אֲתַת עֲנְתָא דִקְרִיַּת שְׁמַע. שָׁרֵי קָרֵי קְרִיַּת שְׁמַע וְגָחֵךְ. אֲמַר לֵיהּ סָבָא אִי חָרָשׁ אַתְּ, אִי מְבָעֵט בְּיִיסוּרִין אַתְּ. אֲמַר לֵיהּ תִּיפַּח רוּחֵיהּ דְּהַהוּא גַּבְרָא. לָא חָרָשׁ אֲנָא וְלָא מְבָעֵט בְּיִיסוּרִין אֲנָא. אֶלָּא כָל יוֹמַיי קָרִיתִי פָּסוּק זֶה, וְהָיִיתִי מִצְטָעֵר וְאוֹמֵר אֵימָתַי יָבוֹאוּ שְׁלָשְׁתָּן לְיָדִי. וְאָהַבְתָּ אֵת יהוה אֱלֹהֶיךָ בְּכָל־לְבָבְךָ וּבְכָל־נַפְשְׁךָ וּבְכָל־מְאוֹדֶךָ. רְחִמְתֵּיהּ בְּכָל־לִבִּי. וּרְחִמְתֵּיהּ בְּכָל מָמוֹנִי. וּבְכָל נַפְשִׁי לָא הֲוָה בְדִיקָה לִי. וְכַדּוּן דִּמְטַת בְּכָל נַפְשִׁי. וְהִגִּיעַ זְמַן קְרִיַּת שְׁמַע וְלָא אַפְלְגָא דַעְתִּי. לְפוּם כֵּן אֲנָא קָרֵי וְגָחֵךְ:

PEAH.

45 (I. 1 : 15 *c*)

אֲמַר רַבִּי חִזְקִיָּה גּוֹי אַשְׁקְלוֹנִי הָיָה: וְרֹאשׁ פַּטְרְבוּלִי הָיָה, וְאֶבֶן שֶׁיָּשַׁב עָלֶיהָ אָבִיו לֹא יָשַׁב עָלֶיהָ מִיָּמָיו. וְכֵיוָן שֶׁמֵּת אָבִיו עָשָׂה אוֹתָהּ יִרְאָה שֶׁלּוֹ. פַּעַם אַחַת אָבְדָה יָשְׁפֵה שֶׁל בִּנְיָמִן, אֲמַרוּ מָאן דְּאִית לֵיהּ טָבָא דִכְוָותָהּ. אֲמַרוּ אִית לְדָמָה בֶּן נְתִינָה: אֲזַלוּן לְגַבֵּיהּ וּפְסַקוּ עִמֵּיהּ בִּמְאָה דִינָר. סְלֵיק בָּעֵי מַיְיתֵהּ לְהֹן וְאַשְׁכַּח אֲבוּהַּ דָּמֵיךְ. וְאִית דְּאָמְרִין מַפְתְּחָא דְתֵיבוּתָא הֲוָה יָתֵיב גַּו אֶצְבְּעָתֵיהּ דַּאֲבוּהַּ. וְאִית דָּמְרִין רִיגְלֵיהּ דַּאֲבוּהַּ הֲוַות פְּשִׁיטָא עַל תֵּיבוּתָא. נְחַת לְגַבּוֹן אֲמַר לוֹן לָא יְכֵילִית מַיְיתוּתֵיהּ לְכוֹן. אֲמַרוּ דִילְמָא דוּ בָּעֵי פְּרִיטִין טוּבָן. אַסְקוּנֵיהּ לְמָאתַיִם אַסְקוּנֵיהּ לַאֲלַף. כֵּיוָן דְּאִיתְעִיר אֲבוּהַּ מִן שֵׁינְתֵיהּ סְלֵק וְאַיְיתוּתֵיהּ לוֹן. בָּעוּ מַיְיתוּן לֵיהּ כַּד פְּסַקוּ לֵיהּ לְאַחֲרַיָּיא וְלָא קַבֵּיל עֲלוֹי. אֲמַר מָה אֲנָא מְזַבֵּין לְכוֹן אִיקָרָא דַּאֲבָהָתִי בִּפְרִיטִין, אֵינִי נֶהֱנֶה מִכְּבוֹד אֲבוֹתַי כְּלוּם:

46 (I. 1 : 15 *c*)

אֲמַרוּ אִיפְשַׁר לֵית רַבִּי יִשְׁמָעֵאל נוֹהֵג בִּכְבוֹד אֲבוֹתָיו. אֲמַרוּ לָהּ מָה עָבֵד לִיךְ. אָמְרָה כַּד נְפַק מִבֵּית וַעֲדָה אֲנָא בָעְיָא מְשַׁזְּגָה רִיגְלוֹי וּמִשְׁתֵּי מהן וְלָא שָׁבֵיק לִי. אָמְרוּ לוֹ הוֹאִיל וְהוּא רְצוֹנָהּ הוּא כְבוֹדָהּ׃

אֲמַר רַבִּי מָנָא יָאוּת אִילֵין טְחוֹנַיָא אָמְרִין כָּל בַּר נָשׁ וּבַר נָשׁ זְכוּתֵיהּ גּוֹ קוּפָּתֵיהּ׃

רַבִּי זְעֵירָא הֲוָה מִצְטָעֵר וַאֲמַר. הַלְוָאי הֲוָה לִי אַבָּא וְאִימָּא דַּאֲיַקְרִינְהוֹן דְּיֵירַת גַּן עֵדֶן. כַּד שְׁמַע אִילֵין תַּרְתֵּי אוּלְפָנַיָּא. אֲמַר בְּרִיךְ רַחֲמָנָא דְלֵית לִי לָא אַבָּא וְאִימָּא. לָא כְרַבִּי טַרְפוֹן הֲוָה יָכֵילְנָא עָבֵיד וְלָא כְרַבִּי יִשְׁמָעֵאל הֲוֵינָא מְקַבְּלָה עֲלַי׃

47 (I. 1 : 15 *c*)

חַד בַּר נָשׁ הֲוָה מַיְכֵיל לַאֲבוּי תַרְנוֹגְלִין פַּטִּימִין. חַד זְמַן אֲמַר לֵיהּ אֲבוּי בְּרִי אִילֵין מִנַּן לָךְ אֲמַר לֵיהּ סָבָא סָבָא אֲכוּל וַאֲדִישׁ דְּכַלְבַיָא אָכְלִין וּמְדִישִׁין. נִמְצָא מַאֲכִיל אֶת אָבִיו פְּטוּמוֹת וְיוֹרֵשׁ גֵּיהִנָּם׃ כֵּיצַד כּוֹדְנוֹ לְרֵיחַיִים וְיוֹרֵשׁ גַּן עֵדֶן. חַד בַּר נָשׁ הֲוָה איטחין (l. טָחֵין) בְּרֵיחַיָיא אֲתַת (v. l. מִצְוְותָא) צְמוּת לִטְחוֹנַיָיא. אֲמַר לֵיהּ אַבָּא אַבָּא עוּל טְחוֹן תַּחְתַּי. אִין מְטַת מִבְזָיָא. טָב לִי אֲנָא וְלָא אַתְּ. אִין מְטַת מִילְקֵי. טָב לִי אֲנָא וְלָא אַתְּ. נִמְצָא. כּוֹדְנוֹ בְּרֵיחַיִם וְיוֹרֵשׁ גַּן עֵדֶן׃

48 (I. 1 : 15 *d*)

רַבִּי יוֹנָתָן וְרַבִּי יַנַּאי הֲווּ יְתֵיבִין אֲתָא חַד בַּר נָשׁ וּנְשַׁק רִיגְלוֹי דְרַבִּי יוֹנָתָן. אֲמַר לֵיהּ רַבִּי יַנַּיי מָה טִיבוּ הוּא שַׁלֵּים לָךְ מִן יוֹמוֹי אֲמַר לֵיהּ חַד זְמַן אֲתָא קָבֵל לִי עַל בְּרֵיהּ דְּיִזוּנֵינֵיהּ וַאֲמְרֵית לֵיהּ

אֵיזֵיל צוּר כְּנִישְׁתָּא עֲלוּי וּבַזִּיתֵיהּ. אֲמַר לֵיהּ וּלְמָה לָא כְּפִיתֵינֵיהּ. אֲמַר לֵיהּ. וְכוּפִין לֵיהּ. אֲמַר לֵיהּ וַאֲדַיִין אַתְּ לְזוּ. חֲזַר בֵּיהּ רַבִּי יוֹנָתָן וּקְבָעָה שְׁמוּעָה מִן שְׁמֵיהּ[דְּיַנַּאי].

49 (I. 1 : 15 *d*)

רַבִּי שְׁמוּאֵל בַּר רַב יִצְחָק הֲוָה נָסֵיב שִׁיבְשְׁתַּיָּה וַהֲוָה מְקַלֵּס קוֹמֵי כַלַּיָּא. וַהֲוָה רַבִּי זְעֵירָא חָמֵי לֵיהּ וּמִיטַּמֵּר מִן קוֹמוֹי. אֲמַר חֲמֵי לְהָדֵין סָבָא אֵיךְ הוּא מַבְהֵית לָן. וְכֵיוָן דִּדְמַךְ הֲוָה תְלָת שָׁעִין קָלִין וּבַרְקִין בְּעָלְמָא. נְפַקַת בְּרַת קָלָא וְאָמְרָה דְמֵךְ רַבִּי שְׁמוּאֵל בַּר רַב יִצְחָק גְּמוֹל חִסְדַּיָּא. נָפְקִין לְמִינְמוֹל לֵיהּ חֶסֶד. נַחְתַת אֶשָּׁתָא מִן שְׁמַיָּא וְאִיתְעֲבִידַת כְּמִין שִׁבְשָׁא דְנוּר בֵּין עַרְסָא לְצִיבּוּרָא. וַהֲווּן בְּרְיָיתָא אָמְרִין חֲיוֹי דְהָדֵין סָבָא דְקָמַת לֵיהּ שִׁבִישְׁתֵּיהּ:

50 (I. 1 : 16 *a*)

בּוּלְוְוטַיָּה דְצִיפּוֹרִין הֲוָה לְהוֹן a) צוּמוּת וַהֲוָה תַמָּן חַד מִיתְקְרֵי יוֹחָנָן וְלָא סְלֵק. אֲמַר חַד לְחַד לֵית אֲנָן סָלְקִין מְבַקְּרָה לְרַבִּי יוֹחָנָן יוֹמָא דֵין. אָמְרִין יֵיתֵי יוֹחָנָן. אֲמַר רַבִּי שִׁמְעוֹן בֶּן לָקִישׁ זֶה אָמַר לְשׁוֹן הָרָע בְּצֶדֶק:

51 (III. 8 : 17 *d*)

תְּרֵין אַחִין בְּאַשְׁקְלוֹן הֲווּ לְהוֹן מְגוּרִין נוּכְרָאִין. אָמְרֵי כַּדוֹן אִילֵּין יְהוּדָאִין סָלְקִין לִירוּשְׁלֵם אֲנָן נָסְבִין כָּל מָה דְאִית לְהוֹן. מִן מַה דְּסָלְקִין זִימֵּן לְהֹן הַקָּדוֹשׁ בָּרוּךְ הוּא מַלְאָכִין נִכְנָסִין וְיוֹצְאִין בִּדְמוּתָן. מִן דְּנָחְתִין שַׁלְחוּן לוֹן מִקְמָן. אֲמַרוּ לוֹן אָן הֲוֵיתוּן. אֲמַר לוֹן בִּירוּשְׁלֵם. אֲמַרוּ לוֹן מַאן שְׁבַקְתּוּן בְּגוֹ בַּיְתָא. אֲמַרוּ לָא בַּר נָשׁ. אֲמַרוּ בְּרִיךְ הוּא אֱלָהֲהוֹן דִּיהוּדָאֵי דְּלָא שַׁבְקוֹן b) וְלָא שְׁבִיק לְהוֹן:

---

a) Cod Vat. צמות an assembly. *b*) וְלָא שָׁבְקִין לֵיהּ.

52 (III. 9 : 17 *d*)

אֲחָתֵיהּ דְּרַבִּי גּוֹרְיָן כַּתְבַת נִיכְסֵי לַאֲחוּהָ וּסְלֵק אֲחוּי רַבָּא. פַּיְיסָהּ וְכַתְבַת לֵיהּ. אֲתָאי עוּבְדָא קוֹמוֹי רַבִּי אִימִּי: אֲמַר, כֵּן אֲמַר רַבִּי יוֹחָנָן, חוֹזֵר בּוֹ.

53 (VII. 4 : 20 *a*)

רַבִּי אֲבָהוּ וְרַבִּי יוֹסֵי בֶּן חֲנִינָא וְרַבִּי שִׁמְעוֹן בֶּן לָקִישׁ עֲבַרוּ עַל כֶּרֶם הוֹרוֹן. אַפֵּיק לוֹן אֲרִיסָא חֲדָא פֶּרְסִיקָא. אֲכַלוּן אִינּוּן וְחַמָּרֵיהוֹן וְאַיְיתְרוּן: וְשַׁעֲרוּנָהּ כְּהָדֵין לִיפְ״סָא דִּכְפַר חֲנַנְיָה מַחֲזִיק סְאָה שֶׁל עֲדָשִׁים. בָּתַר יוֹמִין עֲבַרוּן תַּמָּן אַפֵּיק לוֹן תְּרֵי תְלַת לְגוֹא יְדֵיהּ. אֲמַרוּ לֵיהּ מִן הַהוּא אִילָנָא אֲנַן בָּעַיִין. אֲמַר לוֹן מִינֵּיהּ אִינּוּן. וְקָרוֹן עֲלוֹי אֶרֶץ פְּרִי לִמְלֵחָה מֵרָעַת יוֹשְׁבֵי בָהּ: (Psa 107[34]).

אֲמַר רַבִּי חֲנִינָא כַּד סְלֵקִית לְהָכָא נְסִיבֵית אֵיזוֹרִי וְאֵיזוֹרֵיהּ דִּבְרִי וְאֵיזוֹרֵיהּ דְּחַמָּרִי מַקָּפָא a) בֵּירְתָא דַחֲרוּבְתֵיהּ דְּאַרְעָא דְיִשְׂרָאֵל וְלָא מְטוֹן קְצַת חַד חֲרוּב וּנְגַד מְלֹא יְדוֹי דְּבַשׁ:

54 (VII. 4 : 20 *b*)

רַבִּי אֲמַר לְרַבִּי פְרוּדִי לֵית אַתְּ חַמֵּי לִי הַהוּא סְגוּלָה דְנוּ כַּרְמָךְ: אֲמַר לֵיהּ אִין. נְפַק בָּעֵי מִיחַמָּיָיא לֵיהּ. עַד דְּהוּא רָחִיק צָפָה בֵיהּ כְּמִין תוֹרָא. אֲמַר לֵיהּ לֵית הָדֵין תוֹרָא מְחַבֵּל כַּרְמָא. אֲמַר לֵיהּ הָדֵין תוֹרָה דְאַתְּ סָבֵר הוּא סְגוּלָא: אַיְיתוּן קוֹמוֹי תְרֵין פִּיגְלִין מִבֵּין רֵישׁ שַׁתָּא לְצוֹמָא רַבָּא. וַהֲוָה אַפּוּקֵי שְׁמִיטְתָא וַהֲוָה בְהוֹן טְעוּנֵיהּ דְּנַמְלָא אֲמַר לוֹן וְלֵית אַסִּיר וְלָאו סְפִיחִין אִינּוּן. אֲמַר לֵיהּ בְּפוּקֵי רֵישׁ שַׁתָּא אִיזְדְּרָעוּן:

---

a) Read כְּוּוּרְתָּא

55 (VII. 4 : 20 *b*)

רַבִּי חֲנַנְיָה הֲוָה מְזַבֵּן דְּבַשׁ דִּדְבוֹרְיָין וַהֲוָה לֵיהּ דְּבַשׁ דְּצַלְיָין, בָּתַר יוֹמִין עָבְרִין תַּמָּן. אֲמַר לוֹן בְּנִין לָא מַטְעָיָא לְכוֹן, הֲווֹן יָדְעִין הַהוּא דוּבְשָׁא דְּיַהֲבִית לְכוֹן דְּצַלְיָין יִינוּן. אֲמַרוּ לֵיהּ מִינֵּיהּ אֲנַן בָּעַיִן דּוּ טָב לְעִיבִידַתוֹן, וַאֲפְרֵישׁ טִימִיתֵיהּ, וּבְנָא בֵיהּ בֵּית מִדְרָשָׁא דְּצִיפּוֹרִין:

רַבִּי לָעְזָר בֵּי רַבִּי שִׁמְעוֹן אֲזַל לְחַד אֲתַר וְאַיְיתוּן קוּמוֹי כְּרוּב מְצַמַּק. אֲמַר לוֹן סַגִּין דְּבַשׁ יְהַבְתּוּן בֵּיהּ. אָמְרִין לֵיהּ לָא יָהֲבִינַן בֵּיהּ, מִינֵּיהּ וּבֵיהּ הוּא:

56 (VIII. 7 : 21 *a*)

רַבִּי לִיעֶזֶר הֲוָה פַּרְנָס. חַד זְמַן נְחֵית לְבַיְיתֵיהּ אֲמַר לוֹן מַאי עֲבַדִיתוֹן. אֲמַרוּ לֵיהּ אֲתָא חַד סִיעָא וַאֲכַלוּן וּשְׁתוּן וְצַלּוֹן עֲלָךְ. אֲמַר לוֹן לֵיכָּא אֲגַר טָב. נְחַת זְמַן תִּינְיָין אֲמַר לוֹן מַאי עֲבַדִיתוֹן אֲמַרוּ לֵיהּ אֲתָא חַד סִיעָא חוֹרִי וַאֲכַלוּן וּשְׁתוּן וְאַקְלוּנָךְ. אֲמַר לוֹן כַּדוּן אִיכָּא אֲגַר טָב:

רַבִּי עֲקִיבָה בְּעוֹן מְמַנִּיתֵיהּ פַּרְנָס. אֲמַר לוֹן נִמְלֹךְ גּוֹ בַּיְיתֵיהּ. הֲלַכוּן בָּתְרֵיהּ שָׁמְעוּן קָלֵהּ דְּיֵימַר עַל מְנָת מִתְקַל עַל מְנָת מִבְזְיָיה:

57 (VIII. 8 : 21 *a*)

הַד תַּלְמִיד מִן דְּרַבִּי הָיוּ לוֹ מָאתַיִם חָסֵר דִּינָר וַהֲוָה רַבִּי יְלִיף זָכֵי עִימֵּיהּ חֲדָא לִתְלַת שְׁנֵי מַעֲשַׂר מִסְכֵּינִין, עָבְדִין בֵּיהּ תַּלְמִידוֹי עֵינָא בִישָׁא וּמַלּוֹן לֵיהּ. אֲתָא בָעֵא מִזְכֵּי עִימֵּיהּ. אֲמַר לֵיהּ רַבִּי אִית לִי שִׁיעוּרָא. אֲמַר זֶה מַכַּת פְּרוּשִׁים נָגְעוּ בוֹ. רְמַז לְתַלְמִידוֹי וְאַעֲלוּנֵיהּ לְקַפֵּילִין וְחַסְּרוּנֵיהּ חַד קָרָט. וּזְכָה עִימֵּיהּ הֵיךְ מָה דַּהֲוָה יְלִיף:

58 (VIII. 9 : 21 *b*)

שְׁמוּאֵל עֲרַק מִן אֲבוּי. אֲזַל וְקָם לֵיהּ בֵּין תְּרֵין צְרִיפִין דְּמִסְכֵּינִין. שְׁמַע קָלְהוֹן אָמְרִין בְּהֵידֵין ⁽ᵃ⁾ אַרְגֶּנְטוּרִין אֲנַן אָכְלִין יוֹמָא דֵין. בְּאַרְגֶּנְטוּרִין דְּדַהֲבָא אוֹ בְּאַרְגֶּנְטוּרִין דְּכַסְפָּא עָאל וַאֲמַר קוֹמֵי אֲבוּי. אֲמַר לֵיהּ צְרִיכִין אָנוּ לְהַחֲזִיק טוֹבָה לְרַמָּאִים שֶׁבָּהֶם:

דִּלְמָא, רַבִּי יוֹחָנָן וְרַבִּי שִׁמְעוֹן בֶּן לָקִישׁ עֲלוֹן מִיסְחֵי בְּהָדֵין דִּימוֹסִין דְּטִיבֶּרְיָא פְּגַע בּוֹן חַד מִסְכֵּן אֲמַר לוֹן זְכוֹן בִּי. אֲמָרוּ לֵיהּ, מִי חָזְרִין, מִי חֲזַרוּן אַשְׁכְּחוּנֵיהּ מִית. אֲמָרוּ הוֹאִיל וְלָא זְכֵינַן בֵּיהּ בְּחַיּוֹי נִיטַפֵּל בֵּיהּ בְּמִיתוּתֵיהּ. כִּי מִיטַפְּלִין בֵּיהּ אַשְׁכְּחוֹן כִּיס דֵּינָרַיָּא תָּלֵי בֵּיהּ.

59 (ibid.)

אַבָּא בַּר בָּא יְהַב לִשְׁמוּאֵל בְּרֵיהּ פְּרִיטִין דְּיִפְלַג לְמִסְכֵּינַיָּא. נְפַק וְאַשְׁכַּח חַד מִסְכֵּן אָכֵל קוּפָּד וְשָׁתֵי חֲמַר. עָאל וַאֲמַר קוֹמֵי אֲבוּי. אֲמַר לֵיהּ הַב יַתִּיר דְּנַפְשֵׁיהּ מָרְתֵיהּ:

רַבִּי יַעֲקֹב בַּר אִידִי וְרַבִּי יִצְחָק בַּר נַחְמָן הֲווֹן פַּרְנָסִין וַהֲווֹן יָהֲבִין לְרַבִּי חָמָא אֲבוּי דְּרַבִּי אוֹשַׁעְיָא חַד דִּינַר וְהוּא יָהֵיב לֵיהּ לְחוֹרָנִין:

רַבִּי חֲנַנְיָא בַּר פַּפָּא הֲוָה מַפְלֵג מִצְוֹת בְּלֵילְיָא. חַד זְמַן פְּגַע בֵּיהּ רַבְּהוֹן דְּרוּחַיָּא אֲמַר לֵיהּ לָא כָךְ ⁽ᵇ⁾ אַלְפָן רַבִּי לֹא תַסִּיג גְּבוּל רֵעֲךָ (Deut. 19[14]) אֲמַר לֵיהּ וְלָא כֵן כְּתִיב מַתָּן בַּסֵּתֶר יִכְפֶּה אָף. (Prov. 21[14]) וַהֲוָה מִסְתְּפֵי מִינֵּיהּ וַעֲרַק מִן קוֹמוֹי.

60 (ibid.)

אֲמַר רַבִּי חִיָּיא בַּר אָדָא אִית הֲווֹ סָבִין בְּיוֹמֵינַן, מָאן דַּהֲוָה יָהֵיב לוֹן מִבֵּין רֵישׁ שַׁתָּא לְצוֹמָא רַבָּא הֲווֹן נָסְבִין. מִן בָּתַר כֵּן לָא הֲווֹן

---

a) Text אגנטין   *b*) Text אולפן

נָסְבִין, אָמְרִין רְשׁוּתַן נַבַּן: נְחֶמְיָה אִישׁ שִׁיחִין פְּגַע בֵּיהּ יְרוּשַׁלְמִי חַד, אֲמַר לֵיהּ זְכֵי עִמִּי חֲדָא תַרְנְגוֹלְתָּא. אֲמַר לֵיהּ הֵילָךְ טִימִיתַהּ וְזֵיל וּזְבוּן קוּפָד, וַאֲכַל וּמִית. וַאֲמַר בּוֹאוּ וּסְפְדוּ לַהֲרוּגוֹ שֶׁל נְחֶמְיָה: נַחוּם אִישׁ גַם זוֹ (גִּמְזוֹ) הָיָה מוֹלִיךְ דּוֹרוֹן לְבֵית חָמִיו פְּגַעְבֵּיהּ מוּכֵּה שְׁחִין אֶחָד, אֲמַר לֵיהּ זְכֵה עִמִּי מִמָּה דְאִית גַּבָּךְ. אֲמַר לֵיהּ מִי חָזֵר, חֲזַר וְאַשְׁכְּחֵיהּ מִית. וַהֲוָה אָמֵר לְקִיבְלֵיהּ עַיְינַיָּה דַחֲמוּנָךְ וְלָא יְהַבוּן לָךְ יִסְתַּמְיָין. יְדַיָּה דְלָא פְשָׁטָן מִיתַּן לָךְ יִתְקַטְעוּן. רִגְלַיָּא דְלָא רָהֲטֵיי מִיתַּן לָךְ יִתַּבְרָן. וּמְטָתֵיהּ כֵּן:

61 (ibid.)

רַבִּי הוֹשַׁעְיָא רַבָּא הֲוָה רַבֵּיהּ דִבְרֵיהּ חַד דְסַגִּיא נְהוֹרַיָּא,[a] וַהֲוָא יְלִיף אָכֵיל עִימֵּיהּ בְּכָל יוֹם. חַד זְמַן הֲווּ (לֵיהּ) אָרְחִין וְלָא מְטָא מֵיכוֹל עִימֵּיהּ. בְּרוּמְשָׁא סְלֵיק לְגַבֵּיהּ אֲמַר לֵיהּ לָא יִכְעוֹס מָרִי עֲלַי בְּגִין דַהֲוָה לִי אָרְחִין וְלָא בְעִית מְבַזְּיָא אִיקָרֵיהּ דְמָרִי בְּגִין כֵּן (דְּלָא) אָכְלֵית עִמָּךְ יוֹמָא דֵין. אֲמַר לֵיהּ אַתְּ פַּיֵּיסְתְּ לְמַאן דְמִיתְחֲמֵי וְלָא חָמֵי. דֵין דְחָמֵי וְלָא מִיתְחֲמֵי יְקַבֵּל פִּיּוּסָךְ. אֲמַר לֵיהּ הָדָא מְנָא לָךְ. אֲמַר לֵיהּ מֵרַבִּי אֱלִיעֶזֶר בֶּן יַעֲקֹב. דְרַבִּי אֱלִיעֶזֶר בֶּן יַעֲקֹב עַל חַד דְסַגִּיא נְהוֹרָא לְקַרְתֵּיהּ יְתַב לֵיהּ רַבִּי אֱלִיעֶזֶר בֶּן יַעֲקֹב לְרַע מִינֵּיהּ. דְיֵימְרוּן דְאִילוּלֵא דְהוּא בַר נָשָׁא רַבָּא לָא יְתַב לֵיהּ רַבִּי אֱלִיעֶזֶר בֶּן יַעֲקֹב לְרַע מִינֵּיהּ. עֲבַדוּן לֵיהּ פַּרְנָסָה דְאִיקָר. אֲמַר לְהוֹן מָהוּ הַכֵין. אֲמַרוּ לֵיהּ רַבִּי אֱלִיעֶזֶר בֶּן יַעֲקֹב יָתֵיב לְרַע מִינָּךְ. וְצַלִּי עֲלוֹי הָדָא צְלוֹתָא. אַתְּ גְּמַלְתְּ חֲסַד לְמַאן דְמִיתְחֲמֵי וְלָא חָמֵי. דֵין דְחָמֵי וְלָא מִתְחֲמֵי יְקַבֵּל פִּיּוּסָךְ וְיִגְמוֹל יָתָךְ חֲסַד. דִלְמָא רַבִּי חָמָא בַר חֲנִינָא וְרַבִּי הוֹשַׁעְיָא הֲווֹן מְטַיְּלִין בְּאִילֵּין

---

a) Better נְהוֹרֵיהּ „One whose light was abundant." Euphemism for „one who was blind".

כְּנִישְׁתָּא דְלוּד. אֲמַר רַבִּי חָמָא בַּר חֲנִינָא לְרַבִּי הוֹשַׁעְיָה כַּמָּה מָמוֹן שִׁיקְעוּ אֲבוֹתַי כָּאן. אֲמַר לֵיהּ כַּמָּה נְפָשׁוֹת שִׁיקְעוּ אֲבוֹתֶיךָ כַּאן. לָא הֲוָה אִית בְּנֵי נָשׁ דְּלָעַיִין בְּאוֹרַיְתָא:

DEMAI.

The doubtful tithe.

62 (I. 3 : 21 *d*)

רַבִּי יוֹחָנָן כַּד הֲוָה אָכֵל אֲפִילוּ קוּפָד אֲפִילוּ בֵּיעָה הֲוָה מְתַקֵּן. אֲמָרוּ לֵיהּ תַּלְמִידוֹי לָא כֵן. אַלְפָּן רַבִּי עַשֵּׂר תְּעַשֵּׂר אֵת כָּל־תְּבוּאַת זַרְעֶךָ, (Deut. 14^{22}) דּוּ חָשֵׁשׁ לְמַשְׁקִין שֶׁיֵּשׁ בָּהֶן:

רַבִּי יִרְמְיָה שְׁלַח לְרַבִּי זְעֵירָא חֲדָא מְסָאנָא דִּתְאֵנִים דְּלָא מְתַקְּנָא. וַהֲוָה רַבִּי יִרְמְיָה סָבַר מֵימַר מָה רַבִּי זְעֵירָא מֵיכוּל דְּלָא מְתַקְּנָה. וַהֲוָה רַבִּי זְעֵירָא סָבַר מֵימַר מָה אִיפְשָׁר דְּרַבִּי יִרְמְיָה מְשַׁלְּחָה לִי מִילָּא דְּלָא מְתַקְּנָה. בֵּין דֵּין לְדֵין אִיתְכַלַת טֶבֶל. לְמָחָר קָם עִימֵּיהּ אֲמַר לֵיהּ הַהִיא מְסַנְתָּא דִּשְׁלַחְתְּ לִי אֶתְמוֹל מְתַקְּנָא הֲוַת. אֲמַר לֵיהּ אֲמַרִית מָה רַבִּי זְעֵירָא מֵיכוּל מִילָּה דְּלָא מְתַקְּנָה. אֲמַר לֵיהּ אוּף אֲנָא אֲמַרִית כֵּן מָה רַבִּי יִרְמְיָה מְשַׁלַּח לִי מִילָּה דְּלָא מְתַקְּנָה:

63 (ibid.)

רַבִּי אַבָּא בַּר זְבִינָא בְּשֵׁם רַבִּי זְעֵירָא אֲמַר אִין הֲווֹן קַדְמָאֵי בְּנֵי מַלְאָכִים אֲנַן בְּנֵי נָשׁ. וְאִין הֲווֹן בְּנֵי נָשׁ אֲנַן חֲמָרִין: אֲמַר רַבִּי מָנָא בְּהַהִיא שַׁעְתָּא אָמְרִין אֲפִילוּ לַחֲמָרְתֵיהּ דְּרַבִּי פִּינְחָס בֶּן יָאִיר לָא אִידְמֵינַן:

חֲמָרְתֵיהּ דְּרַבִּי פִּינְחָס גְּנַבוּנַהּ לִיסְטַיי. עֲבַדַת טְמוּרָה גַּבּוֹן תְּלָתָא יוֹמִין דְּלָא טָעֲמָא כְלוּם. בָּתַר תְּלָתָא יוֹמִין אִיתְמַלְּכוּן מְחַזְרָתַהּ לְמָרָהּ. אָמְרִין נִישַׁלְּחִינַהּ לְמָרָהּ דְּלָא לִימוּת לְגַבָּן וְתִיסְרֵי מְעָרְתָּא. אַפְקוּנַהּ אֲזַלַת וְקָמַת עַל תּוּרְעָתָא דְמָרַהּ. שָׁרְיַית מְנַהֲקָא אֲמַר

לוֹן פּוּתְחוּן לְהָדָא עֲלִיבְתָּא דְאִית לָהּ תְּלָתָא יוֹמִין דְּלָא טְעֵימַת כְּלוּם. פְּתַחוּן לָהּ וְעַלַּת לָהּ. אֲמַר לוֹן יְהַבוּן לָהּ כְּלוּם תֵּיכוּל. יְהַבוּן קוּמָהּ שַׂעֲרִין וְלָא בְעָת מֵיכוּל. אָמְרֵי לֵיהּ רַבִּי לָא בָעְיָה מֵיכוּל. אֲמַר לוֹן מְתַקְּנָן אִינּוּן. אֲמַרוּ לֵיהּ אִין: אֲמַר לוֹן וַאֲרִימְתּוּן דְּמַיָּין. וַאֲרִימוּן דְּמַיָּין וַאֲכְלַת.

64 (I. 3 : 22*a*)

תְּרֵין מִסְכֵּינִין אַפְקְדוּן תְּרֵין סְאִין דְּשַׂעֲרִין גַּבֵּי רַבִּי פִּינְחָס. זְרַעוּן וַחֲצַדוּן. וְיָצְאלוּן בָּעַיִין מִיסַּב שַׂעֲרֵיהוֹן. אֲמַר לוֹן אַיְיתוּן גַּמְלַיָּא וַחֲמָרַיָּא וּסְבוּן שַׂעֲרֵיכוֹן:

רַבִּי פִּינְחָס בֶּן יָאִיר אֲזַל לְחַד אֲתַר. אֲתוֹן לְגַבֵּיהּ אֲמַרוּ לֵיהּ עַכְבְּרַיָּא אֲכַלוּ עִיבּוּרַן. גְּזַר עֲלֵיהוֹן וְצַמְתּוּן. שָׁרוּן מְצַפְצְפִין. אֲמַר לוֹן יָדְעִין אַתּוּן מָה אִינּוּן אָמְרִין. אֲמַרוּ לֵיהּ לָא. אֲמַר לוֹן אֲמַרוּ דְלָא מְתַקְּנָא׳ אֲמַרוּ לֵיהּ עוֹרְבָן וְעַרְבוּן וְלָא אִנְכּוּן:

מַרְגְּלָא מִן דְּמַלְכָּא סַרְקָיָא נַפְלַת וּבַלְעָהּ חַד עַכְבָּר. אֲתָא לְגַבֵּי רַבִּי פִּינְחָס בֶּן יָאִיר אֲמַר לֵיהּ מִי אֲנָא חַבָּר. אֲמַר לִשְׁמָךְ טָבָא אַתְיַת. גְּזַר עֲלֵיהוֹן וְצַמְתּוּן. חֲמָא חַד מְגַבַּע וְאָתֵי. אֲמַר גַּבֵּי הָדָן נִיהוּ וּגְזַר עֲלוֹי וּפַלְטַהּ:

רַבִּי פִּינְחָס בֶּן יָאִיר אֲזַל לְחַד אֲתַר. אֲתוֹן לְגַבֵּיהּ אָמְרִין לֵיהּ לֵית מַבּוּעָן מְסַפֵּק לַן. אֲמַר לוֹן דִּילְמָא [a]לָא אַתּוּן מְתַקְּנִין. אֲמַרוּ לֵיהּ עוֹרְבָן וְעַרְבוּן וְאַסְפֵּק לְהוֹן:

רַבִּי פִּינְחָס בֶּן יָאִיר הֲוָה אָזֵיל לְבֵית וַועֲדָא וַהֲוָה גִינַּיי גְּבִיר. אֲמַר לֵיהּ גִּינַּיי גִינַּיי מָה אַתְּ מָנַע לִי מִן בֵּית וַועֲדָה וּפְלַג קוֹמוֹי וַעֲבַר. אֲמַרוּ לֵיהּ תַּלְמִידוֹי יָכְלִין אֲנָן עָבְרִין. אֲמַר לוֹן מַאן דְּיָדַע בְּנַפְשֵׁיהּ דְּלָא אָקֵיל לְבַר נָשׁ מִן יִשְׂרָאֵל מִן יוֹמוֹי יַעֲבוֹר וְלָא מַנְכֵּהּ:

---

a) read לֵית

65 (ibid.)

רַבִּי בָּעֵי מִישְׁרֵי שְׁמִיטְתָא. סְלֵק רַבִּי פִּינְחָס בֶּן יָאִיר לְגַבֵּיהּ. אֲמַר לֵיהּ מָה עִיבּוּרַיָּא עֲבִידִין. אֲמַר לֵיהּ עוּלְשִׁין יָפוֹת. מַה עִיבּוּרַיָּא עֲבִידִין. אֲמַר לֵיהּ עוּלְשִׁין יָפוֹת. וִידַע רַבִּי דְּלֵית הוּא מַסְכְּמָא עִימֵּיהּ. אֲמַר לֵיהּ לֵית מִישְׁגַּח רַבִּי מֵיכוּל עִימַּן צִבְחָר פְּטַל יוֹמָא דֵין. אֲמַר לֵיהּ אִין. מִי נְחֵית חֲמָא מוּלְוָותָא דְרַבִּי קַיָּימִין. אֲמַר כָּל אִילֵּין יְהוּדָאֵי זָנִין. אִיפְשַׁר דְּלָא חָמֵי סְבַר אַפּוֹי מִן כְּדוֹן. אָזְלִין וְאָמְרִין לְרַבִּי, שְׁלַח רַבִּי בָּעֵי מְפַיְּיסָתֵיהּ. מְטוֹן בֵּיהּ גַּבֵּי קַרְתֵּיהּ אֲמַר בְּנֵי קַרְתֵּיהּ קוֹרְבוּן לִי. וּנְחַתוּ בְּנֵי קַרְתָּא וְאַקְפּוּן עֲלוֹ. אֲמַר לוֹן רַבִּי בָּעֵי מְפַיְּיסָמֵיהּ. שְׁבַקוּנֵיהּ [a]וַאֲזוּל לוֹן. אֲמַר בְּנֵי דוֹדִי קוֹרְבוּן לִי. נְחַתַת אֶישָּׁתָא מִן שְׁמַיָּא וְאַקְפַּת עֲלוֹי. אֲזַלוּן אָמְרִין לְרַבִּי, אֲמַר הוֹאִיל וְלָא זָכִינַן נִישְׂבַּע מִינֵּיהּ בְּעָלְמָא הָדֵין נִיזְכֵּי נִשְׂבַּע מִינֵּיהּ בְּעָלְמָא דְאָתֵי׃

66 (II. 1 : 22*c*)

רַבִּי יְהוֹשֻׁעַ בֶּן לֵוִי מְפַקֵּד לְטַלְיָיא לָא תִיזְבּוּן לִי יָרֵק אֶלָּא מִן גִּינְתָא דְסִיסְרָא. קָם עִימֵּיהּ הַזָּכוּר לַטּוֹב אֲמַר לֵיהּ זֵיל אֲמַר לְרַבָּךְ לֵית הָדָא גִינְתָא דְסִיסְרָא. דִּיהוּדַיי הֲוַת וְקַטְלֵיהּ וְנַסְבֵהּ מִינֵּיהּ וְאִין בָּעֵית מַחְמְרָא עַל נַפְשָׁךְ אִישְׁתְּרִי לְחַבְרָךְ׃

(III. 2 : 23 *b*)

רַבִּי חַנַּי הֲוָה [b]מִיסְתְּמַךְ לְרַבִּי זְעֵירָא. עֲבַר חַד טָעִין חַד [c]מוּבַל דְּקֵיסִין. אֲמַר לֵיהּ אַיְיתִי לִי חַד קִיסָם [d]מְחַצֵּי שִׁינַּיי. חֲזַר וַאֲמַר לֵיהּ לָא תַיתִי לִי כְלוּם דְּאִין אָתֵי כָל בַּר נָשׁ וּבַר נָשׁ מִיעֲבַד כֵּן הָא אֲזֵילָא מוּבְלָא דְגוּבְרָא.

---

a) read וַאֲזַלוּן *b*) compare מיסתמיך *c*) text מיבל *d*) text מחצדן

KILAIM.

(Things heterogeneous.)

67 (IX. 2:32*a*)

רַבִּי יוֹסֵי הֲוָה יָתֵיב מַתְנֵי הֲוָה תַמָּן מִיתָה. מַן דְּנָפֵק לֵיהּ לָא אֲמַר כְּלוּם מַן דְּיָתֵב לֵיהּ לָא אֲמַר לוֹן כְּלוּם:

רַבִּי אִימִּי הֲוָה יָתֵיב מַתְנֵי אֲמַר חַד לְחַבְרֵיהּ אַתְּ לָבֵישׁ כִּלְאַיִם אֲמַר לֵיהּ רַבִּי אִימִּי שְׁלַח מָאנָךְ וִיהַב לֵיהּ.

רַבִּי יוֹחָנָן יְהַב מַפָּה עַל מָנוֹי. וְאֵינוֹ אָסוּר מִשּׁוּם כִּלְאַיִם דְּלָא יִנְבְּלוּן מָנוֹי.

אֲמַר רַבִּי זְרִיקָן יְהַבוּ לְרַבִּי אֲבוּנָא בֵּיעֲתָא בְּמַפָּה דְּאִית בַּהּ כִּלְאַיִם וְהוּא לָא מְקַבֵּל.

68 (IX. 4:32*b*)

רַבִּי אֲמַר לָא כְּמָה דְבַר אִינַשׁ אֲזַל הוּא אָתֵי. וְרַבָּנָן אָמְרִין כְּמָה דְבַר נַשׁ אֲזַל הוּא אָתֵי.

רַבִּי יוֹחָנָן מְפַקֵּד אַלְבְּשׁוּנִי בִירַקְרִיקָא לָא חִיוָּרֵי וְלָא אוּכָמִין. אִין קָמֵית בֵּינֵי צַדִּיקַיָּא לָא נִבְהֵת. אִין קָמֵית בֵּינֵי רַשִׁיעַיָּא לָא נִבְהֵת: רַבִּי יֹאשִׁיָּה מְפַקֵּד אַלְבְּשׁוּנִי חִיוָּרִין חֲפִיתִין. אָקְרִין לֵיהּ וּמָה אַתְּ טָב מִן רַבָּךְ אֲמַר לוֹן וּמָה אֲנָא בָּהֵית בְּעוּבָדָאי:

רַבִּי יִרְמְיָה מְפַקֵּד אַלְבְּשׁוּנִי חִיוָּרִין חֲפִיתִין אַלְבְּשׁוּנִי דַרְדְּסִין יְהַבוּן מְסָאנַיי בְּרַגְלַיי וְחוּטְרָא בְּיָדַי וִיהַבוּנִי עַל סִיטְרָא אִין אָתֵי מְשִׁיחָא אֲנָא מְעַתַּד.

צִיפּוֹרָאֵי אָמְרִין מַאן דְּאָמַר לָן רַבִּי דְמַךְ אֲנָן קָטְלִין לֵיהּ. אֲדִיק לוֹן בַּר קַפָּרָא רֵישֵׁיהּ מְכַסֵּי מָאנוֹי מְבַזְּעִין וַאֲמַר לוֹן יְצוּקִים וְאַרְאֵלִים תְּפוּסִין בְּלוּחוֹת הַבְּרִית וְגָבְרָה יָדָן שֶׁל אַרְאֵלִים וְחָטְפוּ אֶת הַלּוּחוֹת.

אָמְרִין לֵיהּ דְּמַךְ רַבִּי. אָמַר לוֹן אַתּוּן אָמְרִיתוּן. וּקְרַעוּן וַאֲזַל קָלָא דְקָרְעִין לְנוּ פָּפְתָה מְהַלֵּךְ תְּלָתָא מִילִין:
יָצְתָה בַּת קוֹל וְאָמְרָה לָהֶן כָּל מִי שֶׁלֹּא נִתְעַצֵּל בְּהֶסְפֵּידוֹ שֶׁל רַבִּי יְהֵא מְבוּשָּׂר לְחַיֵּי הָעוֹלָם הַבָּא. בַּר מִן קַצָּרָא. כֵּיוָן דִּשְׁמַע כֵּן סְלֵק לֵיהּ לְאִיגָּרָא וּטְלַק גַּרְמֵיהּ וּמִית. נַפְקַת בַּת קָלָא וְאָמְרָה וַאֲפִילוּ קַצָּרָא:
רַבִּי הֲוָה יָתֵיב לֵיהּ בְּצִיפּוֹרִין שְׁבַע עַשְׂרָה שְׁנִין וְקָרֵא עַל גַּרְמֵיהּ וַיְחִי יַעֲקֹב בְּאֶרֶץ מִצְרַיִם שְׁבַע עֶשְׂרֵה שָׁנָה. וַיְחִי יְהוּדָה בְּצִיפּוֹרִין שְׁבַע עֶשְׂרֵה שָׁנָה. וּמִן גּוּבֵיהֹן עֲבַד תְּלַת עַשְׂרָה שְׁנִין חָשֵׁישׁ בְּשִׁינּוֹי וְלָמָה חָשׁ בְּשִׁינּוֹי. חַד זְמַן עָבַר חֲמָא חַד עֵיגַל מִינְּכֵם נָעָה וַאֲמַר לֵיהּ, רַבִּי שֵׁיזְבִי, אֲמַר לֵיהּ לְכָךְ נוֹצַרְתָּ. וּבְסוֹפָה אֵיךְ אִיתְנַשְׁמַת. חֲמָתוּן קָטְלִין חַד קֵן דְּעַכְבָּרִין, אֲמַר אַרְפוּנוּן וְרַחֲמָיו עַל כָּל־מַעֲשָׂיו כְּתִיב (Psa 145[9])

69 (ibid.)

רַבִּי הֲוָה עֶנְוְתָן סַגִּין וַהֲוָה אָמַר כָּל מָה דְיֵימַר לִי בַּר נָשָׁא אֲנָא עָבֵיד חוּץ מִמָּה שֶׁעָשׂוּ זִקְנֵי בְתֵירָה לִזְקֵנִי. דִּשְׁרוֹן גַּרְמוֹן מִנְּשִׂיאוּתֵיהוֹן וּמַנּוּנֵיהּ. אִין סְלֵיק רַב הוּנָא רֵישׁ גָּלוּתָא לְהָכָא אֲנָא מוֹתִיב לֵיהּ לְעֵיל מִינִּי, דְּהוּא מִן יְהוּדָה וַאֲנָא מִבִּנְיָמִן וְהוּא מִן דִּכְרַיָּא וַאֲנָא מִן נוּקְבָתָא. חַד זְמַן עָאל רַבִּי חִיָּיא רוֹבָא לְגַבֵּיהּ אֲמַר לֵיהּ הָא רַב הוּנָא לְבַר. נִתְכַּרְכְּמוּ פָּנָיו שֶׁל רַבִּי. אֲמַר לֵיהּ אֲרוֹנוֹ בָּא. אֲמַר לֵיהּ פּוּק וַחֲמִי מַאן בָּעֵי לָךְ לְבַר. וּנְפַק וְלָא אַשְׁכַּח בַּר נָשׁ וִידַע דְּהוּא כָּעֵים עֲלוֹי. עֲבַד דְּלָא עָלֵיל לְגַבֵּיהּ תְּלָתִין יוֹמִין. אֲמַר רַבִּי יוֹסֵי בַּר בּוּן כָּל אִינּוּן תְּלָתִין יוֹמַיָּא יְלַף רַב מִינֵּיהּ כְּלָלַיָּא דְאוֹרַיְתָא. לְסוֹף תְּלַת עֲשַׂרְתֵּי שְׁנַיָּא וּתְלָתִין יוֹמַיָּא עָאל אֱלִיָּהוּ לְגַבֵּיהּ בִּדְמוּת רַבִּי חִיָּיה רוֹבָה. אֲמַר לֵיהּ מָה מָרִי עָבֵיד. אֲמַר

לֵיהּ חַד שִׁינָּא מְעִיקָה לִי. אֲמַר לֵיהּ חַמֵּי לָהּ לִי וְחַמֵּי לָהּ לֵיהּ וִיהַב אֶצְבְּעָתֵיהּ עֲלָהּ וְאִינְשֵׁמַת. לְמָחַר עָאל רַבִּי חִיָּיה רוֹבָה לְגַבֵּיהּ אֲמַר לֵיהּ מָה עָבֵיד רַבִּי, הַאי שִׁינָּךְ מָה הִיא עֲבִידָה. אֲמַר לֵיהּ מִן הַהִיא שַׁעְתָּא דִיהַבְתְּ אֶצְבְּעָתָךְ עֲלַהּ אִינְשֵׁמַת. אֲמַר לֵיהּ אֲנָא לָא הֲוֵינָא, מִן הַהִיא שַׁעְתָּא הֲוָה נָהֵיג בֵּיהּ בִּיקָר. כַּד הֲוָה עָלֵיל לְבֵית וַעֲדָא הֲוָה אָמַר יִכְנַס רַבִּי חִיָּיא רוֹבָא לְפָנִים. אֲמַר לֵיהּ רַבִּי יִשְׁמָעֵאל בֵּי רַבִּי יוֹסֵי, לְפָנִים מִמֶּנִּי. אֲמַר לוֹ חַס וְשָׁלוֹם אֶלָּא רַבִּי חִיָּיה רוֹבָה לְפָנִים וְרַבִּי יִשְׁמָעֵאל בֵּי רַבִּי יוֹסֵי לִפְנֵי לְפָנִים:

70 (ibid.)

רַבִּי הֲוָה מְתַנֵּי שְׁבָחֵיהּ דְרַבִּי חִיָּיה רוֹבָה קוֹמֵי רַבִּי יִשְׁמָעֵאל בֵּי רַבִּי יוֹסֵי. חַד זְמַן חֲמָתֵיהּ גּוֹ בַּנֵּי וְלָא אִיתְכְּנַע מִן קוֹמוֹי. אֲמַר לֵיהּ אֲהָנוּ[a] דְאַתְּ מְתַנֵּי שְׁבָחֵיהּ. אֲמַר לֵיהּ מָה עָבֵד לָךְ. אֲמַר לֵיהּ חֲמָתִי גּוֹ בַּנֵּי וְלָא אִיתְכְּנַע מִן קוֹמַיי. אֲמַר לֵיהּ לְמָה עֲבַדְתְּ כֵּן. אֲמַר לֵיהּ יֵיעוֹל עֲלַי דְאִין סְחֵית לָא יַדְעֵית. בְּהַהִיא שַׁעְתָּא אַשְׁגְּרֵית עֵינַיי בְּכָל סְפַר תִּילִים אַגָּדָה. מִן הַהִיא שַׁעְתָּא מְסַר לֵיהּ שְׁנֵי תַלְמִידִין דִיהַלְכוּן עִימֵּיהּ בְּגִין סַכַּנְתָּא:

71 (ibid.)

רַבִּי יוֹסֵי צָם תַּמְנֵיי יוֹמִין לְמֵיחְמֵי רַבִּי חִיָּיה רוֹבָה וּלְסוֹפָא חֲמָא וְרְגֻזָן יָדוֹי וּכְהוֹ עֵינוֹי. וְאִין תֵּימַר דְּהוּא רָבִּי יוֹסֵה בַּר נָשׁ זָעֵיר, חַד גַּרְדַּיי אֲתָא לְגַבֵּי רַבִּי יוֹחָנָן אֲמַר לֵיהּ חֲמֵית בְּחֵילְמִי דִרְקִיעָא נָפֵל וְחַד מִן תַּלְמִידָךְ סָמֵיךְ לֵיהּ. אֲמַר לֵיהּ וְחָכֵים אַתְּ לֵיהּ. אֲמַר לֵיהּ אִין אֲנָא חָמֵי לֵיהּ אֲנָא חָכֵים לֵיהּ. אַעֲבַר כָּל תַּלְמִידוֹי קוֹמוֹי וְחַכִּים לְרַבִּי יוֹסֵה.

---

a) Contraction of אֲהָן הוּא

רַבִּי שִׁמְעוֹן בֶּן לָקִישׁ צָם תְּלַת מְאָוָון צוֹמִין לְמֵיחְמֵי רַבִּי חִיָּיה רוֹבָה וְלָא חֲמָתֵיהּ וּבְסוֹפָא שָׁרֵא מִצְטַעַר אָמַר מָה הֲוָה לָעֵי בְּאוֹרַיְתָא סַגִּין מִינַּיי. אָמְרִין לֵיהּ רִיבֵּץ תּוֹרָה בְּיִשְׂרָאֵל יוֹתֵר מִמְּךָ וְלָא עוֹד אֶלָּא דַּהֲוָה גָּלֵי. אֲמַר לוֹן וְלָא הֲוֵינָא גָּלֵי. אָמְרִין לֵיהּ אַתְּ הֲוֵיתְ גָּלֵי מִילַּף וְהוּא הֲוָה גָּלֵי מְיַלְּפָה:

כַּד דְּמֵךְ רַב הוּנָא רֵישׁ גָּלוּתָא אַסְקוּנֵיהּ לְהָכָא. אָמְרִין אִין אֲנַן יָהֲבִין לֵיהּ. נִיתְּנֵיהּ גַּבֵּי רַבִּי חִיָּיא רוֹבָה דְּהוּא מִן דִּידְהוֹ. אָמְרִין מַאן בָּעֵי מֵיהַב לֵיהּ. אֲמַר רַבִּי חַגַּיי אֲנָא עָלֵיל יָהֵב לֵיהּ. אֲמַרוּ לֵיהּ עִילְּתָה אַתְּ בָּעֵי דְּאַתְּ גְּבַר סַב וְאַתְּ בָּעֵי מֵיעוֹל מֵיתַב לָךְ תַּמָּן. אֲמַר לוֹן יְהַבוּן מְשִׁיחְתָא בְּרִגְלַיי וְאִין עֲנִיית אַתּוּן גָּרְשִׁין (לִי). עָאל וְאַשְׁכַּח תְּלַת דָּנִין. יְהוּדָה בְּנִי אַחֲרֶיךָ וְאֵין עוֹד. חִזְקִיָּה בְּנִי אַחֲרֶיךָ וְאֵין עוֹד. אַחֲרֶיךָ יוֹסֵף בֶּן יִשְׂרָאֵל וְאֵין עוֹד. תְּלָה עֵינוֹי מִסְתַּכְּלָה. אִיתְאֲמַר לֵיהּ אַפֵּיךְ אַפֵּיךְ שְׁמַע קָלֵיהּ דְּרַבִּי חִיָּיא רָבָא אָמַר לְרַב יְהוּדָה בְּרֵיהּ. נַפֵּישׁ לְרַב הוּנָה יְתִיב לֵיהּ וְלָא קַבֵּיל עֲלוֹי מְתִיב לֵיהּ. אָמְרִין כְּמָה דְלָא קַבֵּיל עֲלוֹי מְתִיב לֵיהּ כֵּן זַרְעִיתֵיהּ לָא פְּסֵיקָה לְעוֹלָם:

72 (IX. 4 : 32 *c*)

אֱלִיחוֹרֶף וַאֲחִיָּה תְּרֵין אִיסְקְרִיטוֹרֵי דִּשְׁלֹמֹה. חֲמָא מַלְאַךְ מוֹתָא מִסְתַּכַּל בּוֹן וְחָרֵיק בְּשִׁינּוֹי. אֲמַר מִילָּה וִיהָבוֹן בַּחֲלָלָא. אֲזַל וְנַסְבְּהוֹן מִן תַּמָּן. אֲתָא קָאֵים לֵיהּ גָּחֵיךְ לְקִבְלֵיהּ. אֲמַר לֵיהּ הַהִיא שַׁעְתָּא הֲוֵיתָא אִיחֲרוֹק בְּשִׁנַּיִיךְ וְכַדּוּן אַתְּ גָּחֵיךְ. אֲמַר לֵיהּ אֲמַר לִי רַחֲמָנָא דְּנִסַּב לֶאֱלִיחוֹרֶף וַאֲחִיָּה מִן חֲלָלָא וַאֲמְרֵית מַאן יָהֵיב לִי אִילֵּין לְהָן דְּאִישְׁתַּלְּחִית מִיסְבִינּוּן. וִיהַב בְּלִיבָּךְ לְמֵיעֲבַד כֵּן בְּגִין דְּנַעֲבֵיד שְׁלִיחוּתִי. אֲזַל וְאִיטַּפֵּל בּוֹן מִן תַּמָּן:

עוּלָּא נָחוּתָא הֲוָה. אִידְמֵךְ תַּמָּן שָׁרֵי בָכֵי. אָמְרִין לֵיהּ מָה לָךְ בָּכֵי. אֲנַן מַסְקִין לָךְ לְאַרְעָא דְיִשְׂרָאֵל. אֲמַר לוֹן וּמָה הֲנָיָה לִי אֲנָא

מוֹבֵד מַרְגָלִיתִי גוֹ אַרְעָא מְסָאַבְתָּא. לֹא דוֹמֶה הַפּוֹלְטָהּ בְּחֵיק אִמּוֹ לְפוֹלְטָהּ בְּחֵיק נָכְרִיָּה.

רַבִּי מֵאִיר אִידְמֵךְ בְּאַסְיָא. אֲמַר אִימוֹרוּן לִבְנֵי אַרְעָא דְיִשְׂרָאֵל הָא מְשִׁיחֲכוֹן דִידְכוֹן. אֲפִילוּ כֵן אֲמַר לוֹן יְהָבוּ עַרְסִי עַל גֵּיף יַמָּא דִכְתִיב כִּי הוּא עַל יַמִּים יְסָדָהּ וְעַל נְהָרוֹת יְכוֹנְנֶיהָ׃ Psa. 24 : 2.

SHEBIᶜITH.

The Sabbatic year.

73 (IV. 2 : 35 *a*)

רַבִּי אַבָּא בַּר זְמִינָא הֲוָה מְחַיֵּיט גַּבֵּי חַד אַרְמַאי בְּרוֹמִי. אַיְתֵי לֵיהּ בְּשַׂר דִּנְבֵלָה אֲמַר לֵיהּ אֲכוֹל. אֲמַר לֵיהּ לֵינָא אָכֵיל. אֲמַר לֵיהּ אֲכוֹל דִּילָכֵן אֲנָא קָטֵילְנָא לָךְ. אֲמַר לֵיהּ אִין בְּעַית מִיקְטַל קְטוֹל דַּאֲנָא לֵינָא מֵיכַל בְּשַׂר דִּנְבֵילָה. אֲמַר לֵיהּ מַהָן מוֹדַע לָךְ דְּאִילוּ אֲכַלְתְּ הֲוֵינָא קָטֵיל לָךְ. אוֹ יְהוּדַיי יְהוּדָאי אוֹ אַרְמַאי אַרְמַאי. אֲמַר רַבִּי מָנָא אִילוּ הֲוָה רַבִּי אַבָּא בַּר זְמִינָא שָׁמַע מִילֵּיהוֹן דְּרַבָּנִין מֵיכַל הֲוָה.

74 (VI. 1 : 36 *c*)

רַבִּי תַּנְחוּם בַּר חִיָּיה הֲוָה בְּחָפָר וַהֲווֹן שָׁאֲלִין לֵיהּ וַהֲוָא מוֹרֵה. שָׁאֲלִין לֵיהּ וְהוּא מוֹרֵה. אָמְרִין לֵיהּ וְלָא כֵן אוּלְפַן רַבִּי שֶׁאָסוּר לְתַלְמִיד לְהוֹרוֹת הֲלָכָה לִפְנֵי רַבּוֹ עַד שֶׁיְּהֵא רָחוֹק מִמֶּנּוּ שְׁנֵים עָשָׂר מִיל כְּמַחֲנֵה יִשְׂרָאֵל. וְהָא רַבִּי מָנָא רַבָּן יָתֵיב בְּצִיפּוֹרִין. אֲמַר לוֹן יֵיתֵי דְלָא יַדְעִית. מִן הַהִיא שַׁעְתָּא לָא אוֹרֵי.

רַבִּי הֲוָה בְעַכּוֹ חָמֵי חַד בַּר נָשׁ סָלֵק מִן כֵּיפְתָא וּלְעֵיל. אֲמַר לֵיהּ לֵית אַתְּ בְּרֵיהּ דִּפְלָן כַּהֲנָא. לָא הֲוָה אֲבוּךְ כָּהֵן. פִּישְׁפָּשָׁה אֲמַר קוֹמֵי רַבִּי יוֹסֵי שַׁאֲלֵית לְרַבִּי אַחָא וּשְׁרָא. רַבִּי זְעִירָא אֲזַל

לְחַמָּתָא דִפְחָל. וַהֲוָה חָמֵי גַרְמֵיהּ לְבַר מִן דִּיקְלַיָּא דְבָבֵל. שְׁלַח שָׁאֵל לְרַבִּי חִיָּיא בַּר וָוא לִתְרֵין בְּנוֹי דְרַבִּי אֶבְיָתָר דְּדָמָא. אָמְרִין נְהִיגִין כָּהֲנַיָּא מְטַיי עַד תַּמָּן. כָּהֲנַיָּא שְׁאַלוּן לְרַבִּי יוֹחָנָן הָדֵן חוּטָא דְנָוֶה. אֲמַר לוֹן רַבִּי יוֹחָנָן בְּשֵׁם רַבִּי חוּנְיָא דִבְרַת חַוְרָן. נְהִיגִין כָּהֲנַיָּא מְטַיי עַד דָּרִיי וְהָדֵן חוּטָא דְבוֹצְרָיֵיה עַד דְּפַרְדֵיסָא.

75 (VI. 4 : 37 *a*)

רַבִּי הִתִּיר לִיקַּח יֶרֶק בְּמוֹצָאֵי שְׁבִיעִית מִיַּד. בַּר מִן קַפְּלוֹטָא. מָה עֲבַדוּן לֵיהּ צִיפּוֹרָאֵי. אַלְבְּשׁוּנֵיהּ סַקָּא וְקִיטְמָא. וְאַיְיתוּנֵיהּ קוֹמֵי רַבִּי. אָמְרִין לֵיהּ מָה חֲטָא דֵין מִן כָּל יַרְקַיָּא. וּשְׁרָא לֵיהּ לוֹן: רַבִּי וְרַבִּי יוֹסֵי בַר יְהוּדָה נָחֲתִין לְעַכּוֹ. וְאִיתְקַבְּלוֹן גַּבֵּי רַבִּי מָנָא. אֲמַר לְהוֹן רַבִּי עֲשֵׂה לָנוּ לֶפֶס אֶחָד שֶׁל יֶרֶק. עֲבַד לֵיהּ קוּפַּד. לְמָחָר אֲמַר לֵיהּ עֲשֵׂה לָנוּ לֶפֶס אֶחָד שֶׁל יֶרֶק. עֲבַד לוֹן תַּרְנְגוּלְתָּא.

76 (IX. 1 : 38 *d*)

רַבִּי שִׁמְעוֹן בֶּן יוֹחַי הֲוָה עָבַר בִּשְׁמִיטְתָא וַחֲמָא חַד מְלַקֵּט שְׁבִיעִית. אֲמַר לֵיהּ וְלֵית אָסוּר. וְלַאו סְפִיחִין אִינּוּן. אֲמַר לֵיהּ וְלָא אַתְּ הוּא מַתִּירָן. אֲמַר לֵיהּ וְאֵין חֲבֵירַיי חֲלוּקִין עֲלַיי. קְרָא עֲלוֹי וּפוֹרֵץ גָּדֵר יִשְּׁכֶנּוּ נָחָשׁ (Eccl. 10[8]) וְכֵן הֲוָת לֵיהּ:

רַבִּי שִׁמְעוֹן בֶּן יוֹחַי עֲבַד טְמִיר בִּמְעַרְתָּא תְּלָת עֲשַׂר שְׁנִין. בִּמְעָרַת חֲרוּבִין (דִתְרוּמָה) עַד שֶׁהֶעֱלָה גוּפוֹ חֲלוּדָה. לְסוֹף תְּלָת עֲשַׂר שְׁנִין אֲמַר לֵינָה נָפֵיק חָמֵי מָה קָלָא בְעַלְמָא. נְפַק וְיָתֵיב לֵיהּ עַל פּוּמָּה דִמְעַרְתָּא. חֲמָא חַד צַיָּיד צָיֵיד צִיפְּרִין פָּרֵס מְצוּדְתֵיהּ. שְׁמַע בְּרַת קָלָא אָמְרָה דִימוּס וְאִישְׁתֵּיזְבַת. אֲמַר צִיפּוֹר מִבַּלְעֲדֵי שְׁמַיָּא לָא אָבְדָא. כָּל שֶׁכֵּן בַּר נָשָׁא. כַּד חֲמָא דְשָׁדְכִין מִילַּיָּא אֲמַר נֵיחוֹת נִיחֲמֵי בְהָדֵין דִימוּסִין דְטִיבֵרְיָא אִם צְרִיכִין אֲנַן לַעֲשׂוֹת

תַּקָּנָה כְּמוֹ שֶׁעָשׂוּ אֲבוֹתֵינוּ הָרִאשׁוֹנִים "וַיִּחַן אֶת־פְּנֵי הָעִיר" (Gen. 33[18])، שֶׁהָיוּ עוֹשִׂין אִיטְלִיסִין וּמוֹכְרִין בַּשּׁוּק. אֲמַר נְדַכֵּי טִיבַּרְיָא וַהֲוָה נָסֵב תּוּרְמוּסִין וּמְקַצֵּץ וּמְקַלֵּיק וְכָל הָן דַּהֲוָה מִיתָא הֲוָה טָיֵיף וּסְלַק לֵיהּ מִן לְעֵיל. חֲמָתֵיהּ חַד כּוּתַי אֲמַר לֵינָה אָזֵל מַפְלֵי בְּהָן סָבָא דְיוּדָאֵי. נְסַב חַד מִית אֲזַל וְאַטְמְרֵיהּ הָן דְּדַכֵּי. אֲתָא לְגַבֵּיהּ דְּרַבִּי שִׁמְעוֹן בֶּן יוֹחַי אֲמַר לֵיהּ לָא דַכֵּית אֲתַר פְּלָן. אִיתָא וַאֲנָא מַפֵּיק לָךְ מִן תַּמָּן. צָפָה רַבִּי שִׁמְעוֹן בֶּן יוֹחַי בְּרוּחַ הַקּוֹדֶשׁ שֶׁנְּתָנוֹ שָׁם, וְאָמַר גּוֹזֵר אֲנִי עַל הָעֶלְיוֹנִים שֶׁיֵּרְדוּ וְעַל הַתַּחְתּוֹנִים שֶׁיַּעֲלוּ וְכֵן הֲוַות לֵיהּ. מִי עָבַר קוֹמֵי מוּגְדְּלָא שְׁמַע קָלֵיהּ דְּסַפְרָא אָמַר הָא בַּר יוֹחַי מְדַכֵּי טִיבַּרְיָא. אֲמַר לֵיהּ יָבוֹא עָלַי אִם לֹא שָׁמַעְתִּי שֶׁטִּיבַּרְיָא עֲתִידָה לִיטָּהֵר. אֲפִילוּ כֵן לָא הֵימְנִין הֲוֵית. מִיַּד נַעֲשָׂה גַּל שֶׁל עֲצָמוֹת:

77 (IX. 2 : 38*d*)

דִּיקְלִיטְיָאנוּס אֲעֵיק לִבְנֵי פַּנְיָיס. אָמְרִין לֵיהּ אֲנַן אָזְלִין. אֲמַר לֵיהּ סוֹפִיסְטָה (σοφιστης) לָא אָזְלִין וְאִין אָזְלִין לוֹן חָזְרִין לוֹן. וְאִי בְּעֵית מִיבְדְּקָא אַיְיתֵי טַבְיָין וְשַׁלְּחוֹן לְאַרְעָא דִּרְחִיקָא. וּבְסוֹף אִינּוּן חָזְרִין לְאַתְרֵיהוֹן. עֲבַד כֵּן. אַיְיתֵי טַבְיָין וְחַפֵּי קַרְנָתְהוֹן בְּכֶסֶף וְשַׁלְּחוֹן לְאַפְרִיקִי. וּבְסוֹף תְּלָתִין שְׁנִין חֲזרוּ לְאַתְרֵיהוֹן.

78 (IX. 5 : 39*a*)

רַבִּי יִצְחָק בַּר רְדִיפָה הֲוָה לֵיהּ עוּבְדָא. אֲתָא שָׁאֵל לְרַבִּי יִרְמְיָה אֲמַר לֵיהּ מָה אֲרְיָוָותָא קָמָיךְ וְאַתְּ שָׁאֵל לְתַעֲלַיָּא. אֲתָא שָׁאֵל לְרַבִּי יֹאשִׁיָּה. אֲמַר לֵיהּ חֲמֵי לָךְ תְּלָתָא רָחֲמִין וַאֲבַקְרָהּ קוֹמֵיהוֹן.

קַפּוּדְקָאֵי דְצִיפּוֹרִין שְׁאַלוֹן לְרַבִּי אִימִּי. בְּגִין דְּלֵית לְאִילֵין עַמָּא רָחֵם וְלָא שָׁאֵל שְׁלָם אֵיךְ צוֹרְכָה מִיעֲבַד. אֲמַר לוֹן כַּד תֶּחְמוֹן רִגְלָא צְלֵילָא תַּהֲווֹן מַפְּקִין לַהּ לְשׁוּקָא וּמְבַקְּרִין לַהּ וְחָזְרִין וְזָכְיָין בֵּיהּ.

רַבִּי חַגַּיי מְפַלֵּג לֵיהּ צְלוּחִיִּין צְלוּחִיִּן. רַבִּי אֱלִיעֶזֶר מְפַלֵּג לֵיהּ צְלוּחִיִּין צְלוּחִיִּן. רַבִּי חִזְקִיָּה סְלֵק גַּבֵּי רַבִּי יִרְמְיָה אֲמַר לֵיהּ זְכֵית בְּהָן אוֹצָרָה. אֲמַר לֵיהּ צוּר לִי אִילֵּין פְּרִיטַיָּא גַּבָּךְ.

79 (IX. 8 : 39 *a*)

רַבִּי חִזְקִיָּה הֲוָה קָאֵים בְּשׁוּקָא דְקֵיסְרִין חֲמָא חַד טָעֵין עֲלָל מִן אִיסּוּרָא. הֲפַךְ אַפּוֹי דְלָא מִיחֲמִינֵיהּ. שְׁמַע רַבִּי יַעֲקֹב בַּר אַחָא וַאֲמַר אִמֵּיהּ דְהָן יַלְדַת בַּר.

חַד בַּר נָשׁ הֲוָה חֲשִׁיד עַל שְׁמִיטְתָא אֲמַר לְאִיתְתֵיהּ אַפְּקִין חַלְּתָה. אָמְרָה לֵיהּ הַהוּא גַּבְרָא חֲשִׁיד עַל שְׁמִיטְתָא וְאַתְּ אָמַר אַפְּקִין חַלָּה. אֲמַר לַהּ חַלָּה מִדְּבַר תּוֹרָה, שְׁבִיעִית מִדִּבְרוֹן דְּגַמְלִיאֵל וְחַבְרוֹי

TERUMOTH.

(The heave-offering.)

80 (VIII. 5 : 45*c*)

רַבִּי יוֹסֵי בֶּן שָׁאוּל מִשְׁתָּעֵי אֲהָן עוּבְדָא. חֲדָא אִיתְּתָא הֲוַת רָחֲמָא מִצְוָותָא וּבַעֲלַהּ שָׂנֵי מִצְוָותָא. חַד זְמַן סְלֵק גַּבַּהּ חַד מִיסְכֵּין. יַהֲבַת קוּמוֹי מֵיכוּל. מִי אָכֵל אַרְגִּישַׁת בַּעֲלַהּ אִיסְלֵיק. [a]וְהַבְתֵּיהּ גּוֹ עִילִיתָה. יַהֲבַת קוּמֵי בַּעֲלַהּ דְּיֵיכוּל. אֲכַל נָם וּדְמַךְ לֵיהּ. אֲתָא חִיוְיָא אָכֵל מִן מָה דַהֲוָה קוּמוֹי וַהֲוָה מִסְתַּכַּל בֵּיהּ. מִן דְּאִיתְּעַר [b]קָם בָּעֵי מֵיכַל מִן מָה דַהֲוָה קוּמוֹי. שָׁרֵי הַהוּא דִבְעִילִיתָא מְלוּלֵי בֵּיהּ. הָדָא אָמְרָה יָשֵׁן מוּתָּר בְּרִיר הוּא. וְאֵין אָסוּר מִשּׁוּם יִיחוּד. מִכֵּיוָן דְּלָא חֲשִׁיד עַל הָדָא. לָא חֲשִׁיד עַל הָדָא. כִּי נִאֵפוּ וְדָם בִּידֵיהֶם (Ezk. 23^{37}).

---

a) v.l. וּטְמַרְתֵּיהּ "and hid him". *b*) v.l. + מִשֵּׁינָתֵיהּ "from his sleep".

חַד בַּר נָשׁ אִינְגְּלֵי לֵיהּ גְּרַב דַּחֲמַר. בַּעֲרוּבַת צוֹמָא רַבָּא אֲזַל לְמִשְׁפְּכִינֵּיהּ. חֲמָתֵיהּ חַד אֲמַר לֵיהּ הָבֵיהּ לִי דְנִישְׁתְּיֵיהּ אֲמַר לֵיהּ לַאו. מְגַלֵּי הוּא. אֲמַר לֵיהּ הָבֵיהּ לִי וּמָרֵיהּ דְּצוֹמָא לִיקוּם. לָא אַסְפֵּק מִישְׁתֵּי עַד דְּאִיתְחַלְחֵל.

(45 *d*)

רַבִּי זְעִירָא הֲוָה יָתֵיב וְאָכֵל וַהֲוָה דָמֵיךְ. יְהַב יְדֵיהּ עַל תּוּמַנְתָּא וַאֲמַר לוֹן אַדְלְקוּן בּוּצִנַיָּה. אַדְלְקוּן וְאַשְׁכְּחוּן שְׁפִיפוֹנָא שֶׁהוּא דוֹמֶה לְשַׂעֲרָה כְּרִיךְ עֲלֵיהּ. אֲמַר לֵיהּ רַשִׁיעָא לָא הֲוֵינָא זְהִיר בָּךְ.

אֲמַר רַבִּי אִמִּי צְרִיכִין לְמֵיחוּשׁ לְמָה דִבְרַיְיתָא חָשְׁשִׁין. אֲסִיר לְמִיתַּן בַּר נָשׁ פְּרִיטִין גּוֹ פוּמָא. וְתַבְשִׁילָא תּוּתֵי עַרְסָא. פִּיתָּא תְחוּת שִׁיחַיָּא. לְמִיצַּע סַכִּינָא גּוֹ פוּגְלָא. סַכִּינָא גּוֹ אֶתְרוֹגָא.

81 (VIII. 7:46 *a*)

חַד בַּר נָשׁ הֲוָה טָעֵין מִלְפְּפוֹן נְקִיר וְאוֹכֵיל מִינֵּיהּ לַעֲשָׂרָה בְּנֵי נָשׁ וּמִיתוּן. עַבְּרַת רִירִין עֲלוֹי וּפַסְקְתֵיהּ. חַד בַּר נָשׁ הֲוָה סָנֵי קוּפַּד דְּאִימַּר. חַד זְמַן אָכֵיל קוּפַּד. עֲבַר חַד וַאֲמַר לֵיהּ דְּאִימַּר הוּא. וְאִיתְבַּלְעֵם וּמִית. חַמָּרִין שְׁרוֹן בְּפוּנְדָּקִין. אָמְרִין לוֹן הָבוּ לַן טְלוּפְחִין וִיהַבוּן. אָמְרִין לוֹן הָבוּ לַן תִּינַיָּן וִיהַבוּן. אָמְרִין לוֹן קַדְמַיִין הֲווֹן טָבִין מִן אִילֵין. אָמְרִין לוֹן שֵׁזַרְתֵיהּ דְּחִיוֵי אַשְׁכַּחְנַן בְּהוֹן. וְאִיתְבַּלְעֲסוּן וּמִיתוּן.

רָעַיָּא חֲלַבוּן חֲלָב וַאֲתָא חִיוְיָא וְאָכֵל מִינֵּיהּ. וַהֲוָה כַּלְבָּא מִיסְתַּכֵּל בֵּיהּ. כַּד אֲתוֹן יֵיכְלוּן. מִישָׁרֵי נָבַח בְּהוֹן וְלָא אִתְבּוֹנְנוּן בְּסוֹפָא אֲכַל וּמֵית.

חַד בַּר נָשׁ עֲבַד תּוּם שְׁחִיק גּוֹ בַּיְיתֵיהּ. וַאֲתָא חִיוְיָא דְטוּר וְאָכֵיל מִינֵּיהּ וַהֲוָה חִיוֵי דְבַיִת מִסְתַּכֵּל בֵּיהּ. אֲתוֹן בְּנֵי בַיְיתֵיהּ מֵיכַל מִינֵּיהּ. מִישָׁרֵי מְתַרְתַּר עֲלֵיהוֹן עֲפַר. וְלָא אִיתְבּוֹנְנוּן וּקְלַק נַרְמֵיהּ גַּוֵּיהּ.

חַד בַּר נָשׁ זַמֵּין חַד רַבָּן וְאַייתֵיב כַּלְבָּא גַּבֵּיהּ. אֲמַר לֵיהּ בִּיזְיוֹן אֲנָא חַיָּיב לָךְ. אֲמַר לֵיהּ רַבִּי טִיבוּ אֲנָא מְשַׁלֵּם לֵיהּ. שָׁבוֹיִין עֲלוֹן לְקַרְתָּא עָאל חַד מִינְּהוֹן בָּעֵא מִינְסַב אִיתְּתִי וַאֲכַל בֵּיצָיו:

82 (VIII. 10 : 46 *b*)

עוּלָּא בַּר קוּשֵׁב תְּבַעְתֵּיהּ מַלְכוּתָא. עֲרַק וַאֲזַל לֵיהּ לְלוּד גַּבֵּי רַבִּי יוֹשׁוּעַ בֶּן לֵוִי. אֲתוֹן וְאַקְפּוֹן מְדִינְתָּא. אֲמַרוּ לְהֹן אִין לֵית אַתּוּן יָהֲבִין לֵיהּ לַן אֲנַן מַחְרְבִין מְדִינְתָּא. סְלֵק גַּבֵּיהּ רַבִּי יְהוֹשֻׁעַ בֶּן לֵוִי וּפַייסֵיהּ וִיהֲבֵיהּ לוֹן. וַהֲוָה אֱלִיָּהוּ זָכוּר לְטוֹב יְלִיף מִיתְגְּלֵי עֲלוֹי וְלָא אִיתְגְּלֵי. וְצָם כְּמָה צוֹמִין וְאִיתְגְּלֵי עֲלוֹי. אֲמַר לֵיהּ וְלִמְסוֹרוֹת אֲנָא נִגְלֶה. אֲמַר לֵיהּ וְלָא מִשְׁנָה עָשִׂיתִי. אֲמַר לוֹ וְזוּ מִשְׁנַת הַחֲסִידִים:

רַבִּי אִיסִי אִיתְצִיד בְּסַפְסוּפָה. אֲמַר רַבִּי יוֹנָתָן יִכָּרֵךְ הַמֵּת בִּסְדִינוֹ. אֲמַר רַבִּי שִׁמְעוֹן בֶּן לָקִישׁ עַד דַּאֲנָא קָטֵיל וַאֲנָא מִיתְקְטֵיל אֲנָא אָיְזֵיל וּמְשֵׁיזֵיב לֵיהּ בְּחַיְילָא. אֲזַל וּפַייסוֹן וִיהָבוּנֵיהּ לֵיהּ. אֲמַר לוֹן אֲתוֹן גַּבֵּי סָבוֹן וְהוּא מְצַלֵּי עֲלֵיכוֹן. אֲתוֹן גַּבֵּי רַבִּי יוֹחָנָן. אֲמַר לוֹן מָה דַהֲוָה בְּלִבַּנְכוֹן מֵיעֲבַד לֵיהּ יִתְעֲבֵיד לוֹן. יִמְטָא לְהַהוּא עַמָּא. לָא מְטוֹן אַפִּיפְּסָרוּס עַד דַּאֲזַלוֹן כּוּלְהוֹן. זְעֵירָא בַּר חֲנִינָא אִיתְצֵיד בְּסַפְסוּפָא. סְלֵק רַבִּי אִימִי וְרַבִּי שְׁמוּאֵל מִיפַּיְיסָהּ עֲלוֹי אָמְרָה לְהוֹן זְנוֹבְיָה מַלְכְּתָא יְלִיף הוּא בָּרֵייכוֹן עָבֵד לְכוֹן נִיסִּין. עֲשִׁיקִין בֵּיהּ. עָלֵל סַרְקַיי טָעֵין חַד סַפְסֵר. אֲמַר לוֹן בְּהָדָא סַפְסִירָא קְטַל בַּר נִיצוֹר לַאֲחוּי. וְאִישְׁתֵּיזֵיב זְעֵירָא בַּר חֲנִינָא.

רַבִּי יוֹחָנָן אֲמַר. אִיקַפְּחֵת בַּעֲלֵי קַנְיָיה. סְלֵיק לְבֵית וַועֲדָא וַהֲוָה רַבִּי שִׁמְעוֹן בֶּן לָקִישׁ שָׁאֵיל לֵיהּ וְלָא מָגֵיב. שָׁאֵיל לֵיהּ וְלָא מָגֵיב. אֲמַר לֵיהּ מָהוּ הָכֵין. אֲמַר לֵיהּ כָּל הָאֵיבָרִין תְּלוּיִין בַּלֵּב וְהַלֵּב תָּלוּי בַּכִּיס. אֲמַר לֵיהּ וּמַהוּ כֵן. אֲמַר לֵיהּ וּמָה אַתְּ כֵּן. אֲמַר לֵיהּ

אִיקַּפְּחֵת בַּעֲלֵי קַנְיָיה, אֲמַר לֵיהּ חַמּוּ לִי זָוִיתָה, נְפַק מִיחַמֵּי לֵיהּ. חֲמֵיתוֹן מִן רָחִיק וְשָׁרֵי מְצַלְּצֵל, אָמְרִין אִין רַבִּי יוֹחָנָן הוּא יִסַּב פַּלְגָא, אֲמַר לוֹן חַיֵּיכוֹן כּוּלָּה אֲנָא נָסֵיב וּנְסַב כּוּלָּא:

83 (VIII. 10 : 46*b*, *c*)

דִּיקְלוּט חֲזִירָא מְחוּנֵיהּ טַלְיֵי דְּרַבִּי יוּדָה נְשִׂיָּא, אִיתְעֲבִיד מֶלֶךְ, נְחַת לְפַמְיָיס, שְׁלַח כְּתָבִין בָּתַר רַבָּנִין, תִּיהֲווֹן גַּבַּיי בְּמַפְּקֵי שׁוּבְתָא מִיַּד, אֲמַר לֵיהּ לִשְׁלוּחֵיהּ לָא תִתֵּן לְהוֹן כְּתָבִין אֶלָּא בַּעֲרוּבְתָא עִם מִטְמְעֵי שִׁמְשָׁא, וַאֲתָא שְׁלִיחָא גַּבְּהוֹן בַּעֲרוּבְתָא עִם מִטְמְעֵי שִׁמְשָׁא. וַהֲוָה רַבִּי יוּדָן נְשִׂיָּא וְרַבִּי שְׁמוּאֵל בַּר נַחְמָן נָחְתִין לְמִיסְחֵי בְּדִימוֹסִין דְּטִיבֵּרְיָא, אֲתָא a) אנגיטרים גַּבְּהוֹן וּבְעָא רַבִּי יוּדָן נְשִׂיָּא לְמִינְזַף בֵּיהּ, אֲמַר לֵיהּ רַבִּי שְׁמוּאֵל בַּר נַחְמָן אַרְפֵּי לֵיהּ לְנִיסָּיוֹן הוּא מִיתְחֲמֵי, אֲמַר לוֹן מָה רַבָּנִין עָבְדִין, תַּנּוּן לֵיהּ עוּבְדָא, אֲמַר לוֹן סְחוּן, דִּבְרֵייכוֹן עָבֵיד נִיסִּין בְּמַפְּקָא שׁוּבְתָא, טְעַן יַתְהוֹן וְאָעֵיל יַתְהוֹן, אֲמַרוּ לֵיהּ הָא רַבָּנִין לְבַר, אֲמַר לָא יִיחְמוּן אַפַּיי עַד דְּאִינּוּן סָחְיִין, הֲוָה הַהִיא בֵּיבַנֵּי אָזֵייהּ שִׁבְעָה יוֹמִין וְשִׁבְעָה לֵילָוָן, נְפַק וְאַנְצַח קַדְמֵיהוֹן וַעֲלַלוּן וְקָמוּן לֵיהּ קַדְמֵיהוֹן, אֲמַר לוֹן בְּגִין דִּבְרֵייכוֹן עָבֵיד לְכוֹן נִיסִּין אַתּוּן מְבַזִּין מַלְכוּתָא, אָמְרִין לֵיהּ, דִּיקְלוּט חֲזִירָא בְּזֵינַן, דִּיקְלִיטְיָאנוּס מַלְכָּא לָא בְזֵינַן, וַאֲפִילוּ כֵן לָא מְכַסֵּי לָא בְרוֹמִי זְעֵיר וְלָא בְחָבֵר זְעֵיר:

MAᶜASER SHENI.

The second tithe.

84 (IV. 9 : 55*b*)

רַבִּי יוֹנָה בָּעֵי, מְצַטַּעֵר וְחָמֵי, וְאַתְּ אָמַר הָכֵין, אֲמַר רַבִּי יוֹסֵי לָא מִסְתַּבְּרָא דְּלָא בַּהוּא דְּלָא מְצַטַּעֵר וְחָמֵי בְּרַם הָכָא כְּמָה דְּבַר נָשׁ

---

a) l. אֲרוֹגְנָוְטֵיס Arogonautes. — Editor.

הֲוֵי הוּא חָלֵים. אֲמַר רַבִּי אָבִין מַאן דְּעָבֵד יָאוּת עָבֵד כְּרַבִּי יוֹסֵי. חַד בַּר נָשׁ אֲתָא לְגַבֵּי דְּרַבִּי יוֹסֵי בֶּן חֲלַפְתָּא. אֲמַר לֵיהּ חֲמֵית בְּחֶלְמַאי מִיתְמַר לִי אִיזֵיל לְקַפּוּדְקְיָא וְאַתְּ מַשְׁכַּח מִדְּלָא דַּאֲבוּךְ. אֲמַר לֵיהּ אֲזַל אֲבוּי דַּהוּא גַּבְרָא לְקַפּוּדְקְיָא מִן יוֹמוֹי. אֲמַר לֵיהּ לָא. אֲמַר לֵיהּ אִיזֵיל מְנֵי עֶשֶׂר שַׁרְיָין גּוֹ בַּיְיתָךְ וְאַתְּ מַשְׁכַּח מִידְּלָא דַּאֲבוּךְ קַפָּא דוּקְיָא. חַד בַּר נָשׁ אֲתָא לְגַבֵּי דְּרַבִּי יוֹסֵי בַּר חֲלַפְתָּא אֲמַר לֵיהּ חֲמֵית בְּחֵילְמַאי לְבִישׁ חַד כְּלִיל דְּזֵיתָא. אֲמַר לֵיהּ דְּאַתְּ מִתְרוֹמְמָא לְבָתַר יוֹמִין. אֲתָא חַד חוֹרָן אֲמַר לֵיהּ חֲמֵית בְּחֵילְמָא לְבִישׁ כְּלִילָא דְזֵית. אֲמַר לֵיהּ דְּאַתְּ מִלְקֵי. אֲמַר לֵיהּ לְהַהוּא גַּבְרָא אֲמַרְתְּ דְּאַתְּ מִתְרוֹמְמָא וְלִי אֲמַרְתְּ דְּאַתְּ מִלְקֵי. אֲמַר לֵיהּ הַהוּא הֲוָה בְּנִצָּיָא וְאַתְּ בַּחֲבָטַיָּא.

85 (IV. 9 : *b*, *c*.)

חַד בַּר נָשׁ אֲתָא לְגַבֵּי רַבִּי יִשְׁמָעֵאל בֵּי רַבִּי יוֹסֵי אָמַר לֵיהּ חֲמֵית בְּחֵילְמִי עֵינִי נָשְׁקָה חֲבֵירְתַּהּ׳ אֲמַר לֵיהּ תִּיפַּח רוּחֵיהּ דְּהַהוּא גַּבְרָא לַאֲחָתֵיהּ הוּא חָכֵם. חַד בַּר נָשׁ אֲתָא לְגַבֵּי רַבִּי יִשְׁמָעֵאל בֵּי רַבִּי יוֹסֵי אָמַר לֵיהּ חֲמֵית בְּחֵילְמַאי אִית לִי תְּלָתָא עַיְינִין. אֲמַר לֵיהּ תַּנּוּרִין אַתְּ עָבֵיד תַּרְתֵּין עַיְנָךְ וְעַיְנֵיהּ דְּתַנּוּרָא: חַד בַּר נָשׁ אֲתָא לְגַבֵּי רַבִּי יִשְׁמָעֵאל בֵּי רַבִּי יוֹסֵי אָמַר לֵיהּ חֲמֵית בְּחֵילְמָא אִית לִי אַרְבְּעָה אוּדְנִין. אֲמַר לֵיהּ מִלּוּי אַתְּ. תַּרְתֵּי אוּדְנָךְ וְתַרְתֵּי אוּדְנוֹי דְּגַרְבָּא. חַד בַּר נָשׁ אֲתָא לְגַבֵּי רַבִּי יִשְׁמָעֵאל בֵּי רַבִּי יוֹסֵי אָמַר לֵיהּ חֲמֵית בְּחֵילְמַאי בִּרְיָיתָא עָרְקִין מִן קוֹמַי. אֲמַר לֵיהּ דְּאַתְּ מַיְיתֵי אִיזַיָּיא וְכָל עַמָּא עָרְקִין מִן קָדָמָךְ. חַד בַּר נָשׁ אֲתָא לְגַבֵּי רַבִּי יִשְׁמָעֵאל בֵּי רַבִּי יוֹסֵי אָמַר לֵיהּ חֲמֵית בְּחֵילְמַאי מִיתְמַר לִי הָכֵין זְרַק אֶצְבְּעָתָךְ נָחֵת. אֲמַר לֵיהּ הַב לִי אַגְרִי וַאֲנָא אָמַר לָךְ. אֲמַר לֵיהּ חֲמֵית בְּחֵילְמִי מִיתְמַר לִי הָכֵין תִּיהֲוֵי נָפַח בְּפוּמָךְ. אֲמַר לֵיהּ הַב לִי אַגְרַאי וַאֲנָא אָמַר לָךְ. אֲמַר לֵיהּ חֲמֵית בְּחֵילְמִי מִיתְמַר לִי

הָכֵין זְקוּף אֶצְבְּעָךְ. אֲמַר לֵיהּ לָא אַמְרֵית לָךְ הַב לִי אַגְרִי וַאֲנָא אָמַר לָךְ. כַּד דְּאִיתְמַר לָךְ הָכֵין נְחַת דִּילְפָא בְּחִיטָּךְ. כַּד אִיתְמַר לָךְ הָכֵין אִינַּפְּחָן. כַּד אִיתְמַר לָךְ הָכֵין צָמְחִין.

86 (IV. 9:55 *c*)

חֲדָא אִיתְּתָא דְּאָתְיָא לְגַבֵּי רַבִּי לִיעֶזֶר אָמְרָה לֵיהּ חֲמֵית בְּחֵילְמַאי תִּינְיָתָא דְּבַיְתָא מִיתַּבְּרָא אֲמַר לָהּ דְּאַתְּ מוֹלְדָא בַּר דְּכַר. אָזְלָה וִילְדָה דְּכַר. בָּתַר יוֹמִין אָזְלָה בָּעְיָא לֵיהּ: אָמְרִין לַהּ תַּלְמִידוֹי לֵית הוּא הָכָא. אָמְרִין לַהּ מָה אַתְּ בָּעְיָא מִינֵּיהּ. אָמְרָה לוֹן חֲמֵית הַהִיא אִיתְּתָא בְּחֵילְמַאי תִּינְיָתָא דְּבַיְיתָא מִיתַּבְּרָא. אָמְרִין לַהּ דְּאַתְּ מוֹלְדָא בַּר דְּכַר וּבַעֲלַהּ דְּהַהִיא אִיתְּתָא מָיֵית. כַּד אֲתָא רַבִּי לְעֶזֶר תַּנּוֹן לֵיהּ עוּבְדָא. אֲמַר לוֹן קְטַלְתּוֹן נְפַשׁ. לָמָּה שֶׁאֵין הַחֲלוֹם הוֹלֵךְ אֶלָּא אַחַר פִּתְרוֹנוֹ שֶׁנֶּאֱמַר. וַיְהִי כַּאֲשֶׁר פָּתַר לָנוּ כֵּן הָיָה.

חַד תַּלְמִיד מִן דְּרַבִּי עֲקִיבָה הֲוָה יָתֵיב וְאַפּוֹי מְשַׁנְּיִין. אֲמַר לֵיהּ מָהוּ כֵן. אֲמַר לֵיהּ חֲמֵית בְּחֵילְמַאי תְּלָת מִילִין קַשְׁיָין. בַּאֲדָר אַתְּ מָיֵית. וְנִיסָן לֵית אַתְּ חָמֵי. וּמָה דְּאַתְּ זָרֵע לֵית אַתְּ כָּנֵשׁ. אֲמַר לֵיהּ תְּלָתֵיהוֹן טָבִין אִינּוּן. בְּהַדְרָא דְּאוֹרַיְתָא אַתְּ מִתְרוֹמְמָא וְנִיסָּיוֹן לֵית אַתְּ חָמֵי. וּמָה דְּאַתְּ זָרֵעַ לֵית אַתְּ כָּנֵשׁ. מָה דְּאַתְּ מוֹלֵיד לֵית אַתְּ קָבֵר:

87 (V. 2:56 *a*)

נַקִּיי הֲוָה שַׁמָּשׁ בְּמַגְדָּל צַבָּעַיָּא. בְּכָל עֲרוּבַת שׁוּבָּא מִן דַּהֲוָה עָבֵיד קַנְדֵּילוֹי הֲוָה סָלֵיק שָׁבֵת בְּבֵית מַקְדְּשָׁא וְנָחֵית וּמַדְלִיק לוֹן. וְאִית דְּאָמְרִין סַפָּר הֲוָה. בְּכָל עֲרוּבַת שׁוּבְתָא הֲוָה סָלֵק פָּשֵׁט סִדְרוֹי לְבֵית הַמִּקְדָּשׁ וְנָחֵית שָׁבֵית בְּבַיְיתֵיהּ. טַרְטֵירוֹי דְּמַהֲלוּל הֲוָה סָלֵיק שָׁבֵית לְגוֹ בֵּית מַקְדְּשָׁא וְלָא הֲוָה בַהּ נָשׁ קָרֵץ לְתָאֵינַיָּא

קַדְמוֹי מִינֵּיהּ, בְּנוֹת צִפּוֹרֵי הֲווּ סָלְקָן שַׁבְּתוּן בְּגוֹ בֵית מַקְדְּשָׁא וְלָא הֲוָה בַר נָשׁ קָרֵץ לְתְאֵינַיָּיא קַדְמוֹ מִינְּהֵן,

חַד בַּר נָשׁ הֲוָה קָאֵים רָדֵי, פְּסְקַת תּוֹרָתֵיהּ קוֹמוֹי, הֲוַות פָּרְיָא, וַהֲוָה פָּרֵי, הִיא פָּרְיָא וְהוּא פָּרֵי, עַד דְּאִשְׁתְּכַח יְהִיב בְּבָבֶל, אֲמַרוּ לֵיהּ אֵימַת נְפַקְתְּ, אֲמַר לוֹן יוֹמָא דֵין, אָמְרִין בְּהַיְידָא אֲתֵיתָא, אֲמַר לוֹן בְּדָא, אָמְרִין לֵיהּ אֵיתָא חֲמֵי לָן, נְפַק בָּעֵי מִיחַמָּיָיא לוֹן, וְלָא חֲכֵים,

BIKKURIM.

First-fruits.

88 (III. 3 : 65 *c*)

רַבִּי הִילָא רַבִּי יַעֲקֹב בַּר אִידִי הֲווֹן יָתְבִין, עֲבַר שְׁמוּאֵל בַּר בָּא וְקָמוּ לוֹן מִן קוֹמוֹי, אֲמַר לוֹן תַּרְתֵּיי נַבְּכוֹן, חֲדָא שֶׁאֵינִי זָקֵן, וַחֲדָא שֶׁאֵין הַתּוֹרָה עוֹמֶדֶת מִפְּנֵי בְּנָהּ:

חִזְקִיָּה בַּר רַבִּי מִן דַּהֲוָה לָעֵי בְּאוֹרַיְתָא כָּל צוֹרְכֵיהּ הֲוָה אָזֵיל וְיָתֵיב לֵיהּ קוֹמֵי בֵית וַועְדָא בְּגִין מֵיחְמֵי סָבִין וּמֵיקַם לֵיהּ מִן קוֹמֵיהוֹן,

יְהוּדָה בַּר חִיָּיה הֲוָה יְלִיף סָלֵיק וְשָׁאֵיל בִּשְׁלָמֵיהּ דְּרַבִּי יַנַּאי חֲמוּהִי מֵעֶרֶב שַׁבָּת לְעֶרֶב שַׁבָּת, וַהֲוָה יָתֵיב לֵיהּ עַל אֲתַר תְּלֵי בְּגִין מֵיחְמֵינֵּיהּ וּמֵיקַם לֵיהּ מִן קוֹמוֹי, אָמְרִין לֵיהּ תַּלְמִידוֹי לָא כֵן אַלְפָן רַבִּי לְזָקֵן אַרְבַּע אַמּוֹת, אֲמַר לוֹן אֵין יְשִׁיבָה לִפְנֵי סִינַי, חַד זְמַן עַנֵּי מֵיסַק, אֲמַר לֵית אִיפְשַׁר דִּיהוּדָה בְרִי מְשַׁנֵּי מִנְהָגֵיהּ, אֲמַר, לֵית אִיפְשַׁר דְּלָא יַגִּיעוּן יִסּוּרִין בְּהַהוּא גוּפָא צַדִּיקָה, מִסְתַּבְּרָא שֶׁאֵין לָנוּ יְהוּדָה בַּר רַבִּי, רַבִּי מֵאִיר חֲמֵי אֲפִילוּ סַב עַם הָאָרֶץ וּמֵיקַם לֵיהּ מִן קוֹמוֹי, וַאֲמַר לָא מַגָּן מַאֲרִיךְ יָמִים,

SHABBATH.

89 (I. 1 : 3 *a*)

רַבִּי יְהוֹשׁוּעַ בֶּן לֵוִי הֲוָה יְלִיף שָׁמַע פָּרַשְׁתָּה מִן בַּר בְּרֵיהּ בְּכָל

עֲרוּבַת שׁוּבָא. חַד זְמַן אִינְשֵׁי וְעָאל מִיסְחֵי בְּהָדֵן דִּימוֹסִין דִּטִיבֵּרְיָא. וַהֲוָה מִסְתַּמֵּךְ עַל כְּתַפְתֵּיהּ דְּרַבִּי חִיָּיא בַּר בָּא. אִינְהַר דְּלָא שָׁמַע פַּרְשְׁתֵּיהּ מִן בַּר בְּרֵיהּ וַהֲדַר וּנְפַק לֵיהּ.

(I. 6 : 4 *a*)

מִן מַה דְּרַב מְעַנֵּי מֵיתֵי קוֹמֵי רַבִּי חִיָּיה רוֹבָא וַהֲוָא אָמֵר לֵיהּ הֲדָן הֲוִיתָא וְהוּא אָמֵר לֵיהּ שְׁיָירְתָא הֲוַת עָבְרָא וַהֲוֵינָא אָכֵיל מִינֵּיהּ תְּאֵינִין:

חַד תַּלְמִיד מִן דְּרַבִּי סִימַאי אֲזַל לְאַנְטִיירֵיס וְאַיְיתוֹן לֵיהּ דְּרַמַּסְקִינָא וַאֲכַל. חַד תַּלְמִיד מִן דְּרַבִּי יְהוֹשֻׁעַ בֶּן לֵוִי אֲזַל לְתַמָּן וְאַיְיתוֹן לֵיהּ דַּרְמַסְקִינָא וְלָא אֲכַל וַאֲתָא וּמַר קוֹמֵי רַבֵּיהּ. אֲמַר לֵיהּ דּוּ נָהֵיג כְּשִׁיטְתֵיהּ דְּרַבִּי סִימַאי.

(II. 3 : 5 *b*)

הֲוָה בְּאַסְיָא. אַחָא בָּעֵי מִיפְרוֹשׁ מִן חַגָּא וְעַד חֲנוּכְּתָא. חֲמָתֵיהּ חֲדָא מַטְרוֹנָה אָמְרָה לֵיהּ כַּדּוּן מְפָרְשִׁין. אִיתְחֲמֵי לֵיהּ אֲבוּי וְגַם קְבוּרָה לֹא הָיְתָה לוֹ. וְלָא שְׁמַע לָא לְדֵין וְלָא לְדֵין. וַאֲזַל בְּיַמָּא. (וְכֵן הֲוַת לֵיהּ: v. l.)

(III. 1 : 5 *c*)

רַבִּי יוֹשׁוּעַ בַּר גֵּיזוֹרָה הֲוָה מְשַׁמֵּשׁ קוֹמֵי רַבִּי זְעֵירָה וַהֲוָה מְעַיֵּיל קוֹמוֹי תַּבְשִׁילִין רוֹתְחִין. אָמַר לֵיהּ הֵיךְ אִיתְעֲבִידָא. אֲמַר לֵיהּ גְּרֵיף תִּיפְיָיא וִיהַב בְּגַוֵּיהּ. אֲמַר לֵיהּ לָא תְהֵי עָבֵיד כֵּן אֶלָּא גְּרוֹף תִּיפְיָיא, וִיהַב תְּלָתָא כֵּיפִין, וּרְמֵי עֲלֵיהֹן.

(III. 1 : 6 *a*)

רַבִּי אַחָא בַּר יִצְחָק עָאֵל מִיסְחֵי עִם בָּא בַּר מָמָל *a*) בטרים בר יטסם חֲמָא חַד בַּר נַשׁ מְזַלֵּיף עַל גַּרְמֵיהּ. אֲמַר לֵיהּ כָּזֶה אָסוּר בַּשַּׁבָּת מִפְּנֵי שֶׁהוּא מַרְבֶּה אֶת־הַהֶבֶל וּמְכַבֵּד אֶת־הַקַּרְקַע. רַבִּי אֲבָהוּ חוֹרָנִין מְזַלְּפִין וּנְפַל עֲלוֹי.

a) l. בְּמֵי טְבֶרְיָא בְּיוֹם טוֹב with Jastrow.—Ed.

90 (VI 2 : 8 *a*)

רַבִּי אַחָא וְרַבִּי זְעֵירָא הֲווֹן מְטַיְּילִין בְּאִיסְטְרָטִין אִיפְּסֵיק סַנְדָּלֵיהּ דְּרַבִּי אַחָא. מִן דִּמְטוֹן לְפִילֵי אֲמַר לֵיהּ זֶהוּ פֶּתַח חֲצֵירָךְ. רַבִּי אַחָא כְּרֵיךְ סִבְנֵיהּ עֲלֵיהוֹן. רַבִּי אֲבָהוּ כְּרֵיךְ אֲגוֹד מַלְבְּנִיקִי. סְבַר רַבִּי אֲבָהוּ אֲגוֹד מַלְבְּנִיקִי מִן הַמּוּכָן הוּא. רַבִּי יוֹנָה טַלְקֵיהּ לַחֲנוּתָא דַּחֲלִיטְרָא וְיַקַּר אוּף צִיבְחַר הֲוָה סִידְרֵיהּ יַקִּיר. רַבִּי אֶלְעָזָר מְסַלֵּק לֵיהּ.

(VI 2 : 8 *c*)

רַבִּי לְעָזָר עָאל לְפַנּוּיָיה אֲתָא אַבְטָיוֹנָה דְּרוֹמָאֵי וַאֲקִימֵיהּ מֵאַחְרֵיהּ וִיתַב לֵיהּ. אֲמַר הָכֵין מִן כָּל עַמָּא לָא אֲקֵים לְבַר נָשׁ אֶלָּא לִי. לֵית אִיפְשָׁר דְּאָנָא נָפֵיק מִיכָּא עַד דְּנִידַע מָה הֲוֵי בְסוֹפֵיהּ. וַהֲוָה תַמָּן חִיוֵי שָׁרֵי נָפֵיק *a*) ויהב ליה עדרו תמן אחת דריבוי. וּקְרָא עֲלוֹי וְאֶתֵּן אָדָם תַּחְתֶּיךָ וגו׳. Isa. 43[4]

חַד תַּלְמִיד מִן דְּבַר קַפָּרָא הֲוָה נָפֵיק מִיקְטוֹעַ כִּיסִין. חֲמָתֵיהּ חַד קַיָּיט. חִיוֵי פָּרֵי בָּתְרֵיהּ. אֲמַר לֵיהּ חִיוֵי פָּרֵי בָּתְרָךְ. שַׁבְקֵיהּ וַאֲזַל לֵיהּ בָּתְרֵיהּ וּקְרָא עֲלוֹי וְאֶתֵּן אָדָם תַּחְתֶּיךָ.

גֶּרְמַנְיָא עַבְדֵּיהּ דְּרַבִּי יוּדָה נְשִׂיָּיא נְפַק בָּעֵי מִילְוְויֵהּ לְרַבִּי אִילָא. אֲתָא כְּלַב שׁוֹטֶה בָּעֵי אִיתְגָּרְיָיא בֵּיהּ בְּרַבִּי אִילָא. גְּעַר בֵּיהּ גֶּרְמַנְיָא. שַׁבְקֵיהּ וַאֲזִיל לֵיהּ בָּתְרֵיהּ וּקְרָא עֲלוֹי וְאֶתֵּן אָדָם תַּחְתֶּיךָ. בַּר קַפָּרָא הֲוָה אִיעֲלֵל לַחֲדָא קִרְיָא. מִי עָלֵל נִכְשַׁל בְּאֶצְבְּעוֹ. עָאַל וּשְׁמַע קָלֵיהּ דְּטַלְיָיא קָרֵי אִם בְּגַפּוֹ יָבֹא בְּגַפּוֹ יֵצֵא. אֲמַר דּוֹמֶה שֶׁלֹּא עָלַת בְּיָדִי אֶלָּא הֲטָיָה זוּ בִלְבַד. וְכֵן הֲוַות לֵיהּ.

רַבִּי יוֹחָנָן וְרַבִּי שִׁמְעוֹן בֶּן לָקִישׁ הֲווּ מִתְחַמְּדִין מֵיחְמֵי אַפּוּוֵי דִּשְׁמוּאֵל. אָמְרִין נֵלֵךְ אַחַר שְׁמִיעַת בַּת קוֹל. עֲבָרוֹן קוֹמֵי סִידְרָא שְׁמַעוֹן קָלֵיהּ דְּטָלְיָיא וּשְׁמוּאֵל מֵת. וְסַיְּימוֹן וְכֵן הֲוַות לֵיהּ. רַבִּי יוֹנָה וְרַבִּי יוֹסֵה סְלָקוֹן מְבַקְּרָה לְרַבִּי אַחָא דַּהֲוָה תַשִּׁישׁ. אָמְרִין

---

a) וִיהַב לֵיהּ עֶדְרוֹ תַמָּן אַחַת דְּרִיבּוֹ (Editor).

נֵלֵךְ בָּתַר שְׁמִיעַת בַּת קוֹל. שְׁמַעוּן קָלָהּ דְּאִיתְּתָא אָמְרָה לַחֲבֵירְתָּהּ אִיטְפֵּי בוֹצִינָה. אָמְרָה לָהּ לָא יִתְטְפֵי וְלָא מִיטְפֵּי בוֹצִינֵיהוֹן דְּיִשְׂרָאֵל.

91 (VI 2 : 8 *d*)

רַבִּי יוֹחָנָן הֲוָה עָבֵר בְּשׁוּקָא חֲמָא חַד מְזַבֵּן מִן אִילֵּין מֶלְטוֹמָה. אֲמַר לֵיהּ מִן אִילֵּין אַתְּ חָיֵי. אֲמַר לֵיהּ אִין. שַׁבְקֵיהּ וְאָזֵיל לֵיהּ. בָּתַר שָׁעָה עֲבַר נַבֵּיהּ. אֲמַר לֵיהּ רַבִּי צַלֵּי עֲלַיי דְּמִן הַהִיא שַׁעְתָּה לָא זַבְנֵית כְּלוּם. אֲמַר לֵיהּ שַׁנֵּי אַתְרָךְ. פְּעָמִים שֶׁשִּׁינּוּי הַשֵּׁם גּוֹרֵם, פְּעָמִים שֶׁשִּׁינּוּי הַמָּקוֹם גּוֹרֵם. תְּרֵין תַּלְמִידִין מִן דְּרַבִּי חֲנִינָא הֲווֹן נָפְקִין מִקְטוֹעַ כִּיסִּין. חֲמָרְתּוֹן חַד אִיסְטְרוֹלוֹגוֹס. אֲמַר אִילֵּין תְּרֵין מִי נָפְקִין וְלָא חָזְרִין. מִי נָפְקִין פְּגַע בְּהוֹן חַד סָב אֲמַר לוֹן זְכוֹן עִמִּי דְּאִית לִי תְּלָתָא יוֹמִין דְּלָא טַעֲמֵית כְּלוּם. וַהֲוָה עִמּוֹן חַד עִיגּוּל קְצוֹן פַּלְגָא וִיהַבוּנֵהּ לֵיהּ. אֲכַל וְצַלִּי עֲלֵיהוֹן אֲמַר לוֹן תִּתְקַיֵּים לְכוֹן נַפְשֵׁיכוֹן בְּהָדֵין יוֹמָא הֵיךְ דְּקַיֵּימְתּוֹן לְנַפְשִׁי בְּהָדֵין יוֹמָא. נַפְקוֹן בִּשְׁלָם וַחֲזָרוֹן בִּשְׁלָם. וַהֲווֹן תַּמָּן בְּנֵי אֵינָשׁ דִּשְׁמַעוּן קָלֵיהּ. אָמְרִין לֵיהּ וְלָא כֵן אֲמַרְתְּ אִילֵּין תְּרֵין מִי נָפְקִין וְלָא חָזְרִין. אֲמַר אִי דְהָכָא גַּבְרָא שַׁקָּר דְּאִיסְתְּרוֹלוֹגְיָיא דִידֵיהּ שִׁקְרִין. אֲפִילוּ כֵן אָזְלִין וּפַשְׁפְּשׁוּן וְאַשְׁכְּחוּן חֲכִינְתָּא פַּלְגָא בְּהָדָא מוּבְלָא וּפַלְגָא בְּהָדָא מוּבְלָא. אֲמַרוּ מָה טִיבוּ עֲבִידְתּוֹן יוֹמָא דֵין. וְתַנִּיוֹן לֵיהּ עוּבְדָא. אֲמַר וּמָה הַהוּא גַּבְרָא יָכֵיל עָבֵיד דֶּאֱלָהֲהוֹן דִּי יְהוּדָאֵי מִתְפַּיֵּים בְּפַלְגָא עִיגּוּל.

רַבִּי חוּנָא מִשְׁתָּעֵי הָדֵין עוּבְדָא. חַד גִּיּוֹר הֲוָה אִיסְטְרוֹלוֹגוֹס. חַד זְמַן אֲתָא בָּעֵי מִיפּוֹק. אֲמַר כְּדוֹן נָפְקִין. חֲזַר וּמַר כְּלוּם אִידְּבַקִית בְּהָדָא אוּמְּתָא קַדִּישְׁתָּא לָא לְמִיפְרוֹשׁ מִן אִילֵּין מִילַיָּיא. נִיפֵּיק עַל שְׁמֵיהּ דְּבָרְיָין. קְרֵיב לְמָכְסָה וְהַב לֵהּ חַמְרָא וְאַכְלֵהּ. מַאן גְּרַם לֵיהּ דְּיִפֹּל. בְּגִין דְּהַרְהֵר. מַאן גְּרַם לֵיהּ דְּאִישְׁתֵּיזֵיב בְּגִין דְּאִיתְרְחֵץ עַל בָּרְיֵיהּ.

92 (VIII. 1 : 11 *a*)

רַבִּי יוּדָה בֵּי רַבִּי אִילְעַאי שְׁתֵי אַרְבַּעְתֵּי כַּסּוֹי דְּלֵילֵי פִּיסְחָא וַחֲזַק רֵישֵׁיהּ עַד חַגָּא. חֲמָתֵיהּ חֲדָא מַטְרוֹנָה אַפּוֹי נְהִירִין. אָמְרָה לֵיהּ סָבָא סָבָא חֲדָא מִן תְּלָת מִילִּין אִית בָּךְ אוֹ שָׁתֵיי חֲמַר אַתְּ. אוֹ מַלְוֶה בְּרִבִּית אַתְּ. אוֹ מְגַדֵּל חֲזִירִין אַתְּ. אֲמַר לָהּ תִּיפַּח רוּחָהּ דְּהַהִיא אִיתְּתָא חֲדָא מִן תְּלָת מִילַּיָּא לֵית בִּי אֶלָּא אוּלְפָנִי שְׁכִיחַ לִי. דִּכְתִיב חָכְמַת אָדָם תָּאִיר פָּנָיו. (Eccl. 8[1])

93 (XIV 4 : 14 *d*)

רַבִּי אֲבָהוּ בְּשֵׁם רַבִּי יוֹחָנָן הָדֵין צִיפְּרוֹנָה סַכָּנָה.

רַבִּי יוֹחָנָן מַטְתֵיהּ כֵּן וַהֲוָה מִיתַּסֵּי קוֹמֵי בְּרַתֵּיהּ דְּדֹמִיטְיָנוּס דְּטִיבֵּרְיָא. בַּעֲרוּבְתָא בְּפָתֵי רוֹמְשָׁא סְלֵק לְגַבָּהּ. אֲמַר לָהּ מִיצְרַךְ אֲנָא כְּלוּם לְמָחַר. אָמְרָה לֵיהּ לָא. וְאִין צְרַכְתְּ סַב נַּלְעִינִין דְּתַמְרִין בְּפַלְגֵיהוֹן יְקִידָן. וְאִית דְּאָמְרִין דְּנִיקְלָבֹס וְעוֹר דִּסְעָרִין וְצוֹאָה דְּמַיֵּינוּק יְבִישָׁה שְׁחוּק וּטְפוּל וְלָא תֵימָא קוֹמֵי בַּר נָשׁ. לְמָחַר עָאל וְדָרְשַׁהּ בְּצִיבּוּרָא. אִית אָמְרִין דַּחֲנַקַת נַפְשָׁהּ. וְאִית דְּאָמְרִין דְּאִיתְגַּיְּרַת.

בַּר בְּרֵיהּ הֲוָה לֵיהּ בָּלַע. אֲתָא חַד בַּר נָשׁ וּלְחַשׁ לֵיהּ מִן שְׁמֵיהּ דְּיֵשׁוּ פַנְדֵּירָא וְאִינְשַׁם. כַּד נָפֵיק אֲמַר לֵיהּ מַאי לְחַשְׁתָּה לֵיהּ. אֲמַר לֵיהּ מִילָּה פְלָן. אֲמַר לֵיהּ נוֹחַ הֲוָה לֵיהּ אִלּוּ הֲוָה מָיֵית וְלָא כֵן.

חַד בַּר נָשׁ רְחֵם אִיתָּא בְּיוֹמוֹי דְּרַבִּי אֶלְעָזָר וּסְכֵן. אֲתוֹן שְׁאַלוּן לֵיהּ מָהוּ תֵיעֲבֵיד קוֹמוֹי וְיִיחֵי. אֲמַר יְמוּת וְלָא כֵן.

(XVI 7 : 15 *d*)

חַד נִפְּתַּי הֲוָה [a] מָגִירֵיהּ דְּרַבִּי יוֹנָה. נְפֵלַת דְּלֵיקָה בִּמְגוּרְתֵיהּ דְּרַבִּי יוֹנָה. אֲזַל הַהוּא נִפְּתָּיָיה בָּעֵי מַטְפְּיָיתָהּ וְלָא שַׁבְקֵיהּ. אֲמַר לֵיהּ [b] בְּנַגְדָּךְ מִדְלֵי. אֲמַר לֵיהּ אִין וְאִישְׁתֵּיזֵיב כּוּלָּה.

---

a) v.l. מגיריה; text במגורה   *b*) Text בגרך

רַבִּי יוֹדָן דִּכְפַּר אִימִי פְּרַס גּוֹלְתֵיהּ עַל גְּרִישָׁא וְנוּרָא עָרְקָא מִינָּהּ, שְׁמוּאֵל אִיקַּבֵּל גַּבֵּי חַד פַּרְסִי אִיטְפֵּי בּוֹצִינָא אֲזַל הַהוּא פַּרְסִי בָּעֵא מַדְלְקָתֵיהּ וַהֲפַךְ שְׁמוּאֵל אַפּוֹי, כֵּיוָן דַּחֲזֵיתֵיהּ מִתְעֲסַק בִּשְׁטָרוֹתָיו יָדַע דְּלָא בְּגִינֵיהּ אַדְלְקֵהּ. וַהֲפַךְ שְׁמוּאֵל אַפּוֹי:

PESAḤIM

The Passover

94 (I. 7:29 *c*)

רַבִּי שְׁמוּאֵל בַּר רַב יִצְחָק הֲוָה לֵיהּ יַיִן קוֹסֵס יְהַב בְּגַוֵּיהּ שַׂעֲרִין בְּגִין דְּיַחְמַע. שְׁאַל לְרַבִּי אִימִי אָמַר לֵיהּ צָרִיךְ אַתְּ לְבַעֵר. רַבִּי חֲנִינָא בְּרֵיהּ דְּרַבִּי כָּהֲנָא הֲוָה לֵיהּ דְּבַשׁ מְזוּיָּיף בְּסוֹלֶת שְׁאַל לְרַבִּי מָנָא אֲמַר לֵיהּ צָרִיךְ אַתְּ לְבַעֵר. חַד מִן אִילֵּין דְּרַבִּי כִּירַיי הֲווּ לֵיהּ גַּרְבִּין דִּמְשַׁח בְּגוֹ אוֹצְרָא דְחִיטִּין. שְׁאַל לְרַבָּנִין אָמְרִין לֵיהּ אֵיזֵיל גְּרוֹף מִן תְּחוֹתֵיהוֹן.

95 (IV 9:31 *b*)

בְּיוֹמוֹי דְּרַבִּי מָנָא הֲוַות נִימוֹרֶת בְּצִיפּוֹרִין וַהֲווֹן בְּנֵיהוֹן מִישְׁכּוֹנִין גַּבּוֹן מַדָּאתָא מֵיזֵיל לוֹן אַפֵּיק רַבִּי מָנָא כְּדוֹן כַּהִיא דְּרַבִּי אִימִי אָמַר לָא דַאֲנָא סָבַר כְּדַעְתֵּיהּ אֶלָּא בְּגִין צִיפּוֹרָיָא דְלָא יַחַלְטוּן בְּנֵיהוֹן:

חַד זְמַן צָרְכוֹן רַבָּנָן נִידְבָא שְׁלַחוּן לְרַבִּי עֲקִיבָה וּלְחַד מִן רַבָּנִין עִמֵּיהּ. אֲתוֹן בָּעֵיי מֵיעוֹל לְגַבֵּיהּ וּשְׁמַעוּן קָלֵיהּ דְּטַלְיָא אָמֵר לֵיהּ מַאן נִיזְבּוּן לָךְ יוֹמָא דֵין. אֲמַר לֵיהּ טְרוֹכְסִימוֹן לָא מִן יוֹמָא דֵין אֶלָּא מִן דְּאֶתְמוֹל דְּהוּא כְּמִישׁ וְזָלִיל. שְׁבַקוּן לֵיהּ וַאֲזַלוּן לוֹן, מִן דִּזְכוֹן כָּל עַמָּא אֲתוֹן לְגַבֵּיהּ. אֲמַר לוֹן לְמָה לָא אֲתִיתוֹן גַּבַּיי קַדְמַיי כְּמָה דַהֲוֵיתוֹן נְהִיגִין. אֲמַרוּ כְּבַר אֲתֵינַן וּשְׁמָעִינַן קָלֵיהּ דְּטַלְיָא אָמֵר לָךְ מָה נִיזְבּוּן לָךְ יוֹמָא דֵין וַאֲמַרְתְּ לֵיהּ טְרוֹכְסִימוֹן לָא מִן יוֹמָא דֵין אֶלָּא מִן דְּאֶתְמוֹל דְּהוּא כְּמִישׁ וְזָלִיל. אֲמַר מָה דְּבֵינַי לְבֵין

טַלְיָיא יְדַעְתּוּן, לָא מָה בֵינַי לְבֵין בְּרָיִי. אַף עַל פִּי כֵן אֲזַלוּן וַאֲמַרוּן לָהּ וְהִיא יְהַבָה לְכוֹן חַד מוֹדְיָיא דְדִינָרִין. אֲזַלוּן וַאֲמַרוּן לָהּ. אָמְרָה לוֹן מָה אֲמַר לְכוֹן גְּדִיל אוֹ מְחִיק וַאֲמַרוּ לָהּ סְתָם אֲמַר לוֹן. אָמְרָה לוֹן אֲנָא יְהָבָה לְכוֹן גְּדִיל וְאִין אָמַר גָּדִיל הָא כְמִילוּי. וְאִין לָא, אֲנָא מְחַשְׁבָנָא גוֹדְלָנָה מִן פַּרְנִי. כֵּיוָן שֶׁשָּׁמַע בַּעְלָהּ כַּךְ כְּפַל לָהּ אֶת כְּתוּבָתָהּ:

YOMA.

The day of atonement.

96 (III 7 : 40 *d*)

רַבִּי אִינְיָינִי בַּר סוּסֵי סְלֵק לְגַבֵּי רַבִּי חֲנִינָה לְצִיפּוֹרִין, אֲמַר אֵיתָא וַאֲנָא מְסֵר יָתֵיהּ לָךְ. עָאל לֵיהּ בְּרֵיהּ תְּחוֹתֵי עַרְסָא עֲטַשׁ וּשְׁמַע קָלֵיהּ אֲמַר מָה אַתּוּן נְהִיגִין נַבֵּיכוֹן בְּרַמְיוּ. אֲזַל, לָא לָךְ וְלָא לֵיהּ: חַד אָסֵי בְּצִיפּוֹרִין אֲמַר לְרַבִּי פִּינְחָס בַּר חָמָא אֵיתָא וַאֲנָא מָסֵר לֵיהּ לָךְ, אֲמַר לֵיהּ לֵית אֲנָא יָכֵיל. אֲמַר לְמָה. אֲמַר לֵיהּ דַּאֲנָא אָכֵיל מַעֲשֵׂר וּמַאן דְּרָגִיל לֵיהּ לָא יָכֵיל מֵיכוֹל מִבַּר נָשׁ כְּלוּם.

96*a* (VI 4 : 43 *d*)

רַבִּי מָנָא סְלֵק לְמִבַקָּרָה לְרַבִּי חַגָּיי דַהֲוָה תַשִּׁישׁ. אֲמַר לֵיהּ צָחִינָא. אֲמַר לֵיהּ שְׁתֵה. שַׁבְקֵיהּ וּנְחַת לֵיהּ. בָּתַר שָׁעָה סְלֵק לְגַבֵּיהּ. אֲמַר לֵיהּ מָה עֲבַדַת הַהִיא צַחְיוּתָךְ. אֲמַר לֵיהּ כַּד שְׁרֵית לִי אָזְלָה לָהּ:

רַבִּי חִיָּיה בַּר בָּא הֲוָה מִשְׁתָּעֵי הָדֵין עוּבְדָא, חַד בַּר נָשׁ הֲוָה מְהַלֵּךְ בְּשׁוּקָא וּבְרַתֵּיהּ עִימֵּיהּ, אָמְרָה לֵיהּ בְּרַתֵּיהּ אַבָּא צָחְיָא אֲנָא. אֲמַר לָהּ אוֹרְכִין צִיבְחַד. אָמְרָה לֵיהּ אַבָּא צָחְיָיא אֲנָא, אֲמַר לָהּ אוֹרְכִין צִיבְחַד וּמֵיתַת.

רַבִּי אַחָא כַּד מַפְנֵי מוּסְפָא הֲוָה אָמֵר קוֹמֵיהוֹן אֲחִינַן מַאן דְּאִית לֵיהּ מְיַינּוּק יֵיזִיל בְּגִינֵיהּ:

96*b* (VIII. 1 : 44 *d*)

רַבִּי יִצְחָק בַּר נַחְמָן סְלֵק לְגַבֵּיהּ דְּרַבִּי יְהוֹשֻׁעַ בֶּן לֵוִי בְּלֵילֵי צוֹמָא רַבָּא נְפַק לְגַבֵּיהּ לְבִישׁ סוּלְיָסֵהּ. אֲמַר לֵיהּ מָה הוּא דֵּין׳ אֲמַר לֵיהּ אִיסְתְּנֵים אֲנָא׃ רַבִּי שְׁמוּאֵל בַּר נַחְמָן סְלֵק לְגַבֵּיהּ רַבִּי יְהוֹשֻׁעַ בֶּן לֵוִי בְּלֵילֵי תַּעֲנִיתָא נְפַק לְגַבֵּיהּ לְבִישׁ סוּלְיָסֵהּ אֲמַר לֵיהּ מָה הוּא דֵּין׳ אֲמַר לֵיהּ אִיסְתְּנֵים אֲנָא׃

רַבִּי סִמַּיי חֲמוֹנָה נָפֵיק בְּלֵילֵי תַּעֲנִיתָא לְבִישׁ סוּלְיָסֵהּ׳ חַד תַּלְמִיד מִן דְּרַבִּי מָנָא הוֹרִי לְחַד מִן קְרֵיבוֹיי דִּנְשַׂיָּא מִלְבַּשׁ סוּלְיָסֵהּ. אֲמַר לֵיהּ אָן מִן הָדָה. אֲמַר לֵיהּ מִן דְּרַבִּי יְהוֹשֻׁעַ בֶּן לֵוִי הוּא. אֲמַר לֵיהּ רַבִּי יְהוֹשֻׁעַ בֶּן לֵוִי אִיסְתְּנֵים הוּא׃

SHEKÂLIM.

The half shekel.

97 (VII. 3 : 50 *c*).

רַבִּי לָעְזָר בֵּי רַבִּי חַנַּיי הֲוָה מַסְמֵךְ לְרַבִּי מָנָא׳ חֲמָא לְחַד אַרְמַאי מְקַטַּע מִן סוּסֵיהּ וּמַפֵּיק לְבָרָא. אֲמַר לֵיהּ הֲדָא הִיא דַּאֲמַר רַבִּי יוֹחָנָן הַנִּמְצָא בְּיַד גּוֹי כְּנִמְצָא בְּפַלַּטְיָא.

חַד בַּר נָשׁ בְּצִיפּוֹרִין אֲזַל בָּעֵי מִיזְבּוֹן קוּפָּד מִן טַבָּחָא וְלָא יְהַב לֵיהּ. אֲמַר לֵיהּ לְחַד רוֹמַיי וְאַיְיתֵי לֵיהּ. אֲמַר לֵיהּ לָא נִסְבֵּית עַל כָּרְחֵיהּ. אֲמַר וְלַאו בְּשַׂר דִּנְבֵילָה יַהֲבֵית לֵיהּ׃

רַב נְחַת לְתַמָּן חֲמָתוֹן מְקִילִין וַחֲמַר עֲלֵיהוֹן.

חַד בַּר נָשׁ אֲזַל בָּעֵי מְשַׁזְּגָא אִסְקוּפְּתֵיהּ בְּגוֹ נַהֲרָא וְאִינְשְׁתָּהּ וַאֲזַל לֵיהּ חָזַר בָּעֵי מִיסְבִּינֵהּ. אֲמַר לֵיהּ רַב אֲסִיר לָךְ דְּנָא. אֲמַר הַהִיא שְׁטַף נַהֲרָא וְאַיְיתִי חוֹרִי דִּנְבֵילָה תַּחְתּוֹי׃

חַד בַּר נָשׁ הֲוָה מְהַלֵּךְ בְּשׁוּקָא טָעֵין קוּפַּד. אֲתָת דַּיְיתָא וַחֲטַפְתֵּיהּ מִינֵּיהּ וְטַלְקְתֵיהּ. חֲזַר בָּעֵי מִיסְבִּינֵהּ. אֲמַר לֵיהּ רַב אֲסִיר לָךְ דְּנָא.

אֲמַר בְּשַׂר דִּנְבֵילָה הֲוַת טָעֵינָה וְטַלְקְתֵיהּ וְנַסְבֵהּ הַהוּא אוּחֲרָנָא׃

גִּינָא שְׁטַף זִיקִין. אֲתָא עוּבְדָא קוּמֵי רַבִּי יִצְחָק בַּר אֶלְעָזָר׳ אֲמַר יְחַכְּמוּן שָׁפְכַיָּא קִיטְרֵיהוֹן׳ נוּקְנִיקָה אִשְׁתְּכַח בִּכְנִישְׁתָּא דְבוּלֵי. אֲתָא עוּבְדָא קוּמֵי רַבִּי יִרְמְיָה. אֲמַר יְחַכְּמוּן סִיקְיָרַיָּא עֲבִידַתְהוֹן׃

SUCCAH.

The feast of Tabernacles.

98 (II. 5 : 53 *a*).

רַב חוּנָה אֲזַל לְעַיְינֵי טַב לְמִימְנֵי. מִי אָתֵי צְחָא גּוֹ אִיסְרָטָא וְלָא קַבֵּיל עֲלוֹי מִיטְעוּם כְּלוּם עַד דְּעָל לֵיהּ לְמַטְלַלְתֵּיהּ דְּרַבִּי יוֹחָנָן סַפְרָא דְגוּפְתָּא׃

אֲבוּדָמָא מַלָּתָא הֲוָה דָמֵךְ קוּמֵי חָנוּתֵיהּ. עָבַר רַבִּי חִיָּיה בַּר בָּא אֲמַר לֵיהּ אִיזֵיל דְּמוּךְ גּוֹ מַטְלַלְתָּךְ.

רַבִּי מָנָא הֲוָה שׁוּשְׁבִּינֵיהּ דְּרַבִּי יַעֲקֹב בַּר פְּלֵיטִי. אֲתָא שָׁאֵיל לְרַבִּי יוֹסֵי. אֲמַר לֵיהּ אִיזֵיל דְּמוּךְ גּוֹ מַטְלַלְתָּךְ.

רַבִּי יִצְחָק בַּר מַרְיוֹן הֲוָה שׁוּשְׁבִּינֵיהּ דְּחַד בַּר נָשׁ שָׁאֵיל לְרַבִּי לָעְזָר אֲמַר לֵיהּ אִיזֵיל דְּמוּךְ גּוֹ מַטְלַלְתָּךְ׃

רַבִּי זְעִירָה סְלֵיק לִנְזוֹרָה דְּרַבִּי אִילָא וְלָא קַבֵּיל עֲלוֹי מִיטְעוּם כְּלוּם. אִין מִשּׁוּם דְּלָא הֲוָה עִיסְקֵיהּ טָעֵם כְּלוּם עַד יִפְנֵי מוּסָף, לָא יָדְעִין

98*b* (V. 1 : 55*a*).

רַבִּי לֵוִי וִיהוּדָה בַּר נַחְמָן הֲווֹן נָסְבִין תַּרְתֵּין סִילְעִין מֵיעוֹל מְצַמְּתָא קַהֲלָא קוּמֵי רַבִּי יוֹחָנָן. עָאל רַבִּי לֵוִי וְדָרַשׁ יוֹנָה בֶּן אֲמִיתַּי מֵאָשֵׁר הָיָה. דִּכְתִיב אָשֵׁר לֹא הוֹרִישׁ אֶת־יוֹשְׁבֵי עַכּוֹ וְאֶת־יוֹשְׁבֵי צִידוֹן׳ וּכְתִיב קוּם לֵךְ צָרְפַתָה אֲשֶׁר לְצִידוֹן. עָאל רַבִּי יוֹחָנָן וְדָרַשׁ יוֹנָה בֶּן אֲמִיתַּי מִזְּבוּלוּן הָיָה. דִּכְתִיב וַיַּעַל הַגּוֹרָל הַשְּׁלִישִׁי לִבְנֵי זְבוּלֻן

לְמִשְׁפְּחֹתָם וּכְתִיב מִשָּׁם עָבַר קֵדְמָה מִזְרָחָה גִּתָּה חֵפֶר עִתָּה קָצִין, וּכְתִיב כִּדְבַר יהוה אֱלֹהֵי יִשְׂרָאֵל אֲשֶׁר דִּבֶּר בְּיַד עַבְדּוֹ יוֹנָה בֶן אֲמִיתַּי הַנָּבִיא אֲשֶׁר מִגַּת הַחֵפֶר, בְּשׁוּבְתָא חוֹרַיְיתָא אֲמַר רַבִּי לֵוִי לִיהוּדָה בַּר נַחְמָן סַב לָךְ אִילֵין תַּרְתֵּין סִילְעַיָּא וְעוֹל מְצַמְּתָה קַהֲלָא קוֹמֵי רַבִּי יוֹחָנָן. עָאל וַאֲמַר קוֹמֵיהוֹן יָפָה לִימְּדֵנוּ רַבִּי יוֹחָנָן. אִמּוֹ מֵאָשֵׁר וְאָבִיו מִזְּבוּלֻן.

98*c* (V. 4 : 55*b*).

הִלֵּל הַזָּקֵן כַּד הֲוָה חָמֵי לוֹן עָבְרִין בְּפַחַז הֲוָה אָמֵר לוֹן דְּאִנָּן הָדָא מַאן הָכָא, וּלְקִילוּסַן הוּא צָרִיךְ, וְהַכְּתִיב אֶלֶף אַלְפִין יְשַׁמְּשׁוּנֵּיהּ וְרִיבּוֹא רִיבְוָון קֳדָמוֹהִי יְקוּמוּן, כַּד הֲוָה חָמֵי לוֹן עָבְדִין בְּכוֹשֶׁר הֲוָה אָמֵר דִּי לָא נַן הָדָא מַאן הָכָא, שֶׁאַף עַל פִּי שֶׁיֵּשׁ לְפָנָיו כַּמָּה קִילוּסִין חָבִיב הוּא קִילוּסָן שֶׁל יִשְׂרָאֵל יוֹתֵר מִכֹּל, מַה טַּעַם וּנְעִים זְמִירוֹת יִשְׂרָאֵל, יוֹשֵׁב תְּהִילוֹת יִשְׂרָאֵל:

ROSH HASHANAH.

99 (II. 6 : 58 *b*).

רַבִּי חִיָּיה בַּר בָּא הֲוָה קָאֵים מְצַלֵּי, עָאל רַב כָּהֲנָא וְקָם לֵיהּ מְצַלֵּי מִן אֲחוֹרוֹיי, מִן דְּחַסַל רַבִּי חִיָּיה בַּר בָּא מִן צְלוֹתֵיהּ יָתֵיב לֵיהּ דְּלָא מִיעֲבוֹר קוֹמוֹי, רַב כָּהֲנָא מַאֲרִיךְ בִּצְלוֹתֵיהּ, מִן דְּחַסַל רַב כָּהֲנָא אֲמַר לֵיהּ הָכֵין אַתּוּן נְהִיגִין מְצַעֲרִין רַבְרְבֵיכוֹן,

רַבִּי שִׁמְעוֹן בֶּן לָקִישׁ אַקְדְּמוּן לֵיהּ חַד סָב לְעִיבּוּרָא, וְאַעֲלוּנֵיהּ מִן הַהוּא תַּרְעָא דִּלְהַל, אֲמַר כֵּן יְהֵא בִשְׂכָרָן: אֲמַר רַבִּי לָעְזָר כַּד סַלְקִית לְהָכָא אַמְרֵית הָא נַבֵּי חֲדָא, כַּד מַנּוּנִי אַמְרֵית הָא נַבֵּי תַּרְתֵּי, כַּד עֲלֵית לְעִיבּוּרָא אַמְרֵית הָא תְלָתֵיהוֹן נַבֵּי:

(III. 1 : 58 *d*)

בְּיוֹמוֹי דְרַבִּי אֲבָהוּ אֲתוֹן בָּעֵיי מֵימַר גּוֹאֲלֵינוּ (Isa 47[4]) וְאָמְרִין

גְּאוּלָּתֵנוּ וְקַבְּלוּן. בְּיוֹמוֹי דְרַבִּי בְּרֶכְיָה אִישְׁתַּתְּקוּן. אֲמַר לוֹן שְׁמַעְתּוּן דְּאִיתְקַדֵּשׁ יַרְחָא. וְאַרְכִינוּן בְּרָאשֵׁיהוֹן וְקַבְּלוּן:

99*b* (IV. 1 : 59 *b*).

רַבִּי זְעֵירָה מְפַקֵּד לְחַבְרַיָּיא עוֹלוּן וּשְׁמַעוּן קָלֵיהּ דְּרַבִּי לֵוִי דָּרֵשׁ. דְּלֵית אִיפְשַׁר דְּהוּא מַפֵּיק פָּרָשְׁתֵּיהּ דְּלָא אוּלְפָן:

BEZAH.

100 (I. 4 : 60 *c*).

יְהוּדָה בַּר חִיָּיה נְפַק לְבָרָא. שָׁאֲלִין לֵיהּ סוּלָּם שֶׁל עֲלִיָּיה מָהוּ. אֲמַר לוֹן שְׁרֵי. כַּד דַּאֲתָא גַּבֵּי אֲבוּהּ אֲמַר לֵיהּ מָה מַעֲשֶׂה בָּא לְיָדֶיךָ. אֲמַר הִתַּרְתִּי לָהֶן סוּלָּם שֶׁל עֲלִיָּיה. וַאֲקֵים תַּנַּיי קוֹמוֹי וְתַנָּא בְּמָה דְבָרִים אֲמוּרִים בְּסוּלָּם שֶׁל שׁוֹבָךְ שְׁרֵי אֲבָל בְּסוּלָּם שֶׁל עֲלִיָּיה אָסוּר:

100 (I. 6 : 60 *c*).

רַב מְפַקֵּד לְתַלְמִידוֹי לָא תִיתְבוּן לְכוֹן עַל טַבְלָתָה בָּרַיְיתָא דְסִדְרָא דְּאַסֵּי דְּאִינּוּן צְנִינִין:

רַב חוּנָה לָא נְחַת לְבֵית וַעֲדָא. רַב קְטִינָא שְׁאֵיל (אֲמַר) לָא כֵן תַּנֵּי מְטַלְטְלִין אֶת הָאִיסְתְּנִיסִין:

רַבִּי יִרְמְיָה הוֹרֵי לְבַר גִּירַנְטִי אָסְיָא מִיטְעֲנָה בְּסִדִינָא מֵיעוֹל מְבַקָּרָא בִּישַׁיָּא בְּשׁוּבְתָא. מַיְישָׁא בַּר בְּרֵיהּ דְּרַבִּי יְהוֹשֻׁעַ בֶּן לֵוִי (שְׁרֵי) מִיטְעוֹן בִּסְדִינָא מֵיעוֹל מִידְרוֹשׁ בְּצִיבּוּרָא בְּשׁוּבְתָא.

אֲמַר רַבִּי זְרִיקָן לְרַבִּי זְעֵירָה כַּד תֵּיעוּל לְדָרוֹמָא אַתְּ שָׁאֵיל לָהּ.

102 (V. 2 : 63 *a*).

יִצְחָק דִּיהֲבָא שְׁאַל לְרַבִּי יוֹחָנָן מָהוּ מִישְׁחוֹק קוֹנְדִיטוֹן בְּיוֹמָא טָבָא. אֲמַר לֵיהּ שְׁרֵי וְיַיב לִי וַאֲנָא שָׁתֵי. רַבִּי אֲבָהוּ בְּשֵׁם רַבִּי

יְהוֹשֻׁעַ בֶּן לֵוִי שְׁרֵי. רַבִּי זְעוּרָא בָּעֵא קוֹמֵי רַבִּי אֲבָהוּ מַאן דְּעָבֵיד טָבָאוּת לָא שָׁחֵיק לֵיהּ מֵאִיתְמָל. אֲמַר לֵיהּ אִין. מְחַלְּפָה שִׁיטְתֵיהּ דְּרַבִּי אֲבָהוּ. הָכָא הוּא אָמֵר שְׁרִי וְהָכָא הוּא אָמֵר אָסוּר. אֶלָּא בְּגִין דְּרַבִּי אֲבָהוּ יָדַע דְּרַבִּי זְעוּרָא מְחַמֵּר וְאִינוּן מְחַמְּרִין. בְּגִין כֵּן הוּא עָבֵד דִּכְוָותְהוֹן. אִית דְּבָעֵי מֵימַר. הָכֵין אֲמַר לֵיהּ. מַאן דְּבָעֵי דִּיְיא טָב לָא שָׁחֵק לֵיהּ מִן דְּאִיתְמָל: רַבִּי זְעוּרָה שְׁאַל לְקָלַהּ דִּדְרוֹמָא עֲבְדֵיהּ דְּרַבִּי יוּדָן נְשִׂיָּיא שָׁחֵק הוּא מָרֵךְ קוֹנְדִיטוֹן בְּיוֹמָא טָבָא. אֲמַר לֵיהּ אִין:

101*a* (IV. 4 : 62 *c*).

בְּרַתֵּיהּ דְּרַבִּי חִיָּיה רַבָּה אֲתַת מֵיפָה גּוֹ תַנּוּרָא. אַשְׁכַּחַת כֵּיפָה בְּנַוֵּיהּ. אֲתַת שַׁאֲלַת לַאֲבוּהָ. אֲמַר לַהּ אֵיזְלִין נַּרְפִּין. אָמְרָה לֵינָה יָכְלָה. אֲמַר לַהּ אֵיזְלִין כַּבְּשִׁין. יָדְעָה הֲוַת אֶלָּא דַּהֲוָת בָּעְיָא מִשְׁמַע מִן אֲבוּהָ:

102 (V. 2 : 63 *a*).

רַבִּי אַבָּא מָרִי וְרַבִּי מַתַּנְיָה הֲוֹון יָתְבִין. חֲמוֹן לְחַד בַּר נָשׁ פָּצֵיל מַיָּא לְכָא וּלְכָא וְשָׁתֵי. אֲמַר רַבִּי אַבָּא מָרִי לְרַבִּי מַתַּנְיָה הָדָא הִיא דְּאָמֵר רַבִּי יַעֲקֹב בַּר זַבְדִּי בְּשֵׁם רַבִּי אֲבָהוּ אָסוּר:

רַבִּי הֲוָה מַסֵּב לְרַבִּי שִׁמְעוֹן בְּרֵיהּ וַהֲווֹן מְטַפְּחִין לַאֲחוֹרֵי יְדֵיהוֹן בְּשׁוּבְתָא. עָבַר רַבִּי מֵאִיר וְשָׁמַע קָלְהוֹן. אֲמַר רַבּוֹתֵינוּ הוּתְּרָה הַשַּׁבָּת. שְׁמַע רַבִּי קָלֵיהּ אֲמַר מִי הוּא זֶה שֶׁבָּא לְרְדוֹתֵינוּ בְּתוֹךְ בֵּיתֵינוּ. וְאִית דְּאָמְרֵי הָכֵין אֲמַר מִי הוּא זֶה שֶׁבָּא לְצַנְּעֵינוּ בְּתוֹךְ בֵּיתֵינוּ. שְׁמַע רַבִּי מֵאִיר קָלֵיהּ וַעֲרַק. נָפְקִין דָּרְיֵי בָּתְרֵיהּ. מִפָּרֵי אַפְּרָח רוּחָא פִּיקְיָילֵיהּ מֵעַל קַדְלֵיהּ דְּרַבִּי מֵאִיר. אוֹדִיק רַבִּי מִן כַּוְּתָא וַחֲמָא קַדְלֵיהּ דְּרַבִּי מֵאִיר מִן אֲחוֹרוֹי. אֲמַר לָא זְכֵית אֲנָא לְאוֹרַיְיתָא אֶלָּא בְּגִין דַּחֲמֵית קַדְלֵיהּ דְּרַבִּי מִן אֲחוֹרוֹי: רַבִּי יוֹחָנָן

וְרַבִּי שִׁמְעוֹן בֶּן לָקִישׁ תְּרֵיהוֹן אָמְרִין אֲנַן לָא זְכִינַן לְאוֹרַיְתָא אֶלָּא בְּגִין דַּהֲמִינַן אֶצְבְּעָתֵיהּ דְּרַבִּי מִן a) גולגוקין דִּידֵיהּ:

רַבִּי אִילָא עֲנֵי בְּסִדְרָא. סְלֵק לְבֵיתָא אַשְׁכְּחוֹן דְּמִיכִין. רְבַע לֵיהּ עַל סוּלְמָא בְּגִין דְּלָא מַקָּשָׁה עַל תַּרְעָא בְּשׁוּבְתָא.

רַבִּי יִרְמְיָה הֲוָה פָּשֵׁט עִם בְּרֵיהּ דְּרַבִּי אִימִי אֲזַל בָּעֵי מִתַּעַרְתָּא בִּקְרִיצְתָּא דְשׁוּבְתָא. שָׁרֵי מִיַּקֵּשׁ עַל תַּרְעָא. אֲמַר לֵיהּ אַבָּא מַאן שְׁרָא לָךְ: רַבִּי אַבָּא בַּר כָּהֲנָא בְּעָא קוֹמֵי רַבִּי יָסָא מָהוּ מַקָּשָׁה עַל כְּרֵיסָא בְּשׁוּבְתָא. אֲמַר לֵיהּ בְּחוּלָּא מַאן שְׁרָא לָךְ. אֲמַר רַבִּי שְׁמוּאֵל בַּר אֲבוּדְמָא נְהִגִין רַבָּנַן בְּחוּלֶּה מִן הַטִּיבּוּר וּלְמַעְלָן, בִּבְגָדָיו מִן הַטִּיבּוּר וּלְמַטָּן:

TAANITH.

103 (I. 4 : 64 *b*).

חַד בַּר נָשׁ אֲתָא גַּבֵּי חַד מִן קְרֵיבוֹי דְּרַבִּי יַנַּיי אָמַר לֵיהּ רַבִּי זְכֵה עִימִּי. אֲמַר לֵיהּ וְלָא הֲוָה לְאַבָּךְ פְּרִיטִין. אֲמַר לֵיהּ לָא. אֲמַר לֵיהּ גַּבָּיי אִינּוּן מַפְקְדִין. אֲמַר לֵיהּ שַׁמְעִית עֲלֵיהוֹן דְּאִינּוּן סַרְקִין. אֲמַר לֵיהּ כְּדַיי אַתְּ מְצַלְּיָא וּמִתְעַנְּיָא.

אִיתְחֲמִי לְרַבָּנַן פְּלַן חַמָּרָא יְצַלֵּי וּמִטְרָא נְחַת׳ שְׁלַחוּן רַבָּנַן וְאַיְיתוּנֵיהּ. אָמְרִין לֵיהּ מַה אוּמְנָךְ. אֲמַר לוֹן חַמָּר אֲנָא. אָמְרִין לֵיהּ וּמָה טִיבוּ עֲבַדְתְּ. אֲמַר לוֹן חַד זְמַן אוּגְרֵית חֲמָרִי לַחֲדָא אִיתָּא וַהֲוַות בָּכְיָיה גוֹ אִיסְרָטָה. וַאֲמְרֵית לָהּ מָה לִיךְ. אָמְרָה לִי בַּעֲלָהּ דְּהָא אִיתְּתָא חֲבִישׁ וַאֲנָא בָּעְיָא מֵיחְמֵי מָה מֵיעֲבַד. וּמְפַנִּינֵיהּ, וְזַבְּנֵית חֲמָרִי וִיַהֲבִית לָהּ טִימִיתָא. וַאֲמְרֵית לָהּ הָא לִיךְ. פַּנַּיי בַּעְלִיךְ וְלָא תִתְחַטַּיי. אָמְרִין לֵיהּ כְּדַיי אַתְּ מְצַלְּיָא וּמִתְעַנְּיָיה: אִיתְחֲמֵי לְרַבִּי אֲבָהוּ פֶּנְטַקָּקָה. יְצַלֵּי וּמִיטְרָא נָחֵית. שְׁלַח רַבִּי אֲבָהוּ וְאַיְיתִיתֵיהּ. שְׁאַל חֲמֵשׁ עֲבֵידָן הַהוּא גוּבְרָא עָבֵיד בְּכָל יוֹם. מֵיגַר זַנְיָיתָא. מַשְׁפֵּר

---

a) l. גַּלְגְּיוֹלִין

תְּיָיטְרוֹן, מַעֵיל מָנֵיהוֹן לְבָנֵי, מְטַפֵּחַ וּמְרַקֵּד קַדְמֵיהוֹן, וּמַקֵּישׁ בְּבָבוּייָא קַדְמֵיהוֹן, אֲמַר לֵיהּ וּמָה טִיבוּ עֲבַדְתְּ. אֲמַר לֵיהּ חַד זְמַן הֲוָה הַהוּא גַּבְרָא מַשְׁפֵּר תְּיָיטְרוֹן, אֲתַת חֲדָא אִיתְּתָא וְקָמַת לָהּ חוֹרֵי עֲמוּדָא בְּכָיְיָה, וְאַמְרֵית לָהּ מָה לִיךְ וְאַמְרַת לִי בַּעֲלָהּ דְּהַהִיא אִיתְּתָא חֲבִישׁ וַאֲנָא בָּעְיָא מֵיחְמֵי מָה מֵיעֲבַד וּמְפַנְּיֵיהּ. וְזַבְּנֵית עַרְסִי וּפְרִים עַרְסִי וִיהֲבֵית לָהּ טִימִיתֵיהּ. וְאַמְרֵית לָהּ הָא לִיךְ פַּנַּיי לִיךְ וְלָא תִּיחֲטַיין, אֲמַר לֵיהּ כְּדַיי אַתְּ מְצַלְּיָיא וּמִתְעַנְּיָיא:

104 (I. 4:64 *b*, *c*).

אִיתְחֲמִי לְרַבָּנַן חֲסִידָא דִּכְפַר אִימִי. יְצַלֵּי וּמִיטְרָא נְחַת. סְלַקוּן רַבָּנַן לְגַבֵּיהּ. אֲמַרוּן לוֹן בְּנֵי בַּיְיתֵיהּ בְּטוּרָא הוּא יָתֵיב. נְפַקוּן לְגַבֵּיהּ. אֲמַרוּן לֵיהּ אַשֵּׁר וְלָא אֲגִיבוּן. יְתַב מֵיכוֹל וְלָא אֲמַר לוֹן אֲתוּן כְּרוֹכוּן. מִי עֲלֵל עֲבַד חַד מוֹבֵיל דְּקֵיסִין וִיהַב גּוּלְתֵיהּ מֵרוֹם מוּבְלָה. עָאל וַאֲמַר לִבְנֵי בַּיְיתֵיהּ אִילֵּין רַבָּנַן הָכָא בָּעֵי נִיצַלֵּי וְיֵיחוֹת מִיטְרָא. וְאִין אֲנָא מְצַלֵּי וּמִטְרָא נָחֵית גְּנַאי הוּא לוֹן. וְאִין לָא חִילּוּל שֵׁם שָׁמַיִם הוּא. אֶלָּא אֵייתַי אֲנָא וְאַתְּ נִיסּוּק וְנִיצַלֵּי. אִין נְחַת מִיטְרָא אֲנַן אָמְרִין לוֹן כְּבָר דַּעֲבַדוּן שְׁמַיָּא נִיסִּין. וְאִין לָא אֲנַן אָמְרִין לוֹן לֵית אֲנַן כְּדַיי מְצַלְּיָיא וּמִתְעַנְּיָיא. וּסְלַקוּן וְצַלּוֹן וּנְחַת מִיטְרָא. נְחַת לְגַבּוֹן אֲמַר לוֹן לְמָה אִיטַּרְפוּן רַבָּנַן לְהָכָא יוֹמָא דֵין. אָמְרִין לֵיהּ בָּעֵיי תִּיצַלֵּי וְיֵיחוֹת מִיטְרָא. אֲמַר לוֹן וְלִצְלוֹתִי אַתּוּן צְרִיכִין כְּבָר דַּעֲבַדוּן שְׁמַיָּא נִיסִּין. אָמְרִין לֵיהּ לְמָה כַּד הֲוִיתָה בְּטוּרָא אָמְרִינַן לָךְ אַשֵּׁר וְלָא אֲגִיבְתִּינוּן. אֲמַר לוֹן דַּהֲוֵינָא עֲסִיק בִּפְעוּלוֹתַי מָה הֲוִינָה מַסַּע דַּעְתִּי מִן פְּעוּלוֹתַי. אֲמַרוּ לֵיהּ וּלְמָה כַּד יְתַבְתְּ לְמֵיכוֹל לָא אֲמַרְתְּ לַן אֵיתוּן כְּרוֹכוּן. אֲמַר לוֹן דְּלָא הֲוָה גַּבַּיי אֶלָּא פִּלְחִי. מָה הֲוֵינָא מֵימוֹר לְכוֹן בְּחַנְפִּין. אָמְרִין לֵיהּ לְמָה כַּד דַּאֲתֵית לְמֵיעוֹל יְהַבְתְּ גּוּלְתָּה מֵרוֹם מוּבְלָה. אֲמַר לוֹן דְּלָא הֲוַות דִּידִי. שְׁאֵילָה הֲוַות

דְּנִיצַלֵּי בָהּ, מָה הֲוֵינָא מְבַזְּעָא יָתָהּ. אֲמַרוּן לֵיהּ וּלְמָה כַּד הֲוֵי אַתְּ בְּטוּרָה אִיתְּתָךְ לָבְשָׁה מָאנִין צָאִין וְכַד דְּאַתְּ עָלֵיל מִן טוּרָה הִיא לָבְשָׁה מָאנִין נְקַיִין. אֲמַר לוֹן כַּד דַּאֲנָא הָוֵי בְּטוּרָא הִיא לָבְשָׁה מָאנִין צָאִין דְּלָא יִתֵּן בַּר נָשׁ עֵינוֹי עֲלָהּ. וְכַד דַּאֲנָא עָלֵיל מִן טוּרָא הִיא לָבְשָׁה מָאנִין נְקַיִין דְּלָא נִיתֵּן עֵינַי בְּאִיתָּא אָחוֹרִי. אֲמַרוּן לֵיהּ יָאוּת אַתְּ מְצַלְּיָיא וּמִתְעַנְּיָיא:

105 (II. ·1 : 65 *b*).

רַבִּי בְּרַכְיָה עֲבַד תְּלָת עֶשֶׂר תַּעֲנִיָּין וְלָא נְחַת מִיטְרָא וּבְסוֹפָה אֲתָא גוֹבַיי. עָאל וַאֲמַר קוֹמֵיהוֹן אַחִינַן חֲמוֹן מָה דַּאֲנָן עָבְדִין לָא דָא הוּא דִּנְבִיָּיא מְקַנְתֵּר לַן עַל הָרַע כַּפַּיִם להיטיב. מריעין זה לזה בכפינן ומבקשין טובה (Mic 7[3])

(III. 4 : 66 *c*).

מוֹתָנָא הֲוָה בְּצִיפּוֹרִין וְלָא הֲוָה עָלֵיל גּוֹ אִשְׁקָקָא דַּהֲוָה רַבִּי חֲנִינָה שָׁרֵי בְגַוֵּיהּ. וַהֲווֹן צִיפּוֹרָאֵיי אָמְרִין מָה הָדֵין סָבָא בֵּינֵינוּ. יָתֵיב בְּשָׁלֵם הוּא וּשְׁכוּנָתֵיהּ וּמְדִינְתָא אָזְלָא בְּבִאִישׁוּת. עָאל וַאֲמַר קוֹמֵיהוֹן זִמְרִי אֶחָד הָיָה בְּדוֹרוֹ וְנָפְלוּ מִיִּשְׂרָאֵל עֶשְׂרִים וְאַרְבָּעָה אֶלֶף. וְאָנוּ כַּמָּה זִמְרִי יֵשׁ בְּדוֹרֵינוּ וְאַתֶּם מִתְרַעֲמִין:

חַד זְמַן צְרַכוּן מֵיעֲבַד תַּעֲנִיתָא וְלָא נְחַת מִיטְרָא. עֲבַד רַבִּי יְהוֹשֻׁעַ תַּעֲנִיתָא בְּדְרוֹמָא וּנְחַת מִטְרָא. וַהֲווֹן צִיפּוֹרָאֵיי אָמְרִין רַבִּי יְהוֹשֻׁעַ בֶּן לֵוִי מַחֵית מִיטְרָא לִדְרוֹמָאֵיי וְרַבִּי חֲנִינָה עָצַר מַיָּא מִן צִיפּוֹרָאֵיי. עָרְכוּן מֵיעֲבַד זְמַן תִּינְיָינוּת שְׁלַח וְאַיְיתֵי לְרַבִּי יְהוֹשֻׁעַ בֶּן לֵוִי. אֲמַר לֵיהּ מִישְׁנַח מָרִי מֵיפּוֹק עִימָּן לְתַעֲנִית. נְפַקוּן תְּרֵיהוֹן לְתַעֲנִיתָא וְלָא נְחַת מִיטְרָא. עָאל וַאֲמַר קוֹמֵיהוֹן לָא רַבִּי יְהוֹשֻׁעַ בֶּן לֵוִי מַחֵית מִיטְרָא לִדְרוֹמָאֵיי וְלָא רַבִּי חֲנִינָה עָצֵר מִיטְרָא מִן צִיפּוֹרָאֵיי. אֶלָּא דְרוֹמָאֵיי לִיבְּהוֹן רַכִּיךְ וְשָׁמְעִין מִילָּה דְּאוֹרַיְיתָא

וּמִתְכַּנְּעִין. וְצִיפּוֹרָאֵיי לִיבְּהוֹן קָשֵׁי וְשָׁמְעִין מִילָּה דְאוֹרַיְיתָא וְלָא מִיתְכַּנְּעִין: מִי עָלֵיל תְּלָה עֵינוֹי וַחֲמָא אֲוֵירָא שַׁיֵּיף. אֲמַר עַד כַּדּוּן הָכֵין. מִיַּד נְחַת מִיטְרָא וּנְדַר עַל גַּרְמֵיהּ דְּלָא לְמֵיעֲבַד כֵּן תּוּבָן. אֲמַר מָה אֲנָא מֵימוֹר לְמָרֵי חוֹבָא דְלָא יִגְבֵּי חוֹבֵיהּ:

106 (III. 4 : 66 *c, d*).

רַבִּי לְעָזָר עֲבַד תַּעֲנִית וְלָא אִיתְנַחַת מִיטְרָא. עֲבַד רַבִּי עֲקִיבָא תַּעֲנִית וּנְחַת מִיטְרָא. עָאל וַאֲמַר קוֹמֵיהוֹן אֶמְשׁוֹל לָכֶם מָשָׁל לְמָה הַדָּבָר דּוֹמֶה לְמֶלֶךְ שֶׁהָיוּ לוֹ שְׁתֵּי בָנוֹת. אַחַת חֲצוּפָה וְאַחַת כְּשֵׁירָה. אֵימַת דַּהֲוָת בָּעֲיָא הַהִיא חֲצִיפְתָּא עָלָת קוֹמוֹי הֲוָה אָמֵר יַבּוּן לָהּ מָה דְהִיא בָּעֲיָא וְתֵיזִיל לַהּ. וְאֵימַת דַּהֲוָת הַהִיא כְּשֵׁירְתָּא עָלַת קוֹמוֹי הֲוָה מַאֲרֵיךְ רוּחֵיהּ מִתְחַמֵּד מִישְׁמוּעַ שַׁוְעָתָהּ. וְאִית שְׁרֵי מֵימַר כֵּן. אֶלָּא שֶׁלֹּא לְחַלֵּל שֵׁם שָׁמַיִם:

רַבִּי אַחָא עֲבַד תְּלָת עֶשֶׂר תַּעֲנִיָּין וְלָא נְחַת מִיטְרָא מִי עָלֵיל פְּגַע בֵּיהּ חַד כּוּתַיי. אֲמַר לֵיהּ רַבִּי רַבִּי עֲצוֹר גּוּלְתָךְ מִן מִיטְרָא. אֲמַר לֵיהּ חַיּוֹי דְהַהוּא גַּבְרָא שְׁמַיָּא מֵיעֲבַד נִיסִּין וְשַׁתָּא מַצְלְחָא וְהַהוּא גַּבְרָא לֵית הוּא מֵיחֵי. וַעֲבַדוּן שְׁמַיָּא נִיסִּין וְאַצְלַחַת שַׁתָּא וּמֵית הַהוּא כּוּתָיָא וַהֲווֹן כָּל עַמָּא אָמְרִין אֵיתוֹן חֲמוֹן פּוֹרִין דִּשְׁמַשׁ:

106*a* (III. 8 : 66 *d*)

לֵוִי בֵּן סִיסִי בָּאוּ הַגַּיְיסוֹת לְעִירוֹ׳ נָטַל סֵפֶר תּוֹרָה וְעָלָה לְרֹאשׁ הַגָּג אָמַר רִבּוֹן הָעוֹלָמִים. אִין בַּטֵּלִית חֲדָא מִילָּה מִן הָדֵין סְפַר אוֹרַיְיתָא יֵיעֲלוּן לוֹן. וְאִין לָא יֵיזְלוּן לוֹן. מִיַּד אִיתְבְּעוּן וְלָא אִשְׁתַּכְּחוּן. תַּלְמִידֵיהּ עֲבַד כֵּן יְבֵשַׁת יְדֵיהּ וַאֲזַלוּן לוֹן. תַּלְמִיד תַּלְמִידֵיהּ עֲבַד לָא יְבֵשַׁת יְדֵיהּ וְלָא אֲזַלוּן לוֹן. לוֹמַר שֶׁאֵין שׁוֹטֶה נִפְגָּע וְלֹא בְשַׂר הַמֵּת מַרְגִּישׁ בְּאִיזְמֵל:

106*b* (III. 10 : ibid).

אֲמַר רַבִּי יוּדָן גִּירְיָא׳ הָדֵין חוֹנִי הַמְּעַגֵּל בַּר בְּרֵיהּ דְּחוֹנִי הַמְּעַגֵּל הֲוָה סָמוּךְ לְחָרְבָּן בֵּית מוּקְדָּשָׁא׳ נְפַק לְטוּרָא לְגַבֵּי פָּעֲלוֹי עַד דְּהוּ תַּמָּן נְחַת מִיטְרָא׳ עָאל לֵיהּ לִמְעַרְתָּא מִן יְתֵיב נַם וּדְמֵךְ לֵיהּ וַעֲבַד שְׁקִיעַ בְּשֵׁינְתֵיהּ שׁוּבְעִין שְׁנִין עַד דְּחָרֵב בֵּית מוּקְדָּשָׁא וְאִיתְבְּנֵי זְמַן תִּנְיָינוּת. לְסוֹף שׁוּבְעִין שְׁנִין אִיתְּעַר מִן שֵׁינְתֵיהּ נְפַק לֵיהּ מִן מְעַרְתָּא וַחֲמָא עָלְמָא מְחַלַּף. זָוֵיי דַּהֲוָת כַּרְמִין עֲבֵידָא זֵיתִין׳ זָוֵיי דַּהֲוָת זֵיתִין עֲבֵידָא זַרְעֵי. שְׁאַל לֵיהּ לִמְדִינְתָּא אֲמַר לוֹן מָה קָלָא בְּעָלְמָא. אָמְרִין לֵיהּ וְלֵית אַתְּ יָדַע מָה קָלָא בְּעָלְמָא. אֲמַר לוֹן לָא. אָמְרִין לֵיהּ מַאן אַתְּ. אֲמַר לוֹן חוֹנִי הַמְּעַגֵּל. אֲמַרוּן לֵיהּ שְׁמַעְנַן דַּהֲוָה עָלֵיל לַעֲזָרָה וְהִיא מְנַהֲרָה. עָאל וְאַנְהֲרַת וּקְרָא עַל גַּרְמֵיהּ בְּשׁוּב יהוה אֶת שִׁיבַת צִיּוֹן הָיִינוּ כְּחוֹלְמִים: (Psa 126[1])

107 (III. 13 : 67*a*).

רַבָּן יוֹחָנָן בֶּן זַכַּיי כַּד הֲוָה בָעֵי יֵיחוֹת מִיטְרָא הֲוָה אָמַר לְסַפָּרֵיהּ קוּם לָךְ קוּמֵי הֵיכְלָא בְגִין דְּרַבִּי בָעֵי מְסַפְּרָא וְלֵית בְּחֵילֵיהּ מִצְטָעֲרָא. מִיַּד הֲוָה מִטְרָא נָחֵית:

רַב אָדָא בַּר אַהֲוָוה כַּד הֲוָה בָעֵי יֵיחוֹת מִיטְרָא. הֲוָה שָׁלַח מְסָאנֵיהּ. כַּד הֲוָה שָׁלַח תְּרֵיהוֹן הֲוָה עָלְמָא טָיֵיף. מַפָּלְתָא הֲוַיִין תַּמָּן וַהֲוָה רַב מֵיתַב חַד מִן תַּלְמִידוֹי בְבֵיתָא עַד דַּהֲווֹן מְפַנִּין בֵּיתָא וְכֵיוָן דַּהֲוָה נָפֵיק מִן בַּיְיתָא הֲוָה בַּיְיתָא רָבֵעַ.

107*a* (IV. 8 : 68 *d*).

רַבִּי זְכַרְיָה חֲתָנֵיהּ דְּרַבִּי לֵוִי לְאִילֵין טַלְיָיא דְמִיתְפַּנֵּיי מִן סִפְרָא וְנָפְקִין לוֹן בְּכַפְרֵיי.

כָּל קִירְיָיא דַהֲווֹן עָלִין בַּהּ, הֲוָה טַב קַרְתָּא מָיֵית, עַד דַּהֲווֹן מִיטַּפְּלִין בֵּיהּ. הֲווֹן מְעַלְּלִין קַרְתָּא וְנָפְקִין לוֹן וּבַר נָשׁ לָא יָדַע בְּהוֹן, וְלָא עוֹד אֶלָּא דַאֲמַרְתּוּן וַנְּהִי בְעֵינֵינוּ כַחֲגָבִים וְכֵן הָיִינוּ בְּעֵינֵיהֶם, יָדְעִין הֲוֵיתוּן מָה דַהֲוֵיעָא עָבֵד לְכוֹן בְּאַפֵּיהוֹן:

רַבִּי עֲקִיבָה כַּד הֲוָה חָמֵי לְבַר כּוֹזְבָה הֲוָה אָמֵר דֵּין הוּא מַלְכָּא מְשִׁיחָא. אֲמַר לֵיהּ רַבִּי יוֹחָנָן בֶּן תּוֹרְתָּא, עֲקִיבָה יַעֲלוּ עֲשָׂבִים בִּלְחָיֶיךָ וַעֲדַיִין בֶּן דָּוִד לֹא יָבֹא:

108 (IV. 8 : 68 *d*).

שָׁלֹשׁ שָׁנִים וּמֶחֱצָה עָשָׂה אַדְרְיָינוּס מַקִּיף עַל בֵּיתָר, וַהֲוָה רַבִּי אֶלְעָזָר הַמּוֹדָעִי יוֹשֵׁב עַל הַשַּׂק וְעַל הָאֵפֶר וּמִתְפַּלֵּל בְּכָל יוֹם וְאוֹמֵר רִבּוֹן הָעוֹלָמִים אַל תֵּשֵׁב בְּדִין הַיּוֹם. אַל תֵּשֵׁב בְּדִין הַיּוֹם. בָּעֵא אַדְרְיָינוּס מֵיזַל לֵיהּ. אֲמַר לֵיהּ חַד כּוּתַיי לָא תֵיזִיל לָךְ דַּאֲנִי חָמֵי מָה מֵיעֲבַד וּמַשְׁלֵים לָךְ מְדִינְתָּא. עָאל לֵיהּ מִן בִּיבָא דִמְדִינְתָּא. עָאל וְאַשְׁכַּח רַבִּי אֶלְעָזָר הַמּוֹדָעִי קָאֵים מְצַלֵּי. עֲבַד נַפְשֵׁיהּ לָחֵישׁ לֵיהּ בְּגוֹ אוּדְנֵיהּ. חֲמוּנֵיהּ בְּנֵי מְדִינְתָּא וְאַיְיתוּנֵיהּ גַּבֵּי בֶּן כּוֹזְבָא. אֲמַרוּן לֵיהּ חֲמֵינַן הָדֵין סָבָא מִשְׁתָּעֵי לַחֲבִיבָךְ. אֲמַר לֵיהּ מָה אֲמַרְתְּ לֵיהּ וּמָה אֲמַר לָךְ. אֲמַר לֵיהּ אִי אֲנָא אָמֵר לָךְ מַלְכָּא קָטֵיל לִי, וְאִי לָא אֲנָא אָמֵר לָךְ אַתְּ קָטֵיל יָתִי. טַב לִי מַלְכָּא קָטֵיל יָתִי וְלָא אַתְּ. אֲמַר לֵיהּ אֲמַר לִי דַאֲנָא מַשְׁלֵים מְדִינְתָּא. אֲתָא גַּבֵּי רַבִּי אֶלְעָזָר הַמּוֹדָעִי אֲמַר לֵיהּ מָה אֲמַר לָךְ הָדֵין כּוּתָיָיא. אֲמַר לֵיהּ לָא כְלוּם. מָה אֲמַרְתְּ לֵיהּ. אֲמַר לֵיהּ, לָא כְלוּם. יְהַב לֵיהּ חַד בְּעוּט וְקַטְלֵיהּ. מִיַּד יָצָאת בַּת קוֹל וְאָמְרָה (As in Zech. IX. 17).

MEGILLAH.

The Scroll of Esther.

109 (I. 13 : 72 *b*).

רַבִּי יוֹחָנָן עֲבַד תְּלָת שְׁנִין וּפְלַג דְּלָא נְחַת לְבֵית וַועֲדָא מִן צַעֲרָא. בְּסוֹפָא חֲמָא רַבִּי אֶלְעָזָר בְּחִילְמֵיהּ לְמְחַר סִינַי נָחֵת וּמְחַדֵּת לְכוֹן מִילָּה. עָאל וַאֲמַר קוֹמֵיהוֹן (Num. 8^{17}, Exod. 12^{12})

אַנְטוֹנִינוּס אֲמַר לְרַבִּי מַייכַלְתָּנִי אַתְּ מִן לִוְיָתָן לְעָלְמָא דְּאָתֵי. אֲמַר לֵיהּ אִין. אֲמַר לֵיהּ מִן אִימַּר פִּיסְחָא לָא אַייכַלְתָּנִי וּמִן לִוְיָתָן אַתְּ מַייְכֵל לִי. אֲמַר לֵיהּ מָה נַעֲבֵיד לָךְ, וּבְאִימַּר פִּיסְחָא כְּתִיב כָּל עָרֵל לֹא יֹאכַל בּוֹ. כֵּיוָן דִּשְׁמַע כֵּן אֲזַל וּגְזַר.

110 (III. 3 : 74 *a*).

רַבִּי חִיָּיה רַבִּי יַסֵּי רַבִּי אִימִּי דָּנוּן לְתָמָר, אַזְלַת וּקְרְבַת עֲלֵיהוֹן לְאַנְטִיפִּיטָה דְקֵיסְרִין. שְׁלַחוּן וּכְתַבוּן לְרַבִּי אֲבָהוּ. שְׁלַח רַבִּי אֲבָהוּ וּכְתַב לְהוֹן כְּבָר פִּייַסְנוּ לִשְׁלֹשָׁה לִיטִירִין לְטוֹב יֶלֶד טוֹב לֶמֶד וְתַרְשִׁישׁ אַבְדּוּקִים אַבְמֹסִים תְּלַתְכִּים. אֲבָל תָּמָר תַּמְרוּרִים בְּתַמְרוּרֶיהָ הִיא עוֹמֶדֶת וּבִיקַּשְׁנוּ לְמַתְקָהּ וְלַשָּׁוְא צָרַף צָרוֹף: (Jer 6^{29})

(III. 4 : 74 *a*).

רַבִּי יוֹחָנָן מֵיקַל לִנְשַׁיָּיא דְּשָׁטְחִין בִּגְדֵיהוֹן עַל אֲוִירָא דְּבֵי מִדְרָשָׁא

רַבִּי חִיָּיה רַבִּי יַסָּא מִיקַבְּלִין בְּגוֹ כְנִישְׁתָּא. רַבִּי אִימִּי מְפַקֵּד לְסַפְרַיָּא אִין אֲתָא בַר נָשׁ גַּבֵּיכוֹן מְלַכְלַךְ בְּאוֹרַיְתָא (לְגַבֵּכוֹן) תִּהְווֹן מְקַבְּלִין לֵיהּ וְלַחֲמָרֵיהּ וּלְמָנוֹ.

רַבִּי בְּרַכְיָה אֲזַל לִכְנִישְׁתָּא דְּבֵית שְׁאָן. חֲמָא חַד בַּר נָשׁ מְשַׁזֵּיג יָדוֹי וְרַגְלוֹי מִן גּוּרְנָה. אֲמַר לֵיהּ אָסוּר לָךְ. לְמְחַר חֲמָתֵיהּ הַהוּא

גּוּבְרָא מְשַׁזֵּיג יְדוֹי וְרִיגְלוֹי מִן גּוּרְנָה. אֲמַר לֵיהּ לָךְ שְׁרֵי וְלִי אֲסִיר. אֲמַר לֵיהּ אִין.

110*a* (IV. 5 : 75 *b*).

רַבִּי שִׁמְעוֹן סַפְרָא דטרבנת אֲמַרוּן לֵיהּ בְּנֵי קַרְתֵּיהּ קַטַּע בְּדִיבּוּרַיָּא דִיקְרוּנוּן בְּנֵינַן. אֲתָא שְׁאַל לְרַבִּי חֲנִינָה אֲמַר לֵיהּ אִין קָטְעִין רֵישָׁךְ לָא תִשְׁמַע לוֹן וְלָא שְׁמַע לוֹן וְשָׁרוּן לֵיהּ מִן סַפְרוּתֵיהּ. בָּתַר יוֹמִין נְחֵת לְהָכָא קָם עִימֵּיהּ רַבִּי שִׁמְעוֹן בֶּן יוֹסִינָה אֲמַר לֵיהּ מָה אַתְּ עָבֵיד בְּהַהִיא קַרְתָּךְ. וְתַנֵּי לֵיהּ עוּבְדָא. אֲמַר לֵיהּ וּלְמָה לָא שְׁמַעְתְּ לוֹן. אֲמַר לֵיהּ וְעָבְדִין כֵּן. אֲמַר לֵיהּ וְלֵינַן מְקַטְּעִין לוֹן בְּסִידְרָא. אֲמַר לֵיהּ וְלֵינַן חָזְרִין וְכָלְלִין לוֹן אֲמַר רַבִּי זְעוּרָה אִילּוּ הֲוָה הַהוּא סַפְרָא בְּיוֹמַיי מְנֵיתֵיהּ חַכִּים:

110*b* (IV. 10 : 75 *c*).

רַבִּי פְּדָת הֲוָה אָמוֹרָא דְרַבִּי יַסָּא. מִילִּין דִּשְׁמַע מִן אֲבוּי הֲוָה אָמֵר כָּךְ אֲמַר רַבִּי בְּשֵׁם אַבָּא. מִילִּין דְּלָא שְׁמַע מִן אֲבוּי הֲוָה אָמֵר כֵּן אֲמַר רַבִּי בְּשֵׁם רַבִּי לָעְזָר:

HAGIGAH.

The three Festivals.

111 (I. 7 : 76 *c*).

רַבִּי יוּדָה נְשִׂיָּא שְׁלַח לְרַבִּי חִיָּיה וּלְרַבִּי אַסֵּי וּלְרַבִּי אִמִּי לְמֵיעֲבוֹר בְּקִרְיָיתָא דְאַרְעָא דְיִשְׂרָאֵל לְמַתְקָנָא לוֹן סַפְרִין וּמַתְנְיָינִין. עָלוֹן לְחַד אֲתַר וְלָא אַשְׁכְּחוּן לָא סָפַר וְלָא מַתְנְיָין. אֲמַרוּן לוֹן אַיְיתוּן לַן נָטוּרֵי קַרְתָּאי אַיְיתוּן לוֹן סַנְטוּרֵי קַרְתָּא. אֲמַרוּן לוֹן אִילֵּין נָטוּרֵי קַרְתָּא. לֵית אִילֵּין אֶלָּא חָרוּבֵי קַרְתָּא. אָמְרִין לוֹן וּמַאן אִינּוּן נָטוּרֵי קַרְתָּא. אֲמַרוּ לוֹן סַפְרַיָּא וּמַתְנְיָינַיָּא. הָדָא הִיא דִכְתִיב אִם יהוה לָא יִבְנֶה בַיִת וגו׳ : (Psalm 127 : 1)

111*a* (II. 1 : 77 *b*).

מַנּוּ אַחֵר, אֱלִישָׁע בֶּן אֲבוּיָה שֶׁהָיָה הוֹרֵג רַבֵּי תוֹרָה, אָמְרִין כָּל תַּלְמִיד דַּהֲוָה חָמֵי לֵיהּ מְשַׁכֵּח בְּאוֹרַיְתָא הֲוָה קָטֵיל לֵיהּ, וְלָא עוֹד אֶלָּא דַהֲוָה עָלֵיל לְבֵית וַעֲדָא וַהֲוָה חָמֵי טַלְיָיא קוֹמֵי סַפְרָא וַהֲוָה אָמַר מָה אִילֵּין יָתְבִין עָבְדִין הָכָא, אוּמָנוּתֵיהּ דְהָן בַּנַּאי, אוּמָנוּתֵיהּ דְהָן נַגָּר אוּמָנוּתֵיהּ דְהָן צַיָּיר, אוּמָנוּתֵיהּ דְהָן חַיָּיט, וְכֵיוָן דַּהֲווֹן שָׁמְעִין כֵּן הֲווֹן שָׁבְקִין לֵיהּ וְאָזְלִין לוֹן, עליו הכתוב אומר אל תתן את פיך לחטיא את בשרך וגומר, שחיבל מעשה ידיו של אותו האיש, אוּף בשעת רַבִּי מֵאִיר הֲוָה יָתֵיב דָּרֵשׁ בְּבֵית מִדְרָשָׁא דטִיבֵּרְיָה, עָבַר אֱלִישָׁע רַבֵּיהּ רָכֵיב עַל סוּסְיָא בְּיוֹם שׁוּבְתָא, אֲתוֹן וַאֲמַרוּן לֵיהּ הָא רַבָּךְ לְבַר, פְּסַק לֵיהּ מִן דְּרָשָׁה וּנְפַק לְגַבֵּיהּ, אֲמַר לֵיהּ מָה הֲוַיְתָה דָּרֵשׁ יוֹמָא דֵין אֲמַר לֵיהּ ויהוה בֵּרֵךְ אֶת אַחֲרִית אִיּוֹב וְגוֹמֵר, אֲמַר לֵיהּ וּמָה פְּתַחְתְּ בֵּיהּ, אֲמַר לֵיהּ וַיּוֹסֶף יהוה אֶת כָּל אֲשֶׁר לְאִיּוֹב לְמִשְׁנֶה, שֶׁכָּפַל לוֹ אֶת כָּל מָמוֹנוֹ, אֲמַר וַוי דְמוֹבְדִין וְלָא מִשְׁתַּכְּחִין, עֲקִיבָה רַבָּךְ לָא הֲוָה דָרֵישׁ כֵּן, אֶלָּא ויהוה בֵּרֵךְ אֶת אַחֲרִית אִיּוֹב מֵרֵאשִׁיתוֹ, בִּזְכוּת מִצְוֹת וּמַעֲשִׂים טוֹבִים שֶׁהָיוּ בְּיָדוֹ מֵרֵאשִׁיתוֹ, .

אֲבוּיָה אַבָּא מִגְּדוֹלֵי יְרוּשָׁלֵם הָיָה, בְּיוֹם שֶׁבָּא לְמוֹהֲלֵינִי קָרָא לְכָל גְּדוֹלֵי יְרוּשָׁלֵם וְהוֹשִׁיבָן בְּבַיִת אֶחָד, וּלְרַבִּי אֱלִיעֶזֶר וּלְרַבִּי יְהוֹשֻׁעַ בְּבַיִת אַחֵר, מִן דַּאֲכַלוּן וּשְׁתוֹן שָׁרוֹן מְטַפְּחִין וּמְרַקְּדִין, אֲמַר רַבִּי לִיעֶזֶר לְרַבִּי יְהוֹשֻׁעַ עַד דְּאִינּוּן עֲסִיקִין בְּדִידְהוֹן נַעֲסוֹק אֲנַן בְּדִידַן, וְיָשְׁבוּ וְנִתְעַסְּקוּ בְּדִבְרֵי תוֹרָה, מִן הַתּוֹרָה לַנְּבִיאִים וּמִן הַנְּבִיאִים לַכְּתוּבִים וְיָרְדָה אֵשׁ מִן הַשָּׁמַיִם וְהִקִּיפָה אוֹתָם,

112 (II. 2 : 77*d*, 78*a*).

יְהוּדָה בֶּן טַבַּאי נָשִׂיא וְשִׁמְעוֹן בֶּן שָׁטַח אַב בֵּית דִּין, אִית תַּנָּיֵי תָנֵי וּמְחַלֵּף, מָאן דַּאֲמַר יְהוּדָה בֶּן טַבַּאי נָשִׂיא עוּבְדָא דַאֲלֶכְּסַנְדְּרִיָּיאָה

מְסַיֵּיעַ לֵיהּ: יְהוּדָה בֶּן טַבַּאי הֲוֹון בְּנֵי יְרוּשָׁלֵם בְּעוֹן מְמַנִּיתֵיהּ נָשִׂיא בִּירוּשָׁלֵם. עֲרַק וַאֲזַל לֵיהּ לַאֲלֶכְּסַנְדְּרִיאָה וְהָיוּ בְּנֵי יְרוּשָׁלֵם כּוֹתְבִין מִירוּשָׁלֵם הַגְּדוֹלָה לַאֲלֶכְּסַנְדְּרִיאָה הַקְּטַנָּה. עַד מָתַי אֲרוּסִי יוֹשֵׁב אֶצְלְכֶם וַאֲנִי יוֹשֶׁבֶת עֲגוּמָה עָלָיו: פָּרֵישׁ מֵיתֵי גוֹ אִילְפָא. אֲמַר דְּבוֹרָה מָרְתָה דְבֵיתָה מָה הֲוַות חֲסִירָה. אֲמַר לֵיהּ חַד מִן תַּלְמִידוֹי רַבִּי עֵיינָהּ הֲוַות שְׁבִירָה. אֲמַר לֵיהּ הָא תַּרְתַּיי גַּבָּךְ. חֲדָא דַחֲשַׁדְתָּנִי, וַחֲדָא דְאִיסְתַּכַּלְתְּ בָּהּ. מָה אֲמַרֵית יָאֲיָיא בְּרֵיוָא לָא אֲמַרֵית אֶלָּא בְּעוּבְדָא. וּכְעַס עֲלוֹי וַאֲזַל:

מַאן דְּאָמֵר שִׁמְעוֹן בֶּן שָׁטַח נָשִׂיא עוּבְדָא דְאַשְׁקְלוֹן מְסַיֵּיעַ לֵיהּ. תְּרֵין חֲסִידִין הֲוֹון בְּאַשְׁקְלוֹן אָכְלִין כַּחֲדָא וְשָׁתַיי כַּחֲדָא וְלָעֵיי בְּאוֹרַיְיתָא כַּחֲדָא. דְּמַךְ חַד מִינְהוֹן וְלָא אִיתְגְּמֵל לֵיהּ חֶסֶד. מִית בְּרֵיהּ דְּמָעוֹן מוֹכֵס וּבַטְלַת כָּל מְדִינְתָּא מִיגְמוֹל לֵיהּ חֶסֶד. שָׁרֵי הַהוּא חֲסִידָא מִצְטַעֵר אָמֵר וַוי דְלֵית לְשָׂנְאֵיהוֹן דְּיִשְׂרָאֵל כְּלוּם. אִיתְחַמֵי לֵיהּ בְּחִילְמָא וַאֲמַר לֵיהּ לָא תִיבְזֵי בְּנֵי מָרָךְ. דֵּין עֲבַד חֲדָא חוֹבָא וַאֲזַל בָּהּ. וְדֵין עֲבַד חֲדָא טִיבוּ וַאֲזַל בָּהּ. וּמָה חוֹבָא עֲבַד הַהוּא חֲסִידָא. חַס לֵיהּ לָא עֲבַד חוֹבָה מִן יוֹמוֹי. אֶלָּא פַּעַם אַחַת הִקְדִּים תְּפִילִּין שֶׁל רֹאשׁ לִתְפִילִּין שֶׁל יַד. וּמָה טִיבוּ עֲבַד בְּרֵיהּ דְּמָעוֹן מוֹכֵס. חַס לֵיהּ לָא עֲבַד טִיבוּ מִן יוֹמוֹי. אֶלָּא חַד זְמַן עֲבַד אֲרִיסְטוֹן לְבוּלֶבְטַיָּא וְלָא אֲתוֹן אֲכַלוּנֵיהּ. אֲמַר יֵיכְלוּנֵיהּ מִיסְכֵּינַיָּא דְלָא יִתְלוֹן. וְאִית דְּאָמְרִין בְּשׁוּקָא הֲוָה עָבֵר, וּנְפַל מִינֵּיהּ חַד עִיגּוּל וַחֲמָא חַד מִיסְכֵּן וּנְסַב לֵיהּ וְלָא אֲמַר לֵיהּ כְּלוּם בְּגִין דְּלָא מְסַמְּקָא אַפּוֹי. בָּתַר יוֹמִין חֲמָא הַהוּא חֲסִידָא לַחֲסִידָא חַבְרֵיהּ מְטַיֵּיל גוֹ גַנִּין גוֹ פַּרְדֵּיסִין גוֹ מַבּוּעִין דְּמַיי. וַחֲמָא לִבְרֵיהּ דְּמָעוֹן מוֹכֵס לְשׁוֹנוֹ שׁוֹתֵת עַל פִּי הַנָּהָר בָּעֵי מִמְטֵי מַיָּא וְלָא מָטֵי:

וַחֲמָא לְמִרְיָם בְּרַת עֲלֵי בְצָלִים. רַבִּי לָעְזָר בַּר יוֹסָה אֲמַר תָּלְיָיא בְּחִיטֵי בִיזַיָּא. רַבִּי יוֹסֵי בַּר חֲנִינָא אֲמַר צִירָא דְתַרְעָא דְגֵיהִנֹּם קְבִיעַ בְּאוּדְנַהּ. אֲמַר לוֹן לְמָה דָא כֵן. אֲמָרוּ לֵיהּ דַּהֲוַות צָיְימָה וּמְפַרְסְמָה.

ואית דאמרי דהוות צייימה חד יום ומקזה לה תריי. אמר לון עד אימת היא כן. אמרו ליה עד דייתי שמעון בן שטח ואנן מרימין לה מן גו אודנה וקבעין ליה גו אודניה. אמר לון ולמה. אמרו ליה דאמר אין אנא מתעביד נשייא אנא מקטול חרשייא. והא איתעביד נשייא ולא קטל חרשייא. והא אית תמנין נשין חרשיין יהיבן גו מערתא דאשקלון מחבלן עלמא. אלא איזיל אמור ליה אמר לון אנא דחיל דהוא גבר נשייא ולית הוא מהיימנתי. אמרו ליה אי הימנך הא טבאות. ואין לא, עביד הדין סימנך קומוי, הב ידך על עיינך ואפקה, וחזרה, והיא חזרה. אזל ותני ליה עובדה. בעא מיעבד סימנא קומוי ולא שבקיה. אמר ליה ידע אנא דאת גבר חסיד, יתיר מן כן את יכיל עבד. ולא עוד אלא בפומי לא אמרית. בלבי חשבית.

מיד עמד שמעון בן שטח ביום סגריר ונסב עימיה תומנין גוברין בחירין ויהב בידיהון תומניי לבושין נקיין ויבונון גו קידרין חדתין וכפונון על רישיהון. אמר לון אין צפרית חד זמן לבשון לבושיכון. ואין צפרית זמן תניין עולון כולכון כחדא. וכיון דאתון עללין כל חד וחד מינכון יגוף חדא ויטלטלינה מן ארעא, דעיסקיה דהדין חרשא טלטלתניה מן ארעא לא יכיל עבד כלום. אזל וקם ליה על תרעא דמערתא. אמר לין אוים אויים פתחון לי דמן דידכן אנא. אמרון ליה היך אתית להכה בהדין יומא. אמר לין ביני טיפייא הונא מהלך. אמרון ליה ומה אתיתא הכא מיעבד. אמר מילף ומילפא. כל דמטי יעביד מה דהוא חכם. והוות חדא מינהין אמרה מה דהיא אמרה ומייתיא פיתא. וחדא אמרה מה דהיא אמרה ומייתיא קופד, אמרה מה דהיא אמרה ומייתיא תבשילין, אמרה מה דהיא אמרה ומייתיא חמר. אמרון ליה את מה אית בך עבד. אמר לון אית בי צפר תרין צפרין ומייתי לכון תמנין גוברין בחירין הויי עמכון חדיי ומחדיי לכון. אמרון ליה כן

אֲנָן בָּעַיי. צְפַר חַד זְמַן וּלְבַשׁוּן לְבוּשֵׁיהוֹן. צְפַר זְמַן תִּינְיָין וְעָלוּ כּוּלְּהוֹן כַּחְדָא. אֲמַר כָּל דְּמָטֵי יֶחְכּוּם זוּגֵיהּ וּטְעָנוּנֵין וְאָזְלִין וּצְלַבוּנֵין.

MOʿED QATON.

The minor Feast.

113 (II. 2:81 *a*, *b*).

רַבִּי שִׁמְעוֹן בֵּי רַבִּי יַנַּיי קְטַף כַּרְמֵיהּ חֲמוּנֵיהּ כָּל עַמָּא וּקְטַפוּן בַּתְרֵיהּ. בְּשַׁתָּא חוֹרִיתָא שַׁבְקֵיהּ וְיָבֵשׁ.

(II. 3:81 *b*).

אֲמַר רַבִּי מָנָא אִין יָדַע דְּלָא מִיזְבַּן וְהוּא פַּחַת מִן אַגְרָא יָזְבִּין וְאִי לָא לָא יָזְבִּין.

רַבִּי יוֹנָה בוּצְרָיָה הֲווּ לֵיהּ סַפְרִין. שְׁאַל לְרַב חוּנָא מְזַבְּנַתוֹן בְּמוֹעֲדָא. אֲמַר לֵיהּ מְחַדֵּי אַתְּ מוֹעֲדָא שָׁתֵי אַתְּ קוֹנְדִיטוֹן:

(III. 1:81 *d*).

רַבִּי שִׁמְעוֹן בֶּן לֵוִי הֲוָה מְעַיְּינָא תֵּינִין בִּבְרַבְּרְיָה. אֲתוֹן לִיסְטַיָּא וּגְנַבוּן מִינְהוֹן בְּלֵילְיָא. וּבְסוֹפָא אַרְגֵּשׁ בְּהוֹן. אֲמַר לוֹן לִיהֲווֹן אִילֵּין עַמָּא מְחָרְמִין. אָמְרִין לֵיהּ יֵיא הַהוּא גוּבְרָא מְחָרֵם. חַשׁ עַל נַפְשֵׁיהּ. אֲמַר מָמוֹן אִינּוּן חַיָּיבִין לִי. דִּילְמָא נֶפֶשׁ. נְפַק פְּרֵי בָּתְרֵיהוֹן אֲמַר לוֹן שְׁרוּן לִי. אָמְרִין לֵיהּ שְׁרֵי לַן וְנַן שָׁרַיי לָךְ.

(III. 1:82 *a*).

רַבִּי שְׁמוּאֵל בַּר אַבָּא דְּמִכַּת אֲחָתֵיהּ וַהֲוָה יָתֵיב מַצְמֵי טִפְרוּיי. סְלֵק רַבִּי לָעְזָר לְגַבֵּיהּ וְלָא כַּסִּיתֵין. סְלֵק רַבִּי נָתָן בַּר אַבָּא לְגַבֵּיהּ וְכַסִּיתֵין. אֲמַר לֵיהּ מִן קוֹמֵי רַבִּי לָעְזָר לָא כַּסִּיתִינּוּן וּמִן קוֹמַי אַתְּ מְכַסֵּי לוֹן. אֲמַר לֵיהּ וּמָה אַתְּ סָבֵר דְּאַתְּ חָבִיב עֲלַי כְּרַבִּי לָעְזָר:

(III. 4 : 82 *a*).

חַד בַּר נָשׁ אוֹבֵד תְּפִילוֹי בְּמוֹעֲדָא. אֲתָא לְגַבֵּי רַבִּי חֲנַנְאֵל וְשַׁלְחֵיהּ לְגַבֵּי רַבִּי אַבָּא בַּר נָתָן. אֲמַר לֵיהּ הַב לִי תְּפִלַּיךְ וְזֵיל כְּתוֹב לָךְ אֲמַר לֵיהּ רַב אִיזֵיל כְּתוֹב לֵיהּ.

(III. 5 : 82 *b*, *c*).

רַבִּי אַבָּא בְּרֵיהּ דְּרַבִּי פָּפִי. רַבִּי יְהוֹשֻׁעַ דְּסִיכְנִין בְּשֵׁם רַבִּי לֵוִי כָּל תְּלָתָא יוֹמִין נַפְשָׁא טָיְיסָא עַל גּוּפָא סְבִירָה דְּהִיא חָזְרָה לְגַבֵּיהּ כֵּיוָן דְּהִיא חָמְיָא דְּאִישְׁתַּנֵּי זִיוֵיהוֹן דְּאַפּוֹי הִיא שָׁבְקָא לֵיהּ וְאָזְלָה לַהּ:

גַּמְלִיאֵל זוּגָא דִּמְכַּת אֲחָתֵיהּ. סְלֵק הִילֵּל אֲחוּהָ עִימֵּיהּ. אֲמַר לֵיהּ רַבִּי מָנָא מְכֵיוָן שֶׁאַתְּ גְּדוֹל הַמִּשְׁפָּחָה כַּד תְּהֵא סָלֵק גַּב אַחוּךְ הֲוֵי שָׁלֵיף סַנְדָּלָיךְ:

רַבִּי מָנָא הֲוָה בְּקֵיסָרִין. שְׁמַע דְּדָמֵךְ בַּר בְּרֵיהּ וַאֲזַל וְסַפֵּר. אָמְרִין לֵיהּ לָא כֵן אַלְפָן רַבִּי אֲפִילוּ טְפֵילָה לִטְפֵילָה אָסוּר בְּתַגְלַחַת. אֲמַר לוֹן בְּאִינּוּן דַּהֲווֹן גַּבֵּיהּ. אֲנַן לָא הֲוֵינַן גַּבֵּיהּ:

114 (III. 5 : 82 *d*).

תְּרֵין בְּנוֹי דְּרַבִּי נַפְקוּן חַד רֵישֵׁיהּ מְגַלֵּי וּשְׁלִיחַ סַנְדָּלוֹי. וְחַד רֵישֵׁיהּ מְכַסֵּי וּלְבִישׁ סַנְדָּלוֹי. רַבִּי יוֹנָה סְלֵק לְגַבֵּי רַבִּי גּוּרְיוֹן נְפַק לְגַבֵּיהּ לְבִישׁ סַנְדָּלוֹי אֲמַר לֵיהּ מָה אַתְּ סָבֵר דְּיָלְפֵינַן עוּבְדָא מִינָּךְ. לָא יָלְפִין עוּבְדָא מִן בַּר נָשׁ זְעֵיר:

חַד תַּלְמִיד מִן דְּרַב חִסְדָּא אִיבְאֵשׁ. שְׁלַח לֵיהּ תְּרֵין תַּלְמִידִין דְּיִתְנוּן עִימֵּיהּ. אִיתְעֲבֵיד קוּמֵיהוֹן כְּמִין חִיוֵי וְאַפְסְקוּן וּדְמֵךְ. חַד תַּלְמִיד מִן דְּבַר פְּדָיָה אִיבְאֵשׁ. שְׁלַח לֵיהּ תְּרֵין תַּלְמִידִין דְּיִתְנוּן עִימֵּיהּ. אִיתְעֲבֵיד קוּמֵיהוֹן כְּמִין כּוֹכְבָא וְאַפְסְקוּן וּדְמֵךְ: רַבִּי יַסָּא הֲוָה לֵיהּ עוּבְדָא. שְׁלַח לֵיהּ רַבִּי יוֹחָנָן תְּרֵין תַּלְמִידִין דְּיִתְנוּן עִימֵּיהּ.

אִין מִשּׁוּם דִּשְׁרֵי לָא יָדְעִין, וְאִין, מִשּׁוּם דְּלָא רָגִיל לָא יָדְעִין, וְרַבִּי יַסָּא לָא רָגִיל אֶלָּא כְּגוֹן אִילֵּין מִילֵּיהוֹן דְּרַבָּנַן דְּבַר נָשׁ מִישְׁתְּאֵיל בְּהוֹן וְקָיֵים לֵיהּ כְּמַאן דְּלָא רָגִיל:

רַבִּי יוֹסֵי בַּר פֶּיטְרוֹס חָמוּי דְּרַבִּי יְהוֹשֻׁעַ בֶּן לֵוִי קַדְמָיָיא, הֲוָה לֵיהּ עוּבְדָא, שְׁלַח לֵיהּ בַּר קַפָּרָא תְּרֵין תַּלְמִידִין דְּיִתְנוּן עִמֵּיהּ, אִין דִּשְׁרֵי לָא יָדְעִין, וְאִין מִשּׁוּם שֶׁהָיָה לָהוּט אַחַר הַתּוֹרָה לָא יָדְעִין:

(III. 7 : 83*b*).

רַבִּי שִׁמְעוֹן בֶּן לָקִישׁ הֲוָה מְהַלֵּךְ בְּאִיסְרָטָא אִיזְדַּמֵּן לֵיהּ חַד כּוּתַי וַהֲוָה מְנַדֵּף וַהֲוָה קָרַע, מְנַדֵּף וַהֲוָה קָרַע. נְחַת לֵיהּ מִן חֲמָרָא וִיהַב לֵיהּ חַד מַרְתּוּקָא גו לִיבֵּיהּ. אֲמַר לֵיהּ, רָשָׁע, אִית לְאִימָּךְ מָאנִין מְסַפָּקָא לִי. הדא אמרה שקורעין על הכינויין, וקורעין בזמן הזה:

רַבִּי יוֹנָה הֲוָה בְּצוֹר כַּד שְׁמַע דִּדְמַךְ בְּרֵיהּ דְּרַבִּי אֲבָהוּ, אַף עַל גַּב דַּאֲכַל גּוּבְנָא וּשְׁתָא מַיָא אַסְקֵיהּ צוֹם הַהוּא יוֹמָא:

רַבִּי בָּא וְרַבִּי חוּנָה בַּר חִיָּיה הֲווֹן יָתְבִין, אֲתַת נַעֲמִיתָא וַחֲטְפַת תְּפִילּוֹי דְּרַבִּי חוּנָה בַּר חִיָּיה, צָדָהּ רַבִּי בָּא וַחֲנָקָהּ:

JEBAMOTH

Levirate marriages

115 (II. 6 : 4*a*)

יַעֲקֹב אִישׁ כְּפַר נְבוּרַיָּה אֲזַל לְצוֹר, אֲתוֹן שְׁאַלוּן לֵיהּ מָהוּ מִיגְזַר בְּרֵיהּ דַּאֲרַמְיָיתָא בְּשׁוּבְּתָה, וּסְבַר מֵישְׁרֵי לוֹן מִן הָדָא: וַיִּתְיַלְדוּ עַל מִשְׁפְּחוֹתָם לְבֵית אֲבוֹתָם (Num. 1^{18}), שְׁמַע רַבִּי חַגַּיי אֲמַר יֵיתֵי אַיְיתוּנֵיהּ דְּיִלְקֵי, אֲמַר לֵיהּ מֵאֵיכַן אַתְּ מַלְקֵנִי, אֲמַר לֵיהּ מִן הָדָא דִּכְתִיב וְעַתָּה נִכְרוֹת בְּרִית לֵאלֹהֵינוּ (Ezra 10^{3}), אֲמַר לֵיהּ מִן

הַקַּבָּלָה אַתְּ מַלְקֵינִי, אֲמַר לֵיה (Ezra 10[3]) וְכַתּוֹרָה יֵעָשֶׂה. אֲמַר לֵיהּ מִן אֵידָא אוֹרַיְיהּ. אֲמַר לֵיהּ מִן הַהִיא דַּאֲמַר רַבִּי יוֹחָנָן בְּשֵׁם רַבִּי שִׁמְעוֹן בֶּן יוֹחַי כְּתִיב לֹא תִתְחַתֵּן בָּם (Deut. 7[3]).

115*a* (IV. 12 : 6*b*)

תְּלָת עֲשַׂר אַחִין הֲוַיְין וּמֵתִין תְּרֵין עֲשַׂר בְּלָא בְנִין. אֲתַיּוֹן בְּעַיּוֹן מִתְיַיבְּמָה קוֹמֵי רַבִּי. אֲמַר לֵיהּ רַבִּי אִיזֵיל יַיבֵּם אֲמַר לֵיהּ לֵית בְּחַיְילִי. וְהֵן אוֹמְרוֹת כָּל חֲדָא וַחֲדָא אֲנָא מְזַיְינָנָא יַרְחִי. אֲמַר וּמַאן זָיֵין הַהוּא יַרְחָא דְעִיבּוּרָא. אֲמַר רַבִּי אֲנָא זָיְינָנָא יַרְחָא דְעִיבּוּרָא וְצַלִּי עֲלֵיהוֹן וַאֲזַלוֹן לְהוֹן. בָּתַר תְּלָת שְׁנִין אֲתוֹן טְעִינִין תְּלָתִין וְשִׁיתָּא מַיְינוּקִין אֲתוֹן וְקַמוּן לְהֹן קוֹמֵי דַּרְתָּה דְרַבִּי. סָלְקִין וְאָמְרִין לֵיהּ לְרַע קִרְיָיא דְמַיְינוּקִין בָּעַיִן מִישְׁאוּל בִּשְׁלָמָךְ אוֹדִיק רַבִּי מִן כַּוְּתָא וַחֲמָתוֹן. אֲמַר לוֹן מַה עִיסְקֵיכוֹן. אָמְרִין לֵיהּ אֲנַן בָּעַיִן תֵּיתֵין לַן הַהוּא יַרְחָא דְעִיבּוּרָא. וִיהֵיב לְהוֹן הַהוּא יַרְחָא דְעִיבּוּרָא:

116 (XII. 7 : 13*a*)

בְּנֵי סִימוֹנְיָיא אֲתוֹן לְגַבֵּי רַבִּי. אָמְרִין לֵיהּ בָּעַיִן תִּתֵּן לַן חַד בַּר נָשׁ דָּרֵישׁ דַּיָּין וְחַזָּן סָפַר מַתְנְיָין וְעָבֵד לַן כָּל צוֹרְכֵינַן. וִיהַב לוֹן לֵוִי בַּר סִיסִי. עָשׂוּ לוֹ בִימָה גְדוֹלָה וְהוֹשִׁיבוּהוּ עָלֶיהָ. אֲתוֹן וּשְׁאַלוֹן לֵיהּ, הַנִּידֶּמֶת בַּמָּה הִיא חוֹלֶצֶת. וְלָא אֲגִיבוֹן, רָקְקָה דָם. וְלָא אֲגִיבוֹן. אָמְרִין דִּילְמָה דְלֵית הוּא מָרֵי אוּלְפָּן. נִישְׁאוֹל לֵיהּ שְׁאֵלָן דְּאַגָּדָה, אֲתוֹן וּשְׁאַלוֹן לֵיהּ מָהוּ הָדֵין דִּכְתִיב אֲבָל אַגִּיד לְךָ אֶת־הָרָשׁוּם בִּכְתָב אֱמֶת (Dan. 10[21]) אִם אֱמֶת לָמָּה רָשׁוּם וְאִם רָשׁוּם לָמָּה אֱמֶת. וְלָא אֲגִיבוֹן. אֲתוֹן לְגַבֵּי דְרַבִּי אֲמַרוֹן לֵיהּ הָדֵין פַּיְיסוֹנָא דְּפַיְיסַנְתָּךְ. אֲמַר לוֹן, חַיֵּיכוֹן, בַּר נָשׁ דִּכְוָותִי יַהֲבֵית לְכוֹן. שְׁלַח אַיְיתֵיתֵיהּ וּשְׁאַל לֵיהּ... אֲמַר לֵיהּ וּלְמָה לָא אֲגֵיבְתֵּינוּן. אֲמַר לֵיהּ עָשׂוּ לִי בִימָה גְדוֹלָה וְהוֹשִׁיבוּ אוֹתִי עָלֶיהָ וְטָפַח רוּחִי עָלַי:

SOTAH

Suspected adultery.

117 (I. 4:16*d*; III. 4:19*a*)

רבי זבדיה חתניה דרבי לוי הוה משתעי הדין עובדא. רבי מאיר הוה יליף דריש בכנישתא דחמתא כל לילי שובא והוה תמה חדא איתתא יליפה שמעה קליה. חד זמן עני דריש. אזלת בעית מיעול לביתה ואשכחת בוצינא מיטפי. אמר לה בעלה הן הויית. אמרה ליה מישמעא קליה דדרושא. אמר לה מכך וכך דלית ההיא איתתא עללא להכא לבייתה עד זמן דהיא אזלה ורקקה גו אפוי דדרושא. צפה רבי מאיר ברוח הקודש ועבד גרמיה חשש בעייניה. אמר כל איתתא דידעה מילחוש לעיינא תיתי תילחושי. אמרין לה מגירתא הא ענייתיך תיעלין לביתיך. עבדי גרמיך לחשה ליה ואת רקקה גו עייניה. אתת לגביה אמר לה חכמה את מילחוש לעיינא. מאימתה עליה אמרה ליה לא. אמר לה ורוקקין בגויה שבע זימנין והוא טב ליה. מן דרקקת אמר לה אזלין אמרין לבעליך חד זמן אמרת לי והיא רקקה שבע זמנין.

ארמלתא דרבי שובתי הוות מבזבזה בניכסייא. אתון יתמייא וקרבון לרבי אלעזר. אמר לון ומה נעביד לכון ואתון שטיין נפק כתובה. אמר לון נימר לכון מימר עיבדון גרמיכון מזבנין והיא תבעה פורנה ומובדא מזונה. עבדון כן. ברומשא אתת וקרבת גבי רבי אלעזר. אמר זו מכת פרושין נגעו בה.

KETHUBOTH.

Marriage settlements.

118 (XI. 3:34*b*)

איתתיה דרבי יוסי הגלילי הוות מעיקה ליה סגין. סליק רבי לעזר בן עזריה לגביה אמר ליה רבי שיבקה דלית היא דאיקרך.

אמר ליה פורנה רב עלי. אמר ליה אנא יהיב לך פרנה ושבקה. יהב ליה פרנה ושבקה. אזלת ונסיבת לטסורא דקרתא. איתנחת מן ניכסוי ואיתעבד כסגיא נהורא והוות מחזרא ליה על כל קרתא ומדברא ליה. חד זמן חזרתיה על כל קרתא ולא איתיהב ליה כלום. אמר לה לית הכא שכונה חורין. אמרה ליה אית הכא שכונה דמשבקי ולית בחיילי עייל לה לתמן. שרי חביט לה. עבר רבי יוסי הגלילי ושמע קלון מתבזייא בשוקא נסבון ויהבון בגו ביתא מן דידיה והוה מסיק לון מזונין כל יומין דהוון בחיין.

NEDARIM.

Vows.

119 (II. 5 : 37 *c*; IX. 1 : 41 *c*; IX. 3 : 41 *c*; XI. 1 : 42 *c*).

חד בר נש נדר באילין מילייא. אתא לגבי רבי מאיר ושלחיה גבי רבי יודה אמר ליה אורעיה דאתית לגביי ושלחתיך לגביה. אתא לגבי רבי יודה ושלחיה לגבי רבי יוסי. אמר ליה הודעיה דשלחך רבי מאיר לגביי ושלחתיך לגביה. אתא לגביה רבי יוסי אמר ליה אין לית קדמאה מישרי לך לית חורן מישרי לך.

רבי מנא נדר מן חמרא דאבוהי. אתא אבוהי סלק לגביה אמר ליה אילו היית יודע דאנא מצטער נודר היית. אמר ליה לא. ושרא ליה. מה אנן קיימין אם באומר הנייתי על אבא הדא היא דמר. רבי יעקב בר אחא רבי שמואל בר נחמן בשם רבי יונתן כופין את הבן שיזון את האב. אלא כי נן קיימין באומר הניית אבא עלי.

רבי מנא נדר וסלק לגבי רבי שמי. אמר ליה אילו היית יודע שחברות רחקין מינך דאת נדרן נדר הויתא. אמר לא ושרא ליה:

חד בר נש הוה בעל דיניה עתיר. אתא בעי מידון קומי רב. שלח רב בתריה. אמר עם ההוא אנא בעי מיתי מידון כך. אין

אתין כל גמלייא דערבייא לא טענין קורקסייא דאפותיקי דידי שמע ומר מהו מתנאה דלא ליה. תהא פחתה בה. מן יד נפקת קלווסים מן מלכותא דייעול הוא ומדליה לטימיון. אתא גבי רב אמר ליה עלי צלי דו נפשי תחזור. צלי עלוי וחזר עלה:

חד בר נש אתא מישרי נדרא קומי רבי יוסי. מתעטף ויתיב ליה. אמר ליה מה אשתבעת אמר ליה איפופי ישראל לא עללה לביתי. אמר ליה איפופי ישראל ולא עללה לבייתך:

GITTIN.

Divorces.

120 (I. 6 : 43 *d*; VII, 6 : 49 *a*).

רבי דוסתי בי רבי ינאי ורבי יוסי בן כיפר נחתון מיגבי לחבריה תמן. ואיתאמרת עליהון לישן ביש. אתון בעיי מפקא מינהון. אמרין לון כבר זכינן. אמרין לון אנן בעיי תקימונן טבאות. אמרין לון שומרי חנם אנחנו. אתון לגבי רבי דוסתי בי רבי ינאי. אמר לון אהן הוא כולה. נסבון לרבי יוסי בן כיפר וכפתון ואפקון מיניה. כד סלקון להכא אתא לגבי אבוי אמר ליה. לית את חמי מה עבד לי ברך. אמר ליה מה עבד לך. אמר ליה אילו אשוויי עימי לא הוון מפקין מינן כלום.

חד בר נש אקדים פריטין לאילפא וגנב נהרא. אתא עובדא קומי רב נחמן בר יעקב הא אילפא. אייתי נהרא.

אבא בר הונא בשם רבי אבא הוה מצלי דייגנב נהרא בגין דניסב פריטוי.

KIDDUSHIM.

Betrothals.

121 (I. 1 : 58 *d*).

רבי חנינה אומר נחשא באתריה קיים. כספא זליל. כספא יקיר.

רבי מנא אמר כספא באתריה קיים. נחשא יקיר, נחשא זליל. על דעתיה דרבי חנינה לעולם שש נשים מתקדשות באיסר. על דעתיה דרבי מנא פעמים שש פעמים שמונה. חילפיי אמר אייתיבוני על ניף נהרא דלא אפיקית מתניתא דרבי חייא רבה ממתניתן זרקוני לנהרא. אמרין ליה והא תני רבי חייה סילעא ארבעא דינרין. אמר לון אוף אנן תנינתה. כמה תהא הסלע חסירה ולא יהא בה הונייה.

122 (III. 4 : 64 *a*; III. 5 : 64 *a*).

חד בר נש קם עם חבריה בשוקא. אמר ליה הב לי קיתונא דאית לי גבך. אמר ליה הב לי דינרא דאית לי גבך. אמר ליה הב לי קיתונא וסב דינרא. אתא עובדא קומי רבי מנא. אמר ליה את אודית ליה בדינרא והוא לא הודי לך בקיתונא. איזיל והב ליה דינרא.

חד בר נש הוה חייב לחבריה מאה דינרין בקרטיסה. שלח חמשין גבי שליחא. אמר ליה אין לא יהב לך קרטיסה. לא תתן ליה כלום. אתא עובדא קומי רבי אימי אמר איזיל הב ואנן ידעין.

חד בר נש הוה אזיל מקדשא חדא איתא. קדמיה חבריה ואמר לה הוי ידעה דההן גברא דהוא אזל מקדשתיך דעתיה בישא. עתיד הוא מישבק ליך אלא הא ליך פרוטה זו שתתקדשי לי בה לכשינרשך. מהו.

123 (III. 14 : 64 *c*).

חד גיור אתא לגבי רבי יוסא אמר ליה מהו מינסוב ממזרתא אמר ליה שרי. חזר ואתא לגבי רבי יודה אמר ליה שרי אלא הוי ידע דבנוי דההוא גברא ממזירין קומי שמייא. חזר ואתא קומי רבי יוסי אמר ליה הוית ידע דהוא כן. ולמה שרית לי מן קדמיתא. אמר ליה מה דשאלת לי אגיבינך.

אמר רבי יוסה ההן גיורא מדמי לעמרא גופנא, אין בעית למיתניה בעמרא שרי, בכיתנא שרי:

ביומוי דרבי ברכיה סלק חד בבלאי להכא והוה ידע ביה דהוא ממזר, אמר ליה רבי זכה עימי, אמר ליה למחר את קאים בציבורא ואנא עביד לך פסיקא, אתא יתיב דריש, מן דחסיל מידרש אמר לון אחינן זכון עם הדין דהוא ממזר, מן דאזל ליה קהלא, אמר ליה, רבי, חיי שעה בעית גבך ואובדתא חיין דההוא גברא.

BABA QAMA.

Damages and Injuries.

124 VI 7 : 5 *c*).

חד בר נש אפקד גבי חבריה חד שק צריר ואירעו אונס, אהן אמר סיגין הוה מלא, ואהן הוה אמר מטקסין הוה מלא, הרי זה נשבע ונוטל:

אריסיה דבר זיזא אפקד גבי חד בר נש ליטרא, דדהב, מית בר זיזא ומית אריסיה דבר זיזא, אתא עובדא קומי רבי ישמעאל בי רבי יוסי, אמר מאן הוא דלא ידע דכל מאי דאית לאריסיה דבר זיזא לבר זיזא אינון, יתייהבון לבנוי דבר זיזא, הוון לבר זיזא בנין רברבין ובנין דקיקין, אמר יסבון רברביא פלגא, וכד רבו דקיקיא יסבון פלגא, דמך רבי ישמעאל בי רבי יוסי, אתא עובדא קומי רבי חייה אמר אין מן הדא לית דשמע מינה כלום, יתייהבון לבנוי דאריסא, אמר ליה מריה דפיקדונא כבר יהבית פלגא, אמר ליה מה שנתתה על פי בית דין נתתה, ומה שאתה נותן על פי בית דין אתה נותן, מהו דיימרון בנוי דאריסיה דבר זיזא לבנוי דבר זיזא הבו לן מה דנסבתון, יכלין מימר לון מה שנעשה על פי בית דין נעשה, מהו דיימרון דקיקייא לרברבייא ניפלוג עימכון, יכליי

מימר לון מציאה מצאנו. אמר רבי יצחק לית בין ובין ובצבייא לדקיקיא אלא כמי שנותן להן מתנה:

BABA METZIA.

Commercial Laws.

125 (II. 13 : 8 *d*).

חד בר נש פתח פומיה דרב ושמע דדמך ובזע עלוי. רבי יוחנן הוה סליק מטיבריה לציפורי חמא חד בר נש נחת מן תמן. אמר ליה מה קלא במדינתא. אמר ליה חד רבן דמך וכל עמא פריין מיטפלא ביה. ידע רבי יוחנן דהוא רבי חנינה. שלח ואייתי מאנין טבין דשובתא ובזעון. ולא כן תני כל קרע שאינו של בהלה אינו קרע. רבי יוחנן בעי מיעבד דרבה ומוקריתיה. ולא ידעין אין משום דהוא רביה אין משום שמועות הרעות. מילתיה דרבי חייה בר ווא בציפורי חמא כל עמא פריי. אמר לון למה כוליה עלמא פריי. אמרו ליה רבי יוחנן יתיב דריש בבי מדרשא דרבי בנייה וכל עמא פריי מישמעיניה. אמר בריך רחמנא דחמי לי פירין עד דאנא בחיין. ובאגדתא פשטית ליה חוץ ממשלי וקהלת. הדא אמרה כל תלמיד ותלמיד:

126 (IV. 1:9 *c*; IV. 2:9 *c*).

ברת רבי חייה רובה אוזפת לרב דינרין. אתת שאלת לאבוה אמר לה שקילי מיניה דינרין טבין ותקילין. מברת רבי חייה ילפין. אמר רבי אידי אוף אבה אבוי דשמואל בעא קומי רבי מהו ללוות דינרין בדינרין אמר ליה מותר. אמר רבי יעקב בר אחא אוף רבי יוחנן וריש לקיש תריהון מורין מותר ללוות דינרין בדינרין.

רבי חייה בר יוסף יהב דינר למלחא. חזר ביה ההוא אמר לא ידע דכבר יהבון מגלא גו שקיה דההוא גברא מי שפרע מאנשי דור המבול עתיד ליפרע ממי שאינו עומד בדבורו.

127 (V. 8 : 10 *c*)

אבא בר זמינה יהב חד דינר לקפילה ונסב מיניה בשער זלילה דכל שתא, ולא מודי רב. רבי חייה רובה הוה ליה כיתן, אתו חמרייא מיזבנה מיניה. אמר לון לית בדעתי מזבנתה כדון אלא בפוריא, אמרו ליה זבנה לן כדון במה דאת עתיד מיזבנתיה בפוריא. אתא שאל לרבי. אמר ליה אסור. נפק קבעה במתניתא ותני כן:

רבי לעזר יהב דינרין לחד בר נש. אמר ליה מה דהינון עברין מיכן ועד חנוכה, דידי. מתמן ולהלן לית לי עמך עסוק, אין פחתין ואין יתרין דידך. בעה מיתן ליה בתר חנוכה ולא קביל. רבי יצחק יהב דינרין לבר נש. בעא מיעבד ליה כהדא דרבי לעזר ולא קביל עילויי:

כהנא יהב ארבעין דינרין לבר נש מיזבן ליה כיתן, יקירא כיתנא. אתא שאל לרב. אמר ליה איזיל סב מיניה ארבעין כורין רברבין.

BABA BATHRA.

Laws concerning property.

128 (II. 3 : 13 *b*).

רבי יעקב בר אחא פני חד חליטר מן איסטיב לאיסטיב.

רבי אבדומי אחי רבי יוסי הוה חד חליטר שרי תחותוהי עבר רבי אחא ולא מחא. אמר רבנן עברין ולא מחיי. כעס עלוי רבי אחא איבאש רבי אבדומי אחי רבי יוסה, סליק רבי יוסי מבקרתיה, אמר איזיל ואיבעי מיניה, אזל ומר בי דינא ורחם עלוי בי דינא ועתד ליה תכריכין:

חד בר נש זבין כל דרתיה, שייר בה חד מסטובא והוה עליל ויתיב עליה. אתא עובדא קומי רבי יונה בי רבי יוסי, אמרין, לא

כולא מינך מיעול ומתיב עליה וחמי מיעול ומפק גו ביתיה. חד בר נש זבין פלגא דדרתיה, שייר בה חד נחתומר. אתא עוברא קומי רבי יונה ורבי יוסי, אמרין אתת את עלוי, הוא לא אתא עלך:

129 (ibid.)

אילין דמלפין טלייא ואילין דעבדין מסוגין אילין לאילין יכלין חביריהון למימחי בידיהון, דו יכיל מימר ליה אינון אזלין ואתיין בעיין לך ולא משכחין יתך והן מרבין עלינו את־הדרך: אילין ציפוראי ממחין אילין לאילין מסמריה דנווליה. הורי רבי אבימי בר טובי מיתן חד נוול בין כותל לכותל:

129*a* (IX. 7 : 17*a*).

חד בר נש שילח לארוסתו סבלונות מרובין, אמרו ליה קריבוי לא תטעום תמן כלום. אזל ולא שמע לון וכל ונפל ביתא וזכון בכולא. חד בר נש שילח לארוסתו עשרים וארבע קרנות מיני חדת בין פסח לעצרת ולא איתקשי לרבנן אלא מנן אייתי זרע דכיתן וזיתין:

SANHEDRIN.

130 (I. 1 : 18*a*).

רבי בא ורבי בנימן בר יפת הוו דיינין קומי רבי יצחק ונפק דינא עם רבי בנימן, אתא רבי בא בעי מיטרוף על רבי אמי. ואלף, מומחה שכפף ודן, דינו דין:

רבי אבהו הוה יתיב דיין בכנישתא מרדתא דקיסרין לגרמיה. אמרין ליה תלמידוי, ולא כן אלפן רבן, אל תהא דן יחידי. אמר לון כיון דאינון חמו לי יתיב דיין לגרמי ואתון לגביי כמי שקיבלו

עליהן, רבי יוחנן אזל מידון קומי רבי חייה רבה אייתיב גביה חד תלמיד: (Hebrew phrase)

(I. 1 : 18 *b*).

חד בר נש אזל מידון קומי רב הונא, אמר ליה אייתי לי בר נש דיסוק תחותי לדקלא: רב הונא הוה רעי תורין והוה ידע שהדו לחד בר נש, אמר ליה איתא שהד עלי, אמר ליה, הב לי אגרי: חד בר נש סאב לחד כהן, אתא עובדא קומי רבי יצחק ואוכליה חולין, סברין מימר שיוצאין לו דמי תרומה מתוכם:

131 (III. 2 : 21 *a*).

היך אמרין, תרין בני נש הוה לון דין באנטוכיא, אמר חד לחבריה מה דרבי יוחנן אמר מקבל עלי, שמע רבי יוחנן ומר לא כל מיניה מיטרפא בעל דיניה אלא שמעין מיליהון תמן ואין הווי צורכא כתבין ומשלחין עובדא לרבנן:

(III. 9 : 21 *c*).

רב הונא כד הוה חמי סהדו מכוונא הוה חקר וכד הוה חמי הכן והכן הוה מכוון: רב הונא מיקל לדיינא דאמר מקבלין עליכון חד סהיד אלא יימרון אינון: רב הונא כד הוה ידע זכו לבר נש בדינא ולא הוה ידע ליה הוה פתח ליה על שם, פתח פיך לאלם (Prov. 31[8]):

חד בר נש אשנח למינוס, גו אריסטון אמר ליה הב לי מה דאת חייב לי, אמר ליה אין, בתר דקמון אמר ליה לי נא חייב לך כלום, אמר ליה אית לי סהדין, אמר ליה לא אמרית אלא בגין דלא מיערבב מגוסתך.

(III. 10 : 21 *d*).

כהנא דמך ושבק ירתו לרבי יאשיה וקביל רבי לעזר סהדו דלא באפוי וזכי לרבי יאשיה. ולא עוד אלא דשבק ספרים. כתב רבי לעזר לירתוי ספרים שזכת בהן ארץ ישראל אין מוציאין אותן חוצה לארץ:

132 (VI. 5 : 23 *b*).

שמעון בן שטח היו ידיו חמימות. אתת סיעת ליצנין אמרי הבו עיצה ניסהוד על בריה וניקטליניה. אסהידו עלוי ונגמר דינו ליהרג. מי נפק למיתקטלא אמרי ליה מרי שיקרין אנן. בעא אבוי מחזרתיה. אמר ליה אבא אם ביקשתה לבוא תשועה על ידך עשה אותי כאסקופה:

(VII. 19 : 25 *d*).

דלמא. רבי ליעזר ורבי יהושע ורבי עקיבא עלון למיסחי בהדין דימוסין דטיבריא. חמתון חד מיניי. אמר מה דמר ותפשיתון כיפא. אמר רבי ליעזר לרבי יהושע מה. יהושע בן חנינה חמי מה דאת עבד. מי נפיק אהן מינייא אמר רבי יהושע מה דמר. ותפש יתיה תרעה. והוה כל מאן דעליל הוה יהיב ליה חד מרתוקה. וכל מאן דנפיק הוה יהיב ליה בנתיקה. אמר לון שרון מה דעבדתון. אמרין ליה שרי ואנן שריי. שרון אילין ואילין. מן דנפקין אמר רבי יהושע לההוא מינייא הא מה דאת חכם. אמר ניחות לימא. מן דנחתון לימא אמר ההוא מינייא מה דאמר ואיתבזע ימא. אמר לון ולא כן עבד משה רבכון בימא. אמרין ליה לית את מודי לן דהליך משה רבן בגויה. אמר לון אין. אמרון ליה והליך בגויה. הלך בגויה. גזר רבי יהושע על שרה דימא ובלעיה.

133 (ibid).

דלמא רבי ליעזר ורבי יהושע ורבן גמליאל סלקון לרומי. עלון לחד אתר ואשכחון מיינוקיא עבדין גבשושין ואמרין הכין בני ארעא דישראל עבדין. ואמרין ההן תרומה וההן מעשר. אמרין מסתברא דאית הכא יהוראין. עלון לחד אתר ואיקבלון בחד. כי יתבון למיכל הוה כל תבשיל דהוה עליל קומיהון אי לא הוון מעלין ליה בחד קיטון לא הוה מייתי ליה קומיהון. וחשון דילמא דאינון אכלין זבחי מתים. אמרין ליה מה עיסקך דכל תבשיל דאת מייתי קומנין (קומינן .l) אין לית את מעיל להן קיטונה לית את מייתי לון קומינן. אמר לון חד אבא גבר סב אית לי וגזר על נפשיה דלא נפיק מן הדא קיטונא כלום עד דייחמי לחכמי ישראל. אמרין ליה עול ואמר ליה פוק הכא לגביהון דאינון הכא. נפק לגבון. אמרין ליה מה עיסקך. אמר לון צלון על ברי דלא מוליד. אמר רבי ליעזר לרבי יהושע מה. יהושע בן חנניה חמי מה דאת עביד. אמר לון אייתון לי זרע דכיתן. ואייתון ליה זרע דכיתן. איתחמי ליה זרע ליה על גבי טבלה. איתחמי מרביץ ליה. איתחמי דסלק איתחמי מיתלש בה. עד דאסק חדא איתא בקלעיתא דשערה. אמר לה שריי מה דעבדתין. אמרה ליה לי נא שרייה. אמר לה דלא כן אנא מפרסם ליך. אמרה ליה לי נא יכלה דאינון מטלקין בימא. וגזר רבי יהושע על שריה דימא ופלטון. צלון עלוי וזכה למיקמה לרבי יהודה בן בתירה. אמרו אילו לא עלינו לכאן אלא להעמיד הצדיק הזה דיינו.

134 (ibid).

אמר רבי יהושע בן חנניה יכיל אנא נסיב קריין ואבטיחין ועביד לון איילין וטבין: אמר רבי ינאי מהלך הוינא בהדא איסרטא רציפורי ותזית חד מיניי נסיב צרור וזרק ליה לרומא והוה נחית

ומתעבד עגל. אמר רבי חיננא בי רבי חנניה מטייל הוינא באילין ניפתא דציפורין. וחמית חד מיניי נסב חדא גולגלא וזרקה לרומא והיא נחתא ומתעבדא עגל. אתית ואמרית לאבא. אמר לי אין אכלת מינה מעשה הוא. ואי לא אחיזת עינים הוא:

(X. 6 : 29*c*).

אנטולינוס אתא גבי רבי. אמר ליה צלי עלי. אמר ליה ישיזבינך מן הדא צינתא. דכתיב לפני קרתו מי יעמוד. אמר ליה לית הדא צלו יתיר. כסותיך תכסה והא צינתא אזלה. אמר ליה ישזבינך מן הדין שורבא. אמר ליה הא צלו. כדון תשתמע צלותך. דכתיב ואין נסתר מחמתו:

ABODA ZARA.

Idol-worship.

135 (I. 1 : 39*a*, *b*).

יום שמלך ירבעם על ישראל אתון כל ישראל לגביה בפתי רמשא. אמרו ליה קום עבוד עבודה זרה. אמר לון אפתי רמשא הוא. אשתי ולא אשתי. כל עמא שתו אלא אם אתון בען אזלון ואתון בצפרא. בצפרא אתון לגביה. אמר לון כדון אנא ידע דאתון בען אלא דאנא דחיל מסנהדרין דידכון דלא יקטלונני. אמרו ליה אנן קטלין לון: כד הוה חמי בר נש כשר הוה מייתיב גביה תרין ליצנין ואמרין ליה אי זה דור חביב מכל הדורות. אמר להן דור המדבר. ואינון אמרין ליה ולא עבדון עבודה זרה. והוא אמר לון בגין דחביבין לא איתענשון. והינון אמרין ליה חשי דמלכא בעי מיעבד כן. ולא עוד אלא אינון עבדון חד ודין עבד תרין:

136 (I. 4 : 39 *d*).

רבי חייה בר ווה שלח מיזבון ליה סנדל מן ירידה דצור. אמר ליה רבי יעקב בר אחא ואת מלוקחי יריד. אמר ליה ואתה לא לקחת קלוסקין אחת מימיך. אמר ליה שנייא היא דמר רבי יוחנן לא אסרו דבר שהוא חיי נפש: רבי שמעון בן יוחנן שלח שאל לרבי שמעון בן יוצדק לית את בדיק ליה אהן ירידה דצור מהו. אמר ליה אין. יהב תרתין ליטרין דפילפלין לאיסקרנדה. עאל ואשכח כתיב תמן. אנא דיקלטיאנוס מלכא שבניתי אהן ירידה רצור לגדיה דארקלים אחי תמנין יומין:

137 (II. 2 : 41 *a*; II. 4 : 41 *c*).

חד גיור הוה ספר והוה איצטרולוגוס והוה חמי באיסטרולוגיא דידיה דיהודאי שפכין ארמיה ולא הוון אלא אמגיירתיה והוה יודאי אזל בעי מיספרה גביה קטיל ליה: רבי ירמיה אזל לגובלני הורי באילין פיתרייא רברבייא ממלא אותן מים שלשה ימים מעת לעת. ארמייא איתבזעת זיקיה וקיבלה ישראל גו דידיה. אתא עובדא קומי רבנן. אמרי ממלא אותן מים שלשה ימים מעת לעת:

רבי יסא אזל לצור. חמא יתהון זפתין זיקוקין זעירין וישראל זבנין. אמר מאן שרא לכון. שאלון לרבי יצחק ולרבי מני ואסרון:

138 (III. 1 : 42 *c*).

כד דמך רבי נחום בר סימאי חפון איקונתא מחצלן. אמרו כמה דלא חמתון בחייוי לא יחמינון בדמכותיה וחכמין אינון כלום. אמר רבי שמעון בן לקיש אין בינינו ולצדיקים אלא דיבור פה בלבד:

כד דמך רבי אחא איתחמי כוכבא בטיהרא: כד דמך רבי חנן איתכפון אנדרטיא: כד דמך רבי יוחנן איתכפון איקונייא. אמרין

דלא הוות איקונין דכוותה: כד דמך רבי חנינא דברת חוורן איתבזע ימא דטיבריא. אמרין כד הוה סליק לעיבורא הוה ימא מתבזע קומוי:

כד דמך רבִ הושעיא נפל קלון דטיבריא: כד דמך רבי יצחק בן אלישוב איתעקרון שובעין איסקופין מבעלי בתים דגלילא. אמרין דהוו תליין בזכותיה:

כד דמך רבי שמואל בר רב יצחק איתעקרון ארזייא דארעא דישראל. אמרין דהוה נסיב שושיבתה ומקלס קומי כלייא.

כד דמך רבי יסא בר חלפותא משכו צינורות דם בלודקיא. אמרין דיהב נפשיה על גזורתא. כד דמך רבי אבהו בכן עמודיא דקיסרין. אמרין כותיא לית אינון אלא מרעין אמרין לון ישראל ידעין רחיקיא כמה דקריביא מריעין:

רבי אבהו מי דמך עברון קומיה תלת עסר נהרין דאפרסמון. אימר לון כל אילין למאן. אמרו ליה דידך. אמר לון וכל אילין דאבהו. ואני אמרתי לריק יגעתי. וגומר.

זבדי בר ליואי ורבי יוסי בן פיטרס ורבי יהושע בן לוי אמרין תלתא פסוקין. מי דמכין. חד מינהון אמר על זאת יתפלל וגומר. וחד אמר וישמחו כל חוסי בך וגומר. וחד אמר מה רב טובך וגומר:

139 (IV. 1 : 43 *d*; IV. 4 : 44 *a*).

רבי שמעון ברבי הוה ליה מרקולים גו חלקא. אתא גביה בורגנה. אמר ליה בגין דשמעית דארכונא בעי מיעבר הכא למחר אלא בחייך ראת מרים אילין כיפייא. מן דרימון אזל בעי מיסבינון אמר ליה דידי אינון. שמע רבי חייה בר ווה ומר ואית לאימה בר ולא רבי חייה רבה תניתה. אלא מן דשמעה מיניה חזק וקבעה:

בר קפרא אשכח חד עיזקא צר. חד טלי ארמאי הוה פרי

בתריה. הוה מחי ליה הוה מיקל ליה. הוה אמר ליה רוק עלה והוא לא מקבל עלוי. הדא אמרה נכרי מבטל עבודה זרה על כרחו:

140 (V. 4:44 *d*).

רבי שמעון בן לעזר אזל להדא קרייה דשמריין. אתא ספרא לגביה. אמר ליה אייתי לי הדא קולא שתימא. אמר ליה הא מבועא קמך, שתי, אטרח עלוי. אמר ליה הא מבועא קמך, שתי, חמתיה מטרח עלוי. אמר ליה אין את מריה דנפשך הא מבועא קמך, שתי. אין נפשך מרתך ושמת סכין בלועך אם בעל נפש אתה. (Prov. 23[2]) כבר נתקלקלו הכותים:

רבי ישמעאל בי רבי יוסי אזל להדא ניפוליה. אתון כותייא לגביה. אמר לון אנא מחמי לכון דלית אתון סגדין לאהן טורא אלא לצלמייא דתחותוי דכתיב ויטמון אותם יעקב תחת האלה אשר עם שכם. שמע קלון אמרין נקרוץ נסדר לאילין כובייא וידע דאינון בעו מיקטלוניה וקרץ ונפק ליה.

רבי אחא אזל למאוס ואכל חליטן. רבי ירמיה אכל חמצין. רבי חזקיה אכל קמצין. רבי אבהו אסר יינן מפי רבי חייה ורבי אסי. ואית דבעי מימר חדא ערובת שובא לא אישתכח חמרא בכל סמרטיקי. בפוקי שובא אישתכחת מלייא מן מה דאייתון ארמייא וקבלוניה כותייא מינהון. ואית דבעי מימר כד סליק דיקליטינוס מלכא להכא גזר ואמר כל אומייא ינסכון בר מן יודאי ונסכון כותייא ונאסר יינן. ואית דבעי מימר כמין יון אית להון ומנסכין ליה:

TRANSLATION

BERACHOTH.

PRAYERS AND BENEDICTIONS.

1 (I. 2 *d*)

R. Z'ERA HIDES AMONG THE BASKETS.

R. Samuel bar Nachmani when he came down (from Judah to the South country) for the Intercalation (of the second Adar) was received by R. Jacob, the grist-dealer. R. Z'era hid himself among the baskets so as to hear how he (Samuel) recited the Shema. He recited it and repeated it and recited it till he sank down thereby into his sleep.

2 (I. 2 *d*)

R. Z'ERA ARRESTED BY A PRESS-GANG.

R. Z'era said: "I connected the (Prayer for) Redemption directly with the ('Amidah) Prayer; and yet (though this has been asserted above to render one immune from accidents) I was arrested by a press-gang (ἀγγαρεία) to carry in procession myrtle to the Palace". The Rabbis retorted: "That is an honour; there are some men who give money to see (know) a palace".

3 (I. 3 *b*)

R. SIMEON DESIRES FOR MEN TWO MOUTHS.

R. Simeon ben Jochai said: "If I had been standing on mount Sinai at the time when the Law was given to Israel, I would have entreated before the Merciful One, that there should be created for man two mouths: one which toils in the Law, and one which serves for all his needs". One replied, "If when there is one, the world cannot (now) stand, because of its maligners (delatores), if there were two (mouths) instead of one, how then? and how then?"

4 (I. 3 *d*)

HANAN RECEIVES A KISS FROM R. SAMUEL.

Hanan bar Ba said to the Fellows: "I will tell you a good thing which I saw Rab doing. I once told it before Samuel and he rose and kissed me on my mouth".

5 (II. 4 *a*)

THE YOKE OF THE KINGDOM.

Rab asked R. Hiyya Rabba: "Why do I not see Rabbi take upon him the kingdom of Heaven?" He said to him: "When thou seest him put his hand over his face, he is taking upon him the yoke of the kingdom of Heaven".

6 (II. 4 *b*)

COURTESIES TO RABBIS.

R. Johanan was leaning on R. Jacob bar Idi, and R. Eleazar saw him and hid himself from before him. He (Johanan) said: "Lo, there are two things which this Babylonian is doing against me. First, he did not salute me, and secondly, he did not quote my decision from my name". Jacob said to him: "Thus they are wont to do among themselves. The less does not salute the greater". They support this (from Job 29[8]): "The young men saw me and hid themselves". While they were walking, Jacob showed him a school-house and said to him: "Here R. Meir used to sit commenting, and he would mention the decision of R. Ishmael, quoting his name, but he did not quote the name of R. Aḳiba when mentioning *his* decision". And Johanan said to him: "All the world knows that R. Meir was the disciple of R. Aḳiba"; and Jacob said: "So all the world knows that R. Eleazar is the disciple of R. Johanan".

"What about passing in front of a procession carrying an image?" (Asked Rabbi Jacob of Rabbi Johanan.) He said to him: "What honour do you show it, but to pass in front of it, ignoring it?" He said: "R. Eleazar has done well in that he did not pass in front of you". He said: "O! R. Jacob bar Idi, you know how to make peace." But R. Johanan requested that *his* decisions should be given under his name.

7 (II. 4c)

PHYLACTERIES DEMAND SINCERITY.

R. Janai said: "Phylacteries need a pure body. Why do they not continue with them (wear them constantly)? Because of hypocrites". An instance occurred in the case of a man who left a deposit with a comrade, and the comrade denied it. He said to him: "Not in thee did I trust: it was in those things on thy head that I trusted".

8 (II. 4c)

WHEN PHYLACTERIES SHOULD BE WORN.

R. Johanan ben Zakkai's phylacteries were not removed either in summer or in winter; and so was R. Eliezer his disciple wont to do after him. R. Johanan, when in winter his head was tied up (with a turban), used to wear both; but in summer when his head was not tied up, he wore only that on his arm.

9 (II. 5a)

THE MESSIAH: WHOSE SON IS HE?

Our Rabbis say: "The King Messiah, if he is indeed living, his name is David, and if he is dead, his name is David". R. Tanchuma said: "I tell you the reason: (It is in the words) 'He showeth mercy to his Anointed, to David'" (Psa 18^{51}).

R. Joshua ben Levi said: "Zemach is his name". R. Judan, son of R. Aybu said: "Menahem is his name". R. Hanina son of R. Abahu said: "There is no contradiction. The numerical value of one is like the numerical value of the other. [The letters of each word amount to 138.] He is Zemach and he is Menahem". And this supports it: R. Judan son of R. Aybu tells the following story. There was a certain Jew, who was engaged, plowing. His heifer lowed. An Arab passed before him and heard its voice. He said to him: "O son of a Jew! O son of a Jew! loosen thy ox, loosen thy plough, for the house of the sanctuary is destroyed". It lowed a second time and the Arab said to him: "O son of a Jew! O son of a Jew! bind thy oxen, bind thy plough, for behold the King Messiah is born." And he said to him: "what is his name?" "Menahem" was the reply. "And what is his father's name?" "Hezekiah" said he. And he said: "Whence is he?" "From the King's fortress, Bethlehem Judah".

The peasant went and sold his oxen and his plough and became a seller of felt clothes for babes, and he went from city to city until he came to *that* city. And all the women bought (his goods), but the mother of Menahem did not buy. He heard the voice of the women saying: "O mother of Menahem! O mother of Menahem! come and buy for thy son." And she said: "I wish rather that the enemies of Israel would choke him, for on the day he was born the house of the "sanctuary was doomed to be destroyed". He said to her: "We trust that (the Temple which) for his sake is to be destroyed, is for his sake to be rebuilt." She said to him: "I have no money". He said to her: "What does that matter? Come and buy for him. If you dont have it by you to day, after a while I will come and receive it". After a while he came to *that* city, and he asked her: "How does your baby do?" She said to him: "From the hour when thou sawest me there came winds and storms and snatched him away from my hands".

10 (II. 5 *b*)

WHICH RABBIS?

R. Ḥama, father of R. Oshaiah had a matter to deal with. He asked the Rabbis and they forbad it. R. Jose inquired: "Which Rabbis? The Rabbis here or the southern Rabbis? If you say, 'The Rabbis here', it is all right. If you say: 'The southern Rabbis', he had the greater Rabbis here before him and he consulted the less. If you say: 'The southern Rabbis', then some forbid and others permit".

11 (II. 5 *b*)

MOURNING ON THE SABBATH.

R. Hoshaiah, the elder, went to a place and saw mourners on the Sabbath. He saluted them. He said to them: "I do not know the custom of your place, but (I say) 'Peace be upon you', according to the custom of our place".

R. Jose, son of R. Ḥalaphta, was eulogizing R. Meir, before the men of Sepphoris, as a great man, a holy man, a modest man. One time he saw mourners on the Sabbath, and he saluted them. They said to him: "This is he, whose eulogy you recite". He said to them: "What was his characteristic?" They replied: "He saw mourners on the Sabbath and he saluted them". He said to them: "Are you desiring to know what was his reason? He came to inform you that there should be no mourning on the Sabbath".

12 (II. 5 *c*)

KAHANA IN PALESTINE.

Kahana was very powerful (in mysteries) when he came up here (to Palestine). A scamp saw him and said to him: "What voice is in the heavens?" He said to him: "It is decreed that the judgment of this man is sealed". And so it was to him. So it befel him.

Another man saw him and said: "What voice is in the heavens?" He said: "It is decreed that the judgment of this man is sealed": and so it was to him. And Kahana said: "Did I come up here innocent and now I am led into sin? Did I come up to slay the sons of the land of Israel? I will go away, I will go down to the place whence I came up". He visited R. Johanan and said: "There is a man whom his mother despises but the wife of his father honours him, whither will he go?" The answer was: "He will go to where they honour him". Kahana went down to the place whence he came up. They came to R. Johanan saying: "Ḳahana has gone to Babylon". He said: "Can it be that he has gone away without receiving permission?" They say to him: "The word which he spake to thee, *that* was his receipt of permission".

13 (II. 5 *c*)

R. Z^cERA AND THE BUTCHER.

When R. Z^cera came up hither he went and had blood drawn. He went wishing to buy a pound of meat from a butcher. He asked: "How much is this the pound?" and the reply was: "Fifty minae and one blow". He said to him: "Take sixty", and he consented not. (He said) "Take seventy", and he refused. "Take eighty". "Take ninety". At last he came to a hundred but he would not consent. He then said: "Do according to thy custom". In the evening he went down to the Synagogue, and said: "Rabbis, what an evil custom you have here, that a man cannot eat a pound of meat but they give him a blow". They say to him: "What is this?" He said: "A certain butcher". They sent desiring to bring him (before them), but they found his coffin coming out. They say to him: "All so!" He replied: "May it come upon me, because I was angry with him when I thought such was a custom".

14 (II. 5 *c*)

R. JASSA AND THE SCOFFER.

When R. Jassa came here, he went and got shaved, desiring to bathe in the public baths of Tiberias. A scoffer met him and gave him a blow on the neck. He said to him: "Until now the neck of this man was loose". Now there was an Archon standing near judging a brigand (**ληστης**), and the scoffer came and stood laughing just opposite him. The Archon asked the brigand: "Who was with thee?" He raised his eyes and saw him laughing and said (to the judge): "That man who is laughing was with me". He was taken and judged and confessed to a murder. When these two (culprits) were going out wearing two chains which had been made, R. Jassa had bathed and he said to the scoffer: "That neck which was loose is now squeezed". He said to him: "Evil is the destiny of that man"; but is it not written: "Be not scoffers lest your bands be made strong"? (Isa 28^{22}).

15 (II. 5 *d*)

GRACE AT MEALS.

R. Jassa and R. Samuel bar R. Isaac were sitting eating in one of those upper assembly rooms, when there came the hour of prayer and R. Samuel arose to pray. R. Maysha said to him: "Not thus did Rabbi teach us, but if they have begun (the meal) they are not to break off".

16 (III. 6 a)

WINE AT FUNERALS.

When R. Jassa died, R. Hiyya bar Wa (= Abba) entertained his mourners and gave them meat to eat and wine to drink. When R. Hiyya bar Abba died, R. Samuel bar Rab Isaac entertained his mourners and gave them meat to eat and wine to drink. When R. Samuel bar Rab Isaac died, R. Z^{c}era entertained his mourners and gave them lentils to eat saying: "Thus is the custom". When R. Z^{c}era was dying he gave word saying: "Ye shall not receive mourners for me to day and to-morrow merrymakers". When R. Isaac, son of Rabbi, was a notary, an injury befel him and there came to visit him R. Mana and R. Judan, and there was good wine and they drank copiously and were gay. On the morrow they came desiring to come in to visit him. He said to them: "Rabbis is it thus that a man treats his companion? We lacked nothing yesterday *except* to stand up and dance".

17 (III. 6 a)

SCRUPLES AS TO CLEAN ROADS.

R. Ami, R. Hezekiah, R. Kahen, and R. Jacob bar Aḥa were walking in the streets of Sepphoris, when they came to an archway and R. Kahen separated from them. They came to a clean place and he returned to their side. He said to them: "In what were you occupied?" R. Hezekiah said to R. Jacob bar Aḥa: "Do not tell him anything". Whether this was because he was displeased, because he withdrew and thus profaned the study of the Law, or because he eluded them, they do not know.

18 (III. 6 a)

SYNAGOGUE IN CAESAREA.

R. Abahu was sitting expounding in the "turbulent" Synagogue in Caesarea and there was there a dead body. There came the time for lifting up hands and they did not ask him (if they ought to retire). There came the time for repast, and then they asked him. He said to them: "At the lifting up of hands ye did not ask me, while at the repast ye asked me". As soon as they heard this, every single one left and fled.

R. Jannai said: "A priest may defile himself to see the king. When Diocletian the king came up here, they saw R. Hiyya bar Abba striding over the tombstones of Tyre in order to see him".

19 (III 6 *c*)

BATHERS AT EARLY DAWN.

R. Ḥanina was passing near the gates of the baths at early dawn, and he said: "What are the early bathers doing here? Let them go and study". On that morning he said: "He who has work to do, let him go and do it".

20 (III. 6 *c*)

LEGALISM RELAXED AT SEA.

R. José ben José was coming in a ship. He saw one binding himself with a rope so as to go down to bathe. He said to him: "Do not risk thy life". He said: "I desire to eat (and need to cleanse myself first)". He gave him leave to eat (without cleansing). The same man also desired to drink and he gave him leave to drink. When they arrived at the harbour the Rabbi said to him: "Yonder I gave thee permission only because of the risk to thy life, but here it is forbidden to a man to taste anything until the hour when he shall wash".

21 (III. 6 *d*)

SCRUPLE WHERE MEN MAY TALK TORAH.

R. Laya and his companions were sitting before an inn in the evening. They say: "Is it lawful to speak here the words of the Law?" He said to them: "It would be proper if it were day time and we could see what is before us; but *now* it is forbidden".

22 (IV. 7 a)

R. ABBA PRAYED ALOUD.

R. Abba bar Zabda prayed aloud. R. Jonah when he prayed in the Synagogue used to pray in a whisper, but when he prayed in the home he prayed aloud, that the household might learn his prayer from him. R. Mana affirms that the household of Abba *did* learn the prayer from him.

23 (IV. 7 b)

AFTERNOON PRAYER.

R. Joshua ben Levi enjoined on his disciples: "If you are at dinner, and the day reaches the sixth hour before you go up to dinner, offer the prayer of the Minchah before you go up".

The brother of the mother of R. Ada was embroidering the prayer-cloke of Rab, during the great Fast (9th of Ab). He said to him: "When thou shalt see the sun at the top of the palm trees, thou shalt give me my prayer-cloke, that I may offer the prayer of the Minchah". At the house of Rab, when the sun is seen at the top of the palm trees, there it is mid-day.

24 (IV. 7 c)

EVENING PRAYER.

Rabbi commanded Abdon, his Reader, to proclaim before the congregation: "He who prays must offer the evening prayer while the day continues".

25 (IV. 7 d)

FRUGALITY OF RABBIS.

R. Gamaliel went to visit R. Joshua and found him sitting making needles. He said to him: "By these dost thou live?" He replied: "Hast thou never cared to know until now?"

(IV. 8 b).

R. Jannai, when he was going out to lodgings, made his will in his own house; and R. Mana, when he was going to bathe in a bath which was heated, also made his will in his own house.

26 (IV. 8 c)
THE MUSAPH PRAYER.

R. Samuel said: "Never in my life have I offered the prayer of Musaph [the supplementary prayer] except once: on the death of the son of the Prince of the Captivity. The congregation did not pray, but I prayed".

27 (IV. 8 c)
REPETITION OF PRAYER.

R. Z^{c}era and R. Naḥman bar Jacob were sitting together. After they had prayed, prayer began again (from the arrival of ten persons). R. Naḥman bar Jacob stood up again to pray. R. Z^{c}era said to him: "Have we not prayed already?" He replied: "I pray, and pray again and again".

28 (V. 9 a)
GENTILE VENERATION FOR RABBIS.

R. Johanan was sitting reading in front of the Synagogue of the Babylonians in Sepphoris. An Archon passed by and the Rabbi did not rise before him. They came seeking to smite him, but the Archon said to them: "Let him alone. He is engaged with the laws of his Creator".

R. Hanina and R. Joshua ben Levi went before the Proconsul of Caesarea. He saw them and rose up before them. His attendants said: "Art thou standing up from before these Jews?" He said to them: "I saw the faces of angels".

R. Jonah and R. José went in before Ursicinus in Antioch. He saw them and rose up before them. They too said: "Art thou rising up before these Jews?". He said to them: "I saw the faces of these men in battle and I conquered".

R. Abin went before the Court. On going ont he turned his back. They came seeking to kill him. They saw two flames of fire coming out from his neck and they left him.

29 (V. 9 *a*)

INSINCERE REVERENCE.

R. Janai and R. Jonathan were walking in the streets. One saw them and saluted them. He said to them: "Your peace, Rabbis". They said (to one another): "Even if there is the look of comradeship, is it not upon us for evil?"

R. Simeon ben Laḳish was occupied in the Law very much, and once he (unwittingly) went beyond the limits of the sabbath (day's journey). And he did not know to vindicate himself by the passage where it is said: "Thou shalt be ravished by her love continually". (Prov. 5^{19}).

R. Judan was occupied in the Law very much. His prayer-cloke was slipping from off him and a serpent was watching it. His disciples said to him: "Rabbi, see thy cloke is slipping off". He said to them: "And is not that evil thing guarding it?"

30 (V. 9 *c*)

DUTIES OF THE ḤAZZAN.

R. Huna was sitting in a synagogue. The Ḥazzan entered and importuned a certain one to go on the platform, but he did not accept it. At last this man came to R. Eleazar and said to him: "Let not my lord be angry. It was because I was not awake that I did not go in." He replied: "I was not angry at thee, but at the man who importuned thee".

31 (VI. 10 *b*)

DIFFERENT FORMS OF GRACE BEFORE MEALS.

A Persian came to Rab and said: "When I eat my morsel and do not know how to ask a blessing over it and I say: 'Blessed be the Creator of this morsel', have I discharged my obligation?" He said to him: "Yes".

R. Judah, in the name of Abba son of Bar Huna, said this: "Bar Kappara and two of his disciples put up with the landlord of the inn in Berakta. He brought before them fowls, fruits and leeks. They say: "Shall we ask a blessing over the leeks? That would include plums but not include the fowls. Shall we ask a blessing over the plums? That would not include either chicken or leeks". One jumped up and asked a blessing over the chicken. [In the formula of 'Grace before meat' three items are mentioned: "fruit of the ground" — leeks; "fruit of the tree" — plums; and "every other thing" — chickens. To ask a blessing on the chickens, which come in the category of "every other thing", includes also the plums and the leeks.]

32 (VII. 11 b)

R. SIMEON AND THE 300 NAZIRITES.

Three hundred Nazirites came in the days of Simeon ben Shetach. For 150 he found means of absolution (cancelling the vow) and for 150 he did not find absolution. He approached King Jannai and said to him: "There are here 300 Nazirites desiring to offer 900 gifts. If thou wilt give half from what thou possessest, I will give half from what is mine. He sent him 450. An evil tongue went and said that Simeon did not give anything from what he possessed. King Jannai heard and was angry. Simeon ben Shetach heard and fled. After some days there came up great men from the court of Persia unto Jannai the King. When they were sitting eating they say to him: "We remember that there was here a wise old man who said before us words of wisdom". He narrated to them the fact. They say to him: "Send and bring him". He sent and gave him a word (of safe escort). He came and (actually) sat down between the King and the Queen! The King said: "Why didst thou befool me?" He said in reply: "I did not befool thee. Thou (gavest) of thy wealth, and I (gave) from my knowledge of Torah: for it is written: 'Wisdom is a defence and money is a defence'" (Eccl. 7^{12a}). He said to him: "Why didst thou flee away?" He replied: "I heard that my lord was angry with me, and I desired to verify this passage: 'Hide thyself for a little moment until the indignation be overpast'" (Isa 26^{20}). He cited also concerning himself (Eccl. 7^{12b}): "The Excellency of knowledge is that wisdom preserveth the life of him that hath it". He said to him: "And why didst thou sit down between the King and the Queen?" He replied: "In the book of Ben Sira it is written:

'Extol her and she will exalt thee and cause thee to sit among princes'" (11¹). The King said: "Give him a cup that he may ask a blessing". He took the cup and said: "We bless thee for the food which Jannai and his companions have eaten". And the King said: "Until now thou art in thy obstinacy". He replied: "What can I say concerning the food which I have not eaten?" The King said: "Give ye him to eat". And they gave to him and he ate and said: "We bless thee for the food which we have eaten".

34 (VII. 11 c)

GRACE AFTER MEALS.

Hanan bar Abba and his friends were sitting eating on the Sabbath. When they had eaten and asked a blessing he arose and went away. He returned to them and found them blessing still. He said: "Did we not long ago ask a blessing"? They say to him: "We bless, and bless again and again because we can make mention of the Sabbath".

35 (VIII. 12 a)

EATING WITH A NAPKIN.

Samuel went up to visit Rab. He saw him eating with a napkin. He asked: "Why so?" He said: "I am indisposed" ($\alpha\sigma\vartheta\varepsilon\nu\eta\varsigma$). When R. Z^{c}era went up there he saw priests eating with a napkin and he said to them: "Behold, this is due to Rab and Samuel".

36 (VIII. 12 b)

RABBIS SERVING AT MEALS.

Abba bar Rab Hunna and Rab Hoona were sitting eating, and Z^{c}era was standing, serving before them. He came in carrying two things in one hand. Abba bar Rab Hunna said to him: "Is thy other hand cut off?" Z^{c}era's father was angry at this and said to him: "Is it not enough for thee that thou art reclining and he is standing serving? And moreover he is a priest; and Samuel said: 'It is sacrilege to be served by a priest'; and thou art deriding him. It is decreed that he recline and thou stand and serve in his place".

37 (IX. 13 a)

SOPHIANUS.

R. Phinehas tells a story about Rab, how that when he was coming in from the hot baths of Tiberias, soldiers met him. They said to him: "From whom art thou?" He replied: "From Sophianus". And they released him. In the evening they came to see Sophianus and they said to him: "How long hast thou been fraternizing with these Jews?" He said: "Why?" They said: "We met a Jew and we asked him from whom he was and he said: 'From Sophianus'". And he said: "What did you do to him?" and they replied: "Enough for him that we released him". He just said: "Ye did well".

(IX. 13 b)

R. Alexander tells a story of a certain Archon whose name was Alexandros. He was standing judging a brigand. And he said to him: "What is thy name?" and he replied: "Alexandros"; whereupon the judge said: "Alexandros, go away to Alexandria".

38 (IX. 13 b)

JEWISH BOY AT SEA.

The passengers had gone ashore to buy what they needed. One boy, a Jew, remained on board. They said to this child: "Dost thou not desire to buy something for thyself?" He said to them: "What do you desire from these poor beggars?" They said to him: "Dost thou say 'poor beggars'? They *are* poor beggars. They are here and their gods (idols) are in Babylon. They are here and their gods are in Rome. Others are here and their gods are with them, but they are not able to help them at all. But as for thee, everywhere that thou goest, thy God goes with thee".

39 (IX. 13 c)

SAMUEL AND THE COMET.

Samuel said: "If that comet passes into Orion the world will be destroyed". They replied to Samuel: "We saw it pass". He said to them: "It is not possible but that it was either above or below Orion. I know the streets of the heavens as well as I know the streets of Nehardea, my city. Except that comet there is nothing I dont know".

40 (IX. 13 d)

APOSTATE JEWISH PRIEST.

[A Jew pretended to become a heathen priest for a living]. When a man came to offer a bullock or lamb or goat in idol worship and said to him: "Placate him (the god) for me", he would say: "What will this benefit thee? He sees not, nor hears. He neither eats nor drinks. He neither benefits nor injures nor speaks;" and the offerer replies: "By thy life (that is true)! but what am I to do?" He would then say: "Go, do this. Bring me a bowl of fine flour and put over it ten eggs and prepare it before him, because he eats of everything which comes. Then I will placate him for thee". And when the offerer had gone away the Jew ate them.

One time a scamp spake to him thus: "If it does not benefit any one at all, what art thou doing here?" He replied: "For my living".

41 (IX. 13 d)

"WE TWO".

(A Saying attributed to Simeon ben Jochai. — Ed.)
"If there are only three (who are allowed to enjoy eternal life), I and my son will be of them. If there are only two, I and my son will be they".

42 (IX. 14 a)

THANKS FOR RAIN.

R. Jose bar Jacob went up to visit R. Judan of Magdala. While he was there rain came down and he heard his voice saying: "A thousand thousands and a myriad of myriads ought to give thanks to thy name, O our King, for every single drop which thou art causing to fall upon us; for thou art rewarding good to the guilty".

43 (IX. 14 *b*)

SEVEN KINDS OF PHARISEES.

There are seven kinds of Pharisees. (1) The Shechemite (carrier) Pharisee, who carries his charities on his shoulder. (2) The borrowing Pharisee, who says: "Lend me something that I may do a charity". (3) The book-keeping Pharisee, who does one sin and one charity and calculates one over against the other. (4) The subtracting Pharisee, who says: "I subtract a certain amount from what I gain and thus do a charity". (5) The Pharisee who says: "Let me know my obligation and I will do it. Tell me what offence I have done and I will do a charity equivalent to it". (6) The Pharisee from fear, like Job. (7) The Pharisee from love, like Abraham. There is not one of them all who is lovely, except the Pharisee from love, like Abraham.

44 (IX. 14 *b*)

R. AKIBA ON THE RACK.

R. Aḳiba was enduring the death-sentence before Turnus Rufus, the wicked, when there came the hour for reciting the Shema. He began reciting the Shema and was cheerful. One said to him: "Old man, art thou a sorcerer? or art thou kicking against the tortures?" Aḳiba said: "May the spirit of this man expire! I am not a sorcerer, nor am I kicking against the tortures, but all my days I have recited this passage and I have been troubled in mind and have said: 'When will the days come when all these *three* privileges will be mine': 'Thou shall love Jehovah with all thy *heart* and with all thy *soul* and with all thy *strength*'. I I have loved Him with all my *heart.* I have loved Him with all my *wealth*, but whether I have loved Him with all my *soul*, I have not been tested. But *now* it has come: 'with all my *soul*'. The hour came for reciting the Shema and my mind was not distracted. Consequently I recited it and was glad". He had not ceased speaking when he expired.

PEAH.

THE CORNER OF THE FIELD. (Lev. XIX: 9).

45 (I. 1:15c)

THE LOST JASPER.

R. Hezekiah said: "There was a heathen in Ashkelon, the chief Magistrate, and the stone which his father sat upon, he had not sat upon, all his life; and when his father died he made him an object of reverence. One time, the jasper of (the tribe of) Benjamin was lost. And the inquiry was raised: 'Who has a good one like it?' It was rumoured, 'Dama ben Nethinah has one'. The authorities went to see him, and they bargained with him for a hundred dinars. He went upstairs desiring to fetch the gem for them; but he found his father asleep. Some say that the key of the box lay (*lit.* sat) between his fathers fingers. Others say that the foot of his father was stretched over the box. He came down to them and said: 'I cannot bring it to you'. They said (to one another): 'Perhaps he wants more money'. They raised it to 200. They raised it to 1000. When his father awoke from his sleep he went up and fetched it for them. They desired to bring to him the last-named price but he would not consent to it. 'Am I', said he, 'to sell to you the glory of my fathers for money? I should then have no (religious) benefit from the glory of my fathers'".

46 (I. 1:15c)

R. ISHMAEL'S MOTHER.

[Hebrew. The mother of R. Ishmael came and complained about her son to our Rabbis. She said: "Censure my son, Ishmael, for he is not treating me with respect". In that hour the faces of the Rabbis flushed]. They said: "Is it possible that R. Ishmael is not practising the honour due to parents?" They said to her: "What is he doing to thee?" She says: "When he comes out from the Synagogue I desire to wash his feet and to drink of the water and he will not allow me". They said to him: "Allow it. Since it is her wish, it is 'honour' paid to her".

R. Mana said: "Those millers say well that 'Every single man has his merit in his own sack'".

[Heb. R. Tarphon allowed his mother to walk on the palms of his hands when she went to bed].

R. Z^c^era was often troubled in mind and would say: "O that I had a father and mother that I might honour them and inherit the garden of Eden!" But when he heard of these two instructive stories he said: "Blessed be the Merciful One that, I have neither father nor mother! I could not have done like R. Tarphon. I could not have consented like R. Ishmael".

47 (I. 1 : 15 *c*)

THE HEREAFTER RESTS ON CHARACTER.

A certain man sometimes gave his father fat fowls to eat. One time his father. said to him: "My son, where did you get these from?" He said to him: "Old man! Old man! eat and be silent, for when *dogs* eat, they are silent". Moral: "A man may feed his father on fat fowls and yet inherit Gehenna".

How can a man who puts (his father) to work (grinding) at a mill inherit the Garden of Eden? (Listen) A man was grinding with two stones. The command came: "Assemble the millers" (for a government levy). The son said: "Father! Father! go in and grind instead of me. If it befalls us to bear contempt it is better for me than for you. If it befalls us to receive blows, it is better for me to bear it than you. Moral: "He put (his father) to work in a mill but he inherits the Garden of Eden".

48 (I. 1 : 15 *d*)

GRATITUDE TO R. JONATHAN.

R. Jonathan and R. Jannai were sitting. A man came and kissed the feet of R. Jonathan. R. Jannai said to him: "What benefit hast thou ever conferred on him?" He replied: "One time he came to me complaining about his son, that he might support him; and I said to him: 'Go, petition the Congregation about him and make him ashamed'". And Jannai said: "Why didst thou not compel him?" He said: "Do (*i. e.* can) we compel him?" Jannai said: "Thou didst not previously know this?" R. Jonathan retracted his advice, and the law (of compulsion) was fixed from the name of Jannai.

49 (I. 1 : 15 *d*)

R. SAMUEL DANCES BEFORE A BRIDE.

R. Samuel, son of Rab Isaac, took a myrtle-bough and danced before a bride. R. Zʿera saw him and hid himself from before him. He said: "See that old man, how he is making us ashamed". When he fell asleep, for three hours there were thunders and lightnings in the world. And a Bath Ḳol went forth saying: "R. Samuel sleepeth; give him honourable burial". (*lit.* requite kindnesses). They went out to give him honourable burial and a fire came down from heaven and became as the appearance of a bush of fire between the bier and the congregation, and people said: "This old man liveth, for his myrtle-bough abides for him".

50 (I. 1 : 16 *a*)

R. JOHANAN.

The Councillors ($βουλευται$) of Sepphoris were convened. A man lived there called Johanan (Bar Hubbats) who did not come up. One said to another: "We are not going up to visit R. Johanan to-day". Others said: "Let Johanan come". R. Simeon ben Laḳish said: "An evil tongue said this in righteousness".

51 (III. 8 : 17 *d*)

BROTHERS IN ASHKELON.

Two brothers in Ashkelon had heathen neighbours, who said: "Now these Jews are going up to Jerusalem, we will take all that belongs to them". From the time they went up, the Holy One, blessed be He, appointed angels, going in and going out, in their likeness. When the brothers came down they sent articles of food to them (as presents). Each one said to them: "Where have you been?" And the answer was: "In Jerusalem". And they said: "Whom did you leave behind you in the house?" and they said: "No one". And they said: "Blessed be the God of the Jews, who never deserts them, nor is deserted by them".

52 (III. 9:17 *d*)

SISTER OF R. GORION.

The sister of R. Gorion bequeathed property to her brother. His elder brother came up and persuaded her and she bequeathed it to him. The case came before R. Immi and he said: "*Thus* said R. Johanan", as he rescinded it.

53 (VII. 4:20 *a*)

THE GIGANTIC PEACH.

R. Abahu, R. Jose ben Hanina and R. Simeon ben Laḳish passed by a vineyard of Doron. The tenant brought out to them a peach. They ate, they and their ass-drivers and left some of it. They estimated it about the size of the *pan* of the village of Hananiah, containing a seah of lentiles. After some days they passed that way again and he brought out to them two or three in his hand. They said to him: "We would like some from *that* tree". He replied: "They are from the very tree". They quoted concerning it Psa 107[34]: "A fruitful land shall become a salty desert because of the wickedness of those who dwell in it".

R. Hanina said: "when I came up hither I took my girdle and the girdle of my son and the girdle of my ass-driver to encompass the trunk of a carob tree in the land of Israel and they did not reach the girth". And he drew a hand full of honey from one fruit.

54 (VII. 4: 20 *b*)

THE GIGANTIC BUNCH OF GRAPES.

Rabbi said to R. Peruda: "Art thou not showing me that (famous) bunch of grapes in thy vineyard?" He said to him:

"Yes". He went out desiring to show it to him but while he was at a distance he saw therein as the appearance of an ox. He said to him: "Is not this ox ruining the vineyard?" He replied: "That which thou thinkest to be an ox is a bunch of grapes".

They brought before him two foods, forbidden from between the beginning of the year and the great Fast, and it was the termination of the year of Release, and there was in them the load of a camel and he said: "It is not forbidden, and perhaps they are aftergrowths" [a second crop grown without sowing in the Sabbatic year]. He said to him: "At the end of the beginning of the year they were sown".

55 (VII. 4 : 20 b)

HONEY OF DATES.

R. Hananiah was selling honey of bees and he had also honey of dates. After some days they passed there again. He said to them: "That I may not deceive you, you must know that the honey I gave you before was from dates". They said: "O! we want more of it, for it is good for our work". He set apart the price of this honey and built therewith a Synagogue in Sepphoris.

R. Lazar, son of R. Simeon, went to a certain place and they set before him dried cabbage. He said to them: "What a lot of honey you have put into it!" They said: "We did not put any in it"; but it was in it.

56 (VIII. 7 : 21 a)

R. LIEZER'S GENEROSITY.

R. Liezer was an Administrator. On one occasion he came down to his house and said to his servants: "What have you done?" They said to him: "A company came and ate and drank and prayed for thee". He said to them: "There is no good reward there". A second time he came down and said to them: "What have you done?" They said to him: "Another company came. They ate and drank and maligned thee". He said to them: "Now here is good reward".

They sought to make R. Akiba, Administrator. He said to them: "I (we) will seek advice within my house". They went after him and they heard (his wife's) voice saying: "In proportion to its responsibility will be its reviling". [And to be reviled for well-doing is a source of Merit: therefore accept the office.]

57 (VIII. 8 : 21 *a*)

TWO HUNDRED DINARS, SAVE ONE.

A disciple of Rabbi's had 200 denarii, less one. [He who had not 200 dinars was 'poor' and therefore an object of charity.] Rabbi was wont to bestow alms on him (*lit.* to acquire merit by him). Once in three years (giving him) the tithe of the poor (Deut 26^{12}). His fellow disciples regarded him with envy (*lit.* made the evil eye) and they supplied (the lacking dinar). Rabbi came desiring to bestow alms but he said to him: "Rabbi, I have the full measure". He said: "This is a blow by the Pharisees. They have struck at me". He gave a hint to his disciples and they brought him into the shops and deprived him of one coin, and then he bestowed alms on him as he had been wont to do.

58 (VIII. 9 : 21 *b*)

CHARITY TO THE UNDESERVING.

Samuel went out (to give alms) from his father. He went and stood between two huts of the poor and he heard their voices saying: "In which vessels shall we dine to-day? In the vessels of gold or in those of silver?" He came and informed his father, who said to him: "We need to hold fast to benevolence even to those among them who are impostors".

R. Johanan and R. Simeon ben Laḳish went in to bathe in the hot baths of Tiberias. A poor man met them and said to them: "Give me alms". They said: "When we return". When they returned they found him dead. They said: "Since we have not earned merit by him when living, let us associate ourselves with him in his death". While doing so they found a cup of dinars hanging on him.

59 (ibid.)

CHARITY IN SECRET.

Abba bar Ba gave to Samuel, his son, coins for distribution to the poor. He went out and found one 'pauper' eating meat and drinking wine. He went in and told it to his father, who said to him: "Give more, for his soul embitters him".

R. Jacob bar Idi and R. Isaac bar Naḥman were Administrators. They gave one dinar to R. Ḥama, father of R. Oshiah, and he gave it to others.

R. Hananiah bar Pappa used to distribute charity by night. Once, the prince of spirits met him and said to him: "Does not Rabbi teach us thus: 'Thou shall not remove thy neighbour's landmark'?" (Deut. 19[14]). Hananiah replied: "Is it not written thus: 'A gift in secret pacifieth wrath'?" (Prov. 21[14]). He was terrified by him and fled from him.

60 (ibid.)

WOE TO THE UNCHARITABLE!

R. Ḥiyya bar Ada said: "There are old men in our day who receive what is given to them between the beginning of the year and the great Fast but afterwards they do not receive alms." They say: "We have this privilege".

Nehemiah, a man of Shiḥin, was met by a man of Jerusalem, who said: "Give me this cock as a charity". Nehemiah said: "Here is its value (in coin). Go buy thyself meat with it". He ate and died. Nehemiah exclaimed: "Come and mourn for the man slain by Nehemiah".

Nahum, alias Gamzu, was carrying a gift to the house of his father-in-law. There met him a man smitten with leprosy who said: "Give me alms from what you have with you". He said: "When I return". On his return he found him dead. He stood over against him and said: "The eyes that saw thee and gave thee not shall be sealed. The hands which were not stretched out to relieve thee shall be cut off. The feet which ran not to give to thee shall be broken". And so it came to him.

61 (ibid.)

THE BLIND TEACHER.

R. Hoshaiah, the elder, had as teacher for his son, one who was blind, who was wont to eat with Rabbi every day. Once there were guests and he came not to eat with him. In the evening he (R. Hoshaiah) went up to see him and said: "Let not my lord be angry with me, because I had guests and I did not wish to disparage the honour due to my lord, and consequently I did not eat with thee to day. He (the blind teacher) said to him: "Thou hast made apology to him who is seen but sees not; may He who sees but is not seen accept thy apology". He said to him: "Where did you get this (phrase) from?" He said: "From R. Eliezer ben Jacob. A blind man came to the town where R. Eliezer lived and the Rabbi sat below him (at dinner), so that the people said: 'If this man had not been a great man, R. Eliezer ben Jacob would not have sat below him'. They made honourable provision for him. He said to them: 'Why is this?' They said to him: 'R. Eliezer ben Jacob is sitting below you.' He prayed for him this prayer: 'Thou hast shown mercy to one who is seen but sees not. May He who sees but is not seen receive thy explanation and show mercy on thee'".

R. Hama bar Hanina and R. Hoshaiah were walking in the synagogues of Lud. The former said to the latter: "How much money have my fathers sunk here!" The latter replied: "How many souls have thy fathers sunk here, since there is none who labours in the Law?"

DEMAI.

(THE DOUBTFUL TITHE).

62 (I. 3:21 d)

WERE THE FIGS TITHED?

R. Johanan when he was eating either meat or eggs used to tithe them. His disciples said to him: "Not so; Rabbi taught us: 'Thou shall tithe all the produce of thy seed'" (Dt. 14^{22}). He was anxious about the fluids which were in them.

R. Jeremiah sent to R. Z^{c}era a basket of figs which was not tithed. R. Jeremiah said to himself: "Can R. Z^{c}era eat what is not tithed?" And R. Z^{c}era said to himself: "Can R. Jeremiah send me anything which is not tithed?" Between one and the other it was eaten *tebel* (*i. e.* unredeemed). On the morrow Z^{c}era stood near him and said to him: "That basket which you sent me yesterday was tithed, I suppose?" Jeremiah replied: "I said: Can R. Zᶜera eat anything which is not tithed?" He said to him: "I also said likewise: Can R. Jeremiah send me anything which is not tithed?"

63 (ibid.)

THE SHE-ASS OF R. PHINEHAS.

R. Abba bar Zabina, in the name of R. Zᶜera, said: "If our ancestors were sons of angels, then we are sons of men. If they were sons of men, then we are asses". R. Mana said in that hour: "They say: 'Even to the she-ass of R. Phinehas ben Jair we will not liken ourselves'".

The she-ass of R. Phinehas was stolen by brigands in the night. She spent three days hidden among them and would not taste anything. After three days they resolved to send her back to her master. They said: "Let us send her back to her master lest she die with us and pollute the cave". They brought her out and she went and stood at her master's gate. She began to bray, and said to them: "Open to this wretched one who has been three days and has not tasted anything". They opened to her and she came in. Phinehas said to them: "Give her something that she may eat". They put before her barley and she would not eat. They say to him: "Rabbi, she does not wish to eat". He said to them: "Is the barley tithed?" And they said, it was. He said to them: "Have you removed the doubtful tithe?" They removed the doubtful tithe and she ate.

64 (I. 3:22*a*)

R. PHINEHAS CONJURES MICE.

Two poor men deposited two seahs of barley with R. Phinehas. They sowed and they reaped. They came desiring to receive their barley. He said to them: "Bring camels and asses and receive your barley".

R. Phinehas ben Jair went to one place. They came and said to him: "The mice have eaten our produce". He conjured the mice. They assembled together. They began whistling. He asked: "Do you know what they are saying?" They answered: "No indeed". He said: "They are saying that it was not tithed". They said to him: "Be surety for us". And he was surety for them and they suffered no more.

A pearl belonging to a Saracen queen fell off and a mouse swallowed it. One came to R. Phinehas ben Jair, who said to him: "Am I a sorcerer?" "Nay", was the reply, "but for the sake of thy good name, it comes to pass". He conjured the mice and they assembled. He saw one waddling as it came, and said: "It is inside this one". He conjured it, and it vomited it.

R. Phinehas ben Jair went to a certain place and they came to see him saying: "Our fountain is not giving sufficient for us". He said: "Perhaps ye are not tithing it". They said to him: "Be surety for us". And he was surety for them, and it gave sufficient for them.

The same Rabbi was going to a Synagogue. And the (river) Ginai was in flood. And he said to it: "Ginai, Ginai, will thou prevent me from going to the Synagogue?" It divided before him and he crossed. His disciples said to him: "Are we able to cross?" He replied: "He who knows in his soul that he has never in his life despised an Israelite, may cross and it will not injure him".

65 (ibid.)

RABBI REARS MULES.

Rabbi wished to relax the restrictions as to the Sabbatic year. R. Phinehas ben Jair went up to see him. He said: "How are the crops doing?" He merely replied: "The endives are fine". He asked again: "How are the crops doing?" The only answer he got was, "The endives are fine". Rabbi knew that Phinehas did not agree with him. He said however: "Would Rabbi Phinehas care to eat a morsel with us to day?" He promised to do so, but when he came down and saw the she-mules which Rabbi was rearing standing there he said: "All these Jews are whoremongers. It is impossible that I should see the sight of his face from this time". They went and told Rabbi, and Rabbi sent desiring to pacify him. They came upon him in his city. He said: "Fellow-citizens, protect me!" The sons of his own city came down and surrounded him. One said to them: "Rabbi desires to placate him". They left him and went away (after this word). Then

Phinehas said: "Ye sons of my Beloved, protect me!" And fire came down from heaven and surrounded him. They went and told Rabbi, who said: "Since we are not pure enough to be satisfied with his presence in this world, let us be fit to enjoy him in the world to come".

66 (II. 1 : 22c)

R. JOSHUA'S VEGETABLES.

R. Joshua ben Levi gave instructions to the boys not to buy vegetables except from the garden of Sisera. He who is remembered for blessing, *i. e.* the Prophet Elijah, met with one of the boys and said to him: "Go tell thy master that this garden does not belong to Sisera now. It has come to a Jew who slew Sisera and took it from him. If thou desirest to be strictly correct, begin (at home) with thy neighbour".

(III. 2 : 23 b)

R. Haggai was leaning on R. Z^{c}era. One passed carrying a bundle of sticks. Haggai said: "Bring me a splinter to clean my teeth". He retracted and said: "Thou shall not bring me anything, for, if every passer-by took a splinter, the man's bundle would go".

KILAIM.

(THINGS HETEROGENEOUS).

67 (IX. 2 : 32a)

CLOTHES OF MIXED MATERIAL.

R. Jose was sitting teaching. A death occurred in the house. He who went out said nothing. He who sat still said nothing.

R. Immi was sitting teaching. One said to his companion: "Thou art wearing clothes of mixed material". Rabbi Immi said: "Take off thy garment". And he gave it to him.

R. Johanan put a napkin on his clothes, and it is not forbidden on the ground of 'Kilaim', that his clothes might not be soiled.

R. Zerikan said that they offered R. Abuna an egg in a napkin made of mixed materials and he would not receive it.

68 (IX. 4:32*b*)

FUNERAL SHROUDS.

[Rabbi had an aversion to funeral orations and funeral drapery. He was interred simply in one cloth]. Rabbi used to say: "*Not* as a man goes will he return" (at the Resurrection); whereas other Rabbis taught that *as* a man goes he will return.

R. Johanan enjoined: "Clothe me in green (after my death), neither black nor white. If I stand among the righteous, I shall not be ashamed, nor if I stand among the wicked shall I be ashamed".

R. Josiah enjoined: "Clothe me in white, bosomed clothing". They said: "What, art thou better than thy Master?" He said: "Nay, but I am ashamed of my deeds".

R. Jeremiah enjoined: "Clothe me in white clothing. Clothe me in my socks. Put my shoes on my feet, and my staff in my hand and put me on my side. If Messiah comes I shall be ready".

The men of Sepphoris said: "He who tells us that Rabbi has fallen asleep, we will kill him". Bar Kappara looked at them with his head covered, his clothes rent, and he said to them: "The mortals and the immortals held fast the tables of the covenant. The hands of the immortals prevailed and seized the tables". They said to him: "Rabbi is asleep". He replied: "Ye have said". They rent (their clothes), and the cry of those who rent (their clothes) went to Pophta, a distance of three miles.

A Bath-Ḳol went forth and said that every one who did not shirk the trouble of mourning over Rabbi, might be well assured of eternal life, except the *fuller*. When *he* heard this, he went up on the roof, threw himself down and died. Then the Bath Ḳol went forth and said: "Even the *fuller*".

Rabbi dwelt in Sepphoris seventeen years; and he used to quote, applying it to himself: "And Jacob lived in the land of Egypt seventeen years" (Gen. 47^{28}).

R. Judah lived in Sepphoris seventeen years, and of these he spent 13 years suffering with his teeth. Why, pray, did he suffer so with his teeth? Because once he was passing and saw a calf being slaughtered. It lowed and said to him: "Rabbi, save me". He replied: "For this thou wast made". And at the end: How did it become well? He saw them killing a nest of mice and he said: "Let them alone: it is written, 'His mercies are over all his works'" (Psa. 145^{9}).

69 (ibid.

RABBI'S MODESTY.

Rabbi was very modest, and he used to say: "Everything which a man tells me to do I do, except what the elders of Bethera did to my ancestor (Hillel). They released themselves from the office of Nasi and appointed him. When Rab Huna, head of the captivity, came up here, I caused him to sit above me because he was from Judah and I from Benjamin, and because he is from the male line and I from the female".

One day R. Hiyya, the elder, came to the house of Rabbi and he said: "Rab Huna is outside". Rabbi's face turned pale; whereupon (R. Hiyya) said: "His coffin is coming". Rabbi then said: "Go, see who wants thee outside". He went out and found no one; and then he knew that Rabbi was angry with him. He did not enter Rabbi's house for 30 days. R. Jose bar Bun assures us that during those 30 days Rab learned from him all the foundations of the Law. At the end of (13 years and) 30 days Elijah came to Rabbi in the guise of R. Hiyya the elder. He said to him: "How do you do, my lord?" He said to him: "One of my teeth is troubling me". He said: "Show it to me", and he did so. And as soon as he put his finger on it, it was healed. On the morrow R. Hiyya went in to see him and he said: "How do you do, my lord? That tooth of yours, how is it?" And he replied: "From that hour in which you put your finger on it, it has been well". He said: "It was not I who did this". From that hour he treated R. Hiyya with honour; and when he was entering into the Synagogue he would say: "Let R. Hiyya enter in front". "What! before *me*?" said R. Ishmael. "Grace and Peace, No!" said Rabbi; he added: "but R. Hiyya before me and R. Ishmael bar R. Jose in front of everybody".

70 (ibid.)

R. ḤIYYA AND R. ISHMAEL.

Rabbi was recounting the praises of R. Hiyya, the elder, before R. Ishmael bar R. Jose. On one occasion he saw Hiyya at the baths and Hiyya did not recede from before him. Ishmael asked: "What of him, whose praises thou wast recounting?" Rabbi asked: "What did he do to thee?" He answered: "He saw me at the baths and he did not recede before me". He said to Hiyya: "Why didst thou do that?" He replied: "May it come upon me, if I was not quite ignorant of his presence. At that hour I had fixed my eyes on the book of Psalms and the Aggada". From that time Rabbi allowed Hiyya two disciples who should walk with him because of danger.

71 (ibid.)

FASTING TO OBTAIN DREAMS.

R. Jose fasted 8 days in order to see R. Hiyya, the elder (after his death). At last he saw him and his hands trembled and his eyes were bedimmed. No one would say that R. Jose was an insignificant man.

A weaver came to see R. Johanan and said: "I saw in my dream that the firmament fell and one of thy disciples was supporting it". He said to him: "Dost thou know him?" He replied: "If I saw him I should know him". He caused all his disciples to pass before him, and he recognized R. Jose.

R. Simeon ben Laḳish fasted 300 fasts to see R. Hiyya, the elder, but he did not see him. At last he began to repine saying: "Did he labour in the Law more than I have done?" They answered him: "He spread abroad the law more in Israel than thou hast done, and not only so but he used to travel". He said to them: "Have not I travelled?" They replied: "Thou hast travelled to learn, but he travelled to teach".

When Rab Huna, the head of the captivity, died, they brought him up here. They said: "Where shall we lay him?" Some said: "We will place him beside R. Hiyya, the elder, since he was of his lineage". They said: "Who desires to inter him?" "I", said R. Haggai, "will go in and inter him". They replied: "Thou, being an old man, seekest an opportunity to go in and inter thyself there". He said: "Put a cord to my feet, and if I delay you may drag me out". Haggai entered and heard three men holding court. One said: "May Judah, my son, be after thee and no other". A second voice said: "May Hezekiah, my son, be after thee and no other". And a third: "May Joseph, son of Israel, be after thee and no other" [implying that R. Huna was not worthy to be interred there]. He lifted up his eyes to observe, but a voice said: "Turn around," and he recognized the voice of R. Hiyya saying to his son, R. Judah: "Let us make room for R. Huna that he may lie." But R. Haggai did not consent to inter him. They say that as he did not consent to inter him thus, his seed shall not cease for ever.

72 (IX. 4 : 32 c)

THE ANGEL OF DEATH.

Eliḥoreph and Aḥijah were two secretaries of Solomon. He saw the angel of Death looking at them and gnashing with his teeth. Solomon spake the word and placed then in a cavern. The angel went and took them from there. He then came and stood opposite the king, laughing. Solomon said: "A little while ago thou wast gnashing with thy teeth and now thou art laughing at them." He replied: "The Merciful One bade me remove Eliḥoreph and Aḥijah from the cavern;" I said: 'Who will put these men in the place whence I am sent to take them?' He put it into thy heart to do so, in order that I might accomplish my errand." He went and joined himself to them from there.

Ulla had gone down (to Babylon from Palestine). He was dying there and he began to weep. They say to him: "Why art thou weeping? Shall we take thee to the land of Israel?" He replied: "What use is that to me? I have lost my pearl (my soul) in the land of uncleanness." To depart on the bosom of one's mother is very unlike departing on the bosom of a stranger.

R. Meir was dying in Asia. He said: "Say ye to the sons of the land of Israel, 'Behold your own Messiah.'" Even thus he said: "Put my coffin on the shore of the sea; for it is written: 'For he hath founded it upon the sea and established it upon the rivers.'" (Psalm 24 : 2).

SHEBI'ITH.

(THE SABBATIC YEAR).

73 (IV. 2 : 35 *a*)

R. ABBA REFUSES TO EAT THINGS STRANGLED.

R. Abba bar Zemina was sewing in the house of a Gentile in Rome, who brought him flesh of an animal whose blood had not been shed, and said to him: "Eat this." He said to him: "I will not eat." The Gentile then said: "Eat; if not so I will kill thee." Whereupon the Rabbi said: "If you desire to kill me, kill me, but I am not going to eat unclean meat." He replied: "Now know, that if thou hadst eaten, I would have killed thee. Either be an out and out Jew or an out and out Gentile."

R. Mana said: "If R. Abba bar Zemina had followed the words of (some of) the Rabbis, he would have eaten."

74 (VI. 1 : 36 *c*)

RABBINIC CUSTOMS.

R. Tanḥum bar Ḥiyya was in Ḥaphar. They were questioning him and he was teaching. They say to him: "Was it not the doctrine of Rabbi, that it is forbidden for a disciple to teach Halaḳah before his teacher until he is 12 miles distant from him, like the camp of Israel? and lo! R. Mana our master is dwelling in Sepphoris." He at once said: "May it come upon me, but I did not know." From that hour he taught no more.

Rabbi was in Accho. He saw a man going upward beyond the border. He said to him: "Art not thou the son of a certain priest? Was not thy father a priest?"

Pishpasha said before R. Jose: "I asked R. Aḥa and he made a relaxation." R. Z'era went to the hot springs of Peḥal. He found himself beyond the palm trees of Babylon. He sent by the two sons of Abiathar of Dama to ask R. Hiyya bar Wa (if he had travelled beyond the distance a Priest ought to go from the city). The reply was: "The Priests are accustomed to come as far as there."

Some priests asked R. Johanan: "Is the line at Naveh?" R. Johanan said to them in the name of R. Hunia of B'rath Havran: "The Priests are wont to come as far as Darii. That is the frontier line from Bozra to Paradise."

75 (VI. 4 : 37 a)

THE SABBATIC YEAR.

Rabbi permitted the purchase of vegetables, in the period just after the close of the Sabbatic year, with the exception of leeks. What did the men of Sepphoris do to it? They clothed it in sack-cloth and ashes. They brought it before Rabbi saying to him: "What has this plant sinned more than all the other vegetables?" And he made a dispensation, allowing them to sell leeks also (as soon as the Sabbatic year ended).

Rabbi and R. Jose bar Judah came down to Accho. They were entertained by R. Mana. Rabbi said to them: "Make for us a stew-pot of vegetables;" but he cooked for him meat. On the morrow he said to him: "Make for us a stew-pot of vegetables;" and he cooked for them a fowl.

76 (IX. 1 : 38 d)

THIRTEEN YEARS IN A CAVE.

R. Simeon ben Jochai was passing by in the Sabbatic year and saw some one gathering the Shebi'ith [produce grown in the Sabbatic year] and he said to him: "Is not this forbidden? Are they not spontaneous growths?" The man said: "Was it not thou who didst legalize it?" He said: "Yes, but my Associates are divided against me." He quoted against him Eccl. 10^8: "Whoso breaketh through a fence, a serpent shall bite him." And so it befel him.

The same Rabbi ben Yochai spent 13 years hidden in a cave — a cave full of carobs fit for the heave offering — until his body brought forth eczema. At the end of 13 years he said: "Shall I not go out and see what voice is in the world?" He went forth and sat down at the mouth of the cave. He saw a hunter hunting birds and spreading his net. He heard a Bath Kol saying: "Pardon," and it was saved. He said: "The bird, without Heaven, will not perish, much less man." When he saw that things were quiet, he said: "I [*text*, we] will go down and see those public-baths in Tiberias where I (we) need to make purification as the early fathers did, as we read: 'And he encamped before the city' (Gen. 33^{18}), when they made booths and sold in the street." He said: "I (*text* we) will purify Tiberias and he took lupins and shred them and threw them down, and wherever there was a dead body, it came to the surface and rose upwards. A Samaritan saw him and said: "Shall I not go and make fun of this old Jew?" He took a dead body and went and hid it where Simeon had cleansed. He came to R. Simeon ben Jochai and said to him: "Thou hast not cleansed a certain place. Come and I will bring one out for thee." Now R. Simeon saw by the help of the Holy Spirit that the man had put it there, and he said: "I decree that those which are above shall go down and those below shall come up." And so it befel him. While he was passing before Mugdala he heard the voice of a Scribe saying: "Behold! bar Jochai is cleansing Tiberias." R. Simeon replied: "May it come upon me, if I have not heard that Tiberias is about to be cleansed, though thou dost not believe it." Immediately he was made a heap of bones.

77 (IX. 2:38 d)

THE HOMING OF GAZELLES.

Diocletian besieged the inhabitants of Paneas. They said to him: "We are going away." A sophist said to him: "They are not going away, or if they go away they will return. If thou desirest to have proof, bring gazelles and send them to a land afar off; in the end, they will return to their places." He did so. He brought gazelles and covered their horns with silver and sent them to Africa. At the end of three years they returned to their place.

78 (IX. 5:39 a)

ANXIETY TO EARN MERIT.

R. Isaac bar Redipha had a case like this: He once went to consult R. Jeremiah, who said to him: "Hast thou lions [masters in Israel] before thee and dost thou consult foxes?" [inferior scholars like me].

He went and consulted R. Josiah, who said: "Look out for thyself three friends and I will declare it free in their presence."

The Cappadocians of Sepphoris asked R. Immi what they ought to do, inasmuch as they had no friends and no one saluted them. He said to them: "When ye see a bare foot, bring your stuff out to the Market, declare it free property, and come back and earn merit by it."

R. Haggai distributed wine, bottles and bottles. R. Eliezer did the same. R. Hezekiah went up to R. Jeremiah and said: "I have earned thereby a treasure." He said to him: "Bind up for me these coins and keep them by thee."

79 (IX. 8 : 39 *a*)

LENIENCY IN ENFORCING LAW.

R. Hezekiah was standing in the street of Caesarea when he saw a man carrying produce (of the Sabbatic year) of what is prohibited. He turned his face, that the man might not see him. R. Jakob bar Aḥa heard of this and said: "The mother of that man bore a son."

A man was suspected as to the Sabbatic year. He said to his wife: "Bring out the Ḥallah." (The priest's share of the dough: Num. XV. 207). She said to him: "Thou art suspected concerning the Sabbatic year and now thou sayest, 'Bring out the Ḥallah.'" He replied: "The Ḥallah is based on Mosaic Law. The Shebiᶜith is based on the authority of R. Gamaliel and his associates."

TERUMOTH.

THE HEAVE-OFFERING.

80 (VIII. 5 : 45*c*, *d*)

SCRUPULOUS ALMSGIVING.

R. Jose ben Shaool tells this story: A certain woman was very devoted to deeds of charity, but her husband disapproved. One time there came up to her home a poor man. She set (food) before him to eat. While he was eating she noticed her husband coming up. She put the man within the upper chamber. She set (food) before her husband that he might eat. He ate, slumbered and slept. A serpent came and ate some of what was before him, and the poor man was watching it. When he (the husband) awoke, he raised himself and desired to eat from what was before him. The man in the upper chamber began to speak to him.

This action shows, that though the husband slept heavily, the poor man was innocent. And there is no cause for suspicion of intimacy. And as there is no suspicion on that side, neither should there be of the wife's adultery. It is written: "*They* committed adultery, blood was in *their* hands (Ezk. 23^{37})."

There was a man with whom was found a jar of wine uncovered. He went on the evening of the Great Fast to pour it out. A man saw him and said: "Give it to me that I (we) may drink it." He said to him: "Nay, it has been left uncovered." He persisted, however, saying: "Give it me and the Lord of the Fast will confirm." He had not ceased to drink, when he was completely poisoned.

R. Zᶜera was sitting, eating, and he fell asleep. He put his hand upon the neck of the jar and said to his domestics: "Light the lamp." They lighted it and they found an insect, like a hair, twined round it. He said to it: "Thou wicked thing, what if I had not been warned of thee?"

R. Immi said: "We need to be careful of everything as to which ordinary people are careful. It is forbidden to put coins in the mouth; to put soup under a bed; to put a loaf under the armpit; to thrust a knife into a radish or into a citron."

81 (VIII. 7:46*a*)

SUDDEN DEATHS THROUGH FOOD.

A man was carrying a pierced melon and he gave of it to ten men to eat, and they died. It (a serpent) passed spittle over it and pierced it.

A certain man disliked lamb. One time he was eating meat and a man passing by said: "It is lamb." He choked and died.

Some ass-drivers put up at an inn. They said (to the landlord): "Give us lentils," and he gave them. They said: "Give us a second time," and he gave them. And they said: "The first were better than these." And they said: "The spine of a serpent we found (in the second serving)." They choked and died.

Some shepherds had milked, and a serpent came and took some of it and there was a dog watching it. When the shepherds came and were going to eat, the dog began barking at them and they did not understand. One partook of the milk and died.

A certain man made ground garlic in his house. There came a field snake and ate some of it and a domestic animal was watching it. The household came in to eat of it. The domestic animal began to throw dust on them but they did not understand; at last he flung himself in the midst of it.

A man invited a Rabban and he placed the dog beside him. The guest said: "Do I deserve this discourtesy?" The host said: "O Rabbi! I am repaying a kindness to the dog. Sabeans once came to the city and one of them entered our house and sought to take my wife. The dog mutilated him."

82 (VIII. 10 : 46 *b*)

MALEVOLENCE REQUITED.

Ula bar Ḳoosheb was sought for by the Government. He fled and went away to Lud, to the house of Joshua ben Levi. They came and surrounded the city. They said: "If you will not surrender him to us, we will destroy the city." R. Joshua ben Levi went up to him and persuaded him to give himself to them. Now Elijah, who is remembered for good, was wont to reveal himself to R. Joshua, and he did not reveal himself. He fasted ever so many fasts and then Elijah revealed himself to him. He said to him: "Do I reveal myself to traitors?" He said to Elijah: "Did I not obey the Mishna?" He replied: "Is this the Mishna of the godly?"

R. Isi was imprisoned in Saphsupha. R. Jonathan said: "Death will enfold him in its shroud." "Nay," said R. Simeon ben Laḳish, "until I kill or am killed I will go and save him by my strength." He went, pacified them and they gave him up to him. He said to them: "Come to the old man and he will pray for you." They came to R. Johanan and he said to them: "What was in your heart to do to him shall be done to them. It shall come to this people." They did not reach Antipatris before they were all gone.

Zᶜera bar Hanina was imprisoned in Saphsupha. R. Immi and R. Samuel went up to pacify (the queen) concerning him. Zenobia, the queen, said to them: "Your Creator is wont to work very rare miracles by him." At this instant, a Saracen came in carrying a sabre. He said to them: "With this sabre, Bar Nizzur has slain his brother (the queen's father)." Zᶜera bar Hanina escaped.

R. Johanan said: "I was robbed by the lords of Kanyah." He went up to the Synagogue. Simeon bar Laḳish saluted him but he gave no answer. He saluted him again but he gave no reply. Then he said to him: "What does this mean?" He replied: "All the members hang from the heart and the heart hangs from the purse." Simeon asked again: "What does that mean?" "Why are you so?" He at length said: "I have been robbed by the lords of Kanyah." Simeon said: "Show me the corner." He went out to show him. He saw them from afar and began to shout. They said: "If it is R. Johanan he shall receive half." He said: "By your life, I will have all." And he took all.

83 (VIII. 10:46*b*, *c*)

DIOCLETIAN, SWINEHERD AND EMPEROR.

Diocletian when he was a swineherd was maltreated by the young men of R. Judah the Prince. He was made Emperor and he came down to Paneas. He sent writings after the Rabbis: "Be ye here at my residence directly after the close of the Sabbath." He said to his messenger: "Thou shalt not give to them the writings except in the evening at the setting of the sun."

The messenger came to each of them in the evening at the setting of the sun. R. Judan the Prince and R. Samuel bar Naḥman were coming down to wash in the public baths of Tiberias. Arogonautes (the demon) came to them. R. Judan the Prince wished to rebuke him but R. Samuel bar Naḥman said: "Let him alone. For a miracle, he hath appeared." He said to them: "What are you Rabbis doing?" They told him the fact. He said to them: "Bathe, for your Creator is working miracles for you at the end of the Sabbath." He carried them along and brought them in. One said to the Emperor: "Behold the Rabbis are outside." He replied: "They shall not see my face until they have bathed." Now that bath he had heated seven days and seven nights. The demon went out and played before them. Then the Rabbis went into the Palace and stood before the Court. The Emperor said: "Is it because your Creator works miracles for you that you despise the Government?" They said to him: "Diocletian, the swineherd, we despise. Diocletian, the Emperor, we do not despise." Even so, one must not cover.

MAʿASER SHENI.

THE SECOND TITHE.

84 (IV. 9 : 55b)

SIGNIFICANCE OF DREAMS.

R. Jonah sought in great trouble (something he had lost). He had a dream and saw it. Do you still say (there is nothing in it)?

R. José used to say: "When a thing is not expected, when a man is not bewildered, when a man is not in trouble, and sees things like a man just as they are here, he is dreaming (that which will come true)." R. Abin said: "He who does like R. José does well."

A man came to R. José ben Halaphta saying: "I saw in my dream and some one said to me: 'Go to Cappadocia and thou wilt find something of thy father's.'" Rabbi asked: "Did the father of this man ever go to Cappadocia?" He said: "Never." So he said: "Go, count ten beams [$\varkappa$ = 10th and $\delta o \varkappa o \varsigma$ = a beam] in thy house. And thou shall find that which is thy father's."

Another man came to the same Rabbi and said: "I saw in my dream one arrayed in a garland of olives." He said to him: "Thou shall be exalted after some days." Another man came and also said: "I saw in my dream one arrayed in a garland of olives," to which R. Jose replied: "Thou shall be beaten." And the man made answer: "Thou didst promise the other man to be exalted, and to me thou sayest that I shall be beaten." He replied: "The other man saw the olives in blossom. Thou sawest them beaten."

85 (IV. 9 : 55b, c.)

DREAMS (CONTINUED).

A man came to R. Ishmael son of R. Jose and said to him: "I saw in my dream and my eye kissed its fellow," and he said: "May the spirit of that man go forth, for he has known his sister."

Another came to the same Rabbi and said: "I saw in my dream that I had three eyes." "Thou makest ovens," he said? "and the third eye was the eye of the oven."

Another dreamed he had four ears, and his answer was: "Thou

art a water-drawer and two of the ears (thou sawest) are the ears of the jar."

Another saw people running from before him; Ishmael said: "Thou wast bringing thorns and all the people were fleeing from before thee."

Yet another came and said to the same Rabbi: "It was said to me in my dream: 'Cast thy finger downward,'" and Rabbi said: "Give me my fee and I will tell thee." Then it was said: 'Whistle with thy mouth.' "Give me my fee," he said again? "and I will tell thee." Then it was said to me: 'Lift up thy finger again.' He persisted: "Did I not say to thee, give me my fee and I will tell thee? When the first command was given to thee, thus, the rain came down on thy wheat. When thou wast bidden to whistle, the grain was swollen. The last time it sprouted."

86 (IV. 9:55 *c*)

DREAMS (CONTINUED).

A woman came to R. Eliezer saying: "I saw in my dream that the second (support) of the house was broken." He said to her: "Thou shalt bear a male child." She went away and bore a male. After some days she went seeking him and his disciples said to her: "He is not here." They said to her: "What do you desire from him?" She said to them: "I saw in my dream that the second (support) of the house was broken." They said to her: "Thou shall bear a male child and thy husband will die". When R. Eliezer came they narrated to him the incident. He said to them: "Ye have slain a soul;" because a dream counts for nothing except after its interpretation, as it is said: "And it came to pass, as he interpreted to us, so it was." Gen. 41 : 13.

A disciple of R. Aḳiba was sitting before him and his countenance changed. He said: "Why so?" He said: "I saw in my dream that three words were said to me which are painful: (1) In Adar thou wilt die. (2) In Nisan thou wilt not see. (3) What thou sowest, thou will not reap." Aḳiba replied: "These things are all good. They mean this: (1) In the majesty (הדרא) of the Law thou shall be exalted. (2) Temptations (ניסיון) thou wilt not see. (3) Thou shalt sow and not reap means: Thou shall beget children and not bury them."

87 (V. 2:56 a)

ZEAL FOR THE SABBATH.

Nikai was beadle in Magdala of the Dyers. Every Friday evening after he had prepared his candles (in the synagogue) he used to go up to the Temple to observe the Sabbath, and then come down and kindle them. Others say he was a Scribe and that every Friday evening he used to go up and expound his chapters in the Temple and then came down to keep the Sabbath in his house.

The Surveyor of Mahelul used to go up to keep the Sabbath in the sanctuary, and there was no one who got up to gather fallen figs earlier than he.

The daughters of Sepphoris were equally industrious.

A man was standing ploughing. His heifer broke loose before him. She ran away and he ran after her. She ran, he ran, until he found himself in Babylon. They said to him: "When didst thou come out?" He said: "To day." They asked: "By which road?" He said: "By this road." They said: "Come and show us." He went out desiring to show them but he was not able.

BIKKURIM.

FIRST-FRUITS.

88 (III. 3 : 65 c)

ZEALOUS STUDENTS OF TORAH.

R. Hila and R. Jacob bar Idi were sitting. There went past Samuel bar Ba. They rose from before him. He said: "There are two offences against you. First: I am not old. Secondly: The Law does not stand up before her son."

R. Hezekiah, after he had toiled in the study of Law as much as he needed, used to go and sit down before the Synagogue in order to see the old men and to stand up before them.

Judah bar Hiyya was in the habit of going up to salute R. Jannai his uncle every Sabbath eve without fail. He would go to an elevated place in order to see him at a distance and would rise up from before him. His disciples would say: "Not so did Rabbi teach, but that we should rise to an old man at a distance of four cubits". He replied: "One does not remain sitting in front of Sinai".

One time he was late in coming up. Jannai said: "It cannot be that Judah my son has changed his custom." He said again: "It cannot be that physical pains can weary that righteous body." It was meant that Judah is no longer with us. R. Meir used to stand up even when he saw an old ignorant man. One used to say of him, that it was not in vain that he lived a long life.

SHABBATH.

THE SABBATH.

89 (I. 1:3a; I. 6:4a)

SABBATH OBSERVANCE BY RABBIS.

R. Joshua ben Levi was accustomed to hear his grandson read a chapter every eve of the Sabbath. Once he forgot and went to bathe in the public baths of Tiberias. He was leaning on the arm of R. Hiyya bar Ba when he remembered that he had not heard the boy's chapter. He turned and went home.

When Rab was late in coming to the class of R. Hiyya, the elder, he said to him: "Where hast thou been?" and he replied: "A caravan was passing and I have been eating some figs from it." A disciple of Simai went to Antaradus; (pagans) offered him prunes and he ate, but a disciple of Joshua ben Levi who went there, when he was offered prunes did not eat and he reported the matter to his Teacher, who replied: "That was in accordance with R. Simai's doctrine."

(II. 3:5 b)

Aḥa was once in Asia and he wished to sail between the times of the Feast and the Dedication. A matron saw him and she said to him: "Art thou setting sail now?" His father appeared to him in a dream, and there was no grave for him, but he paid no attention to one or the other. He went to sea.

(III. 1 : 5 *c*)

R. Joshua bar Gezurah was serving before R. Z^{c}era and he was putting before him hot soup (on the Sabbath). "How has it been done?" he asked. "The brazier is swept out and the soup is put in it," was the reply. Z^{c}era then said: "Let it not be done like that, sweep the brazier and put three stones in it and then put the soup on them."

(III. 1 : 6 *a*)

R. Aḥa bar Isaac went in to bathe with R. Ba bar Mamal in the waters of Tiberias on a favourable day. He saw a man sprinkling himself. He said: "This is forbidden on the Sabbath for fear of increasing the vapour and enriching the soil." Whereas, R. Abahu went where others were sprinkling themselves and allowed their water to fall on him.

90 (VI 2 : 8 *a, c*)

VENGEFUL DOGS AND SERPENTS.

R. Aḥa and R. Z^{c}era were walking in the streets (on the Sabbath) when the sandal of R. Aḥa broke loose. When they came to the gate Z^{c}era said to him: "This is the door of thy court." R. Aḥa tied his head-cover around them. In similar circumstances R. Abahu tied his with bast which is used for fastening pomegranates. R. Yona threw his sandal away (and walked barefoot) into a confectioner's shop (saying) his sandal was of little value but his Scripture lesson was precious. R. Eliezer also threw his sandal away.

R. Lazar went to ease himself. A lictor of the Romans came and lifted him up from behind and he sat down. He said: "He has not lifted any one like that, except me. It is impossible that I should go away from here until I know what shall be at his end." There was there a serpent beginning to go forth, and the enclosure there happened to be a spacious one. He quoted Isa 43^{4}: "I will give a man in thy place."

A disciple of Bar Kappara was going out to chop wood. A fig-drier saw him. A serpent was running after him. He cried out: "A serpent is running after thee." It left him and went after the fig-drier, and he quoted Isa 43^{4} also.

Germania, a servant of R. Judah the Prince, went out desiring to accompany his master to R. Hila. There came out a savage dog desiring to attack the Rabbi. Germania rebuked it. It left the Rabbi and bit the servant. The Rabbi quoted Isa 43[4].

Bar Kappara was entering into a village. While entering he injured his finger. He went on and heard the voice of a child reciting: "If he came in alone, he shall go out alone (Exod. 21[3])." Whereupon he said: "It seems to me that no further injury will come to my hand except this." And so it was.

R. Johanan and R. Simeon ben Laḳish were very desirous to see the face of Samuel. They arranged to go after hearing the Bath Ḳol (informing them of his illness). They passed a school and they heard the voice of the children: "And Samuel died (1 Sam. 25[1])." This was a sign. So it befel him.

R. Jonah and R. Jose went up to visit R. Aḥa who was sick. They said: "We will go after hearing the Bath Ḳol." They heard the voice of a woman saying to her companion: "Is the lamp put out?" She replied: "It is not put out." And so, (said they) "The lamp of Israel is not to be put out."

91 (VI 2 : 8 *d*)

PROVIDENCE VERSUS ASTROLOGY.

R. Johanan was passing a market and he saw some one selling some of those melons (*μελιτώματα*). He said to him: "Dost thou make thy living from these?" The man said: "Yes," and the Rabbi left him. After an hour he passed by him again when the man cried: "O, Rabbi, pray for me, for since that time I have not sold anything." He said: "Change thy place." Sometimes change of name causes (success), and sometimes change of place.

Two disciples of R. Hanina were going out to chop sticks, when an astrologer saw them and said: "These two are going out and not returning." On their way an old man met them. He said: "Give me alms, since for three days I have tasted nothing." There was with them one loaf, and they cut half and gave it to him. He ate it and prayed for them, and said to them: "May your soul be preserved this day, as ye have preserved my soul this day." They went out in peace. They returned in peace. There were men who heard the prediction, and they said to the astrologer: "Didst thou not say that these two young men who went out would never return?" One said: "Woe to this man for he is a liar and this Astrology of his is all lies." Nevertheless they went and searched and found a snake, half in one bundle and half in the other. They said: "What benefaction did you do that day?" They narrated the fact. The astrologer said: "What can I (*lit.* this man) do when the God of the Jews is pacified with half a cake?"

R. Huna tells this incident. A certain proselyte was an Astrologer. One time he came desiring to go out (to forsake Judaism). One said: "Why are you going out now?" He answered and said: "How can I associate with this holy people and not separate from these things? Let me go out in the name of our Creator." He drew near to a publican who offered him ass-flesh and he ate it. What caused him to fall? Because of his unbelief. What caused him to be preserved? Because he trusted on his creator.

92 (VIII. 1 : 11 *a*)

A MATRON'S SUSPICIONS.

R. Judah, son of R. Ilai, drank four cups on the night of the Passover and kept his head wrapped up until Pentecost. A matron saw him with his face shining and she said to him: "Old man! Old man! one of three things has happened to thee: either thou hast drunk wine, or lent on usury, or thou art rearing pigs." He said to her: "May the spirit of this woman go forth! Not one of these three things is true in my case, but my teaching affects me; as it is written: 'The wisdom of man maketh his face to shine.'" (Eccl. 8^1).

93 (XIV 4 : 14 *d*)

HEALING BY MAGIC WORDS.

R. Abahu in the name of R. Johanan said: "Scurvy is dangerous."

R. Johanan was troubled with it (*lit.* it met him) and he was healed in the presence of the daughter of Domitian of Tiberias. On Friday at the opening of the evening he went up to her and said: "Do I need anything for tomorrow?" She said: "No! but if thou dost need anything, take kernels of dates, half roasted, [Some say: 'Stones of nikolaos dates'] and barley husks, and dried excrements of infants; rub and pound it, and tell nobody." On the morrow he went and proclaimed it in the congregation. (And what happened to the woman doctor?) Some say she strangled herself. Others say she became a proselyte.

His grandson swallowed (a bone). A (Christian) man came and whispered to him the name of Jesus (son of) Pandera, and he recovered. When he went out he said to him: "What name didst thou whisper to him?" He answered: "Such a word." He said: "Better for him if he had died rather than have heard that name."

A man loved a woman in the days of R. Eleazar, and was dangerously ill. They came and asked the Rabbi: "May she pass before him that he may live?" He said: "Let him die rather than that."

(XVI 7 : 15 d)

A Nabatean was a neighbour of R. Jona. A fire broke out in R. Jona's court. The Nabatean went desiring to extinguish it, but he did not allow him. The Nabatean said to him: "Dost thou rely on the luck?" He said: "Yes;" and the whole court was saved.

R. Judan of the village of Imi spread his cloak over a burning mass and the fire went out.

Samuel was entertained by a Persian. The lamp went out and the Persian went desiring to kindle it. Samuel turned his face. But when he saw the Persian occupied with his own documents, he knew that not for his sake he had rekindled it, and Samuel then turned his face again.

PESACHIM.

THE PASSOVER.

94 (I. 7 : 29 c)

PREPARATION FOR THE PASSOVER.

R. Samuel bar R. Isaac had some wine which was turning sour. He put into it barley that it might ferment. He asked R. Immi's advice, what to do with it. He said: "Thou must destroy it."

R. Hanina son of R. Kahana had some honey adulterated with fine flour. He consulted R. Mana, who bade him to destroy it.

One of the disciples of R. Kirai had jars of oil within his granary of corn. He asked the Rabbis and they said: "Go, sweep from under them."

95 (IV 9:31 *b*)

ECONOMY WITH A VIEW TO BENEVOLENCE.

In the days of R. Mana there was a body of troops in Sepphoris and their sons were hostages with them, (to ensure) that tribute should be paid to them. R. Mana advised thus, according to (the advice of) R. Immi. He said: "Not that I (generally) agree with his views, but because of the men of Sepphoris, that they might not forfeit their pledged sons."

Once the Rabbis needed free-gifts. They sent R. Aḳiba and another of the Rabbis with him. They came intending to enter a man's house and they heard the voice of a child saying to him: "What shall we buy for thee to day?" He said: "Lettuces- not to-day's though, but yesterday's which are faded and cheap." They left him and went away, and after they had collected alms from all the people, they came to this man again. He said to them: "Why did you not come to me first, as you are wont to do?" They replied: "We have been, and we heard the voice of a child, saying to thee: 'What shall we buy for thee to-day?' and thou saidst: 'Lettuces- not to-day's though, but yesterday's, because they are faded and cheap.'" He answered: "What (passed) between me and the child, ye know; but not what (passes) between me and my Creator." Nevertheless, go speak to her (i. e. the wife) and she shall give you a bushel of dinars." They went and told her. She asked: "Did he say, 'heaped up,' or, 'scraped off?'" They answer: "He did not state explicitly." She said: "I will give it you heaped up. If he meant, 'heaped up,' I do according to his word. If not, I will reckon the surplus from my dowry." When her husband heard this, he doubled for her her settlement [Khethubah = portion due to a wife on her husband's death, or if divorced].

YOMA.

THE DAY OF ATONEMENT.

96 (III 7 : 40 *d*)

THE INEFFABLE NAME.

R. Inyani bar Susi went up to visit R. Ḥanina in Sepphoris. He said: "Come, and I will transmit to thee (the ineffable Name). His son also went in and got under the bed. He sneezed and the Rabbi heard his voice and said: "Are you here in the habit of dealing so deceitfully?" He went (away saying): "Neither to thee nor to him."

A physician in Sepphoris said to R. Phinehas bar Ḥama: "Come and I will transmit it to thee." The Rabbi said: "I cannot." He asked: "Why?" and the answer was: "Because I have eaten the tithe, and he who is initiated to this (mystery) may not eat anything given by any man."

96*a* (VI 4 : 43 *d*)

R. Mana went up (on the day of Atonement) to pay a visit to R. Haggai who was sick. The patient said: "I am thirsty." He said to him: "Drink." He then left him and went downstairs. An hour afterward he went up to see him and said: "How fares that thirst of thine?" The patient replied: "When thou gavest me permission, the thirst went away."

R. Hiyya bar Ba used to narrate this incident: A man was walking in the street (on the day of Atonement) and his daughter with him. His daughter said to him: "Father, I am thirsty." He said to her: "Wait a little." She said to him again: "Father I am thirsty." Again he merely said: "Wait a little;" but she died.

R. Aḥa when he had finished the Musaph (on a fast day) used to say before the assembly: "Brethren, you, who have children, may go home on their account."

96*b* (VIII. 1 : 44 *d*)

R. Isaac bar Naḥman went up to see R. Joshua ben Levi on the night of the Great Fast. He (R. Joshua) went out to receive him clad in slippers. He asked: "What does this mean?" And the answer was: "I am sick (ἀσθενης)."

R. Samuel bar Naḥman went up to see the same Rabbi on the night of a fast. He received his call clad in slippers. He was asked the same question and gave the same reply.

R. Simai Ḥamona went out in the night of a Fast clad in slippers. A disciple of R. Mana taught one of his companions that women might wear slippers. This one said: "Where did you get this from?" The answer was, "From what R. Joshua ben Levi used to do." "But," it was once said, "R. Joshua ben Levi was sick (ἀσθενης)."

SHEKALIM

THE HALF-SHEKEL

97 (VII. 3 : 50 *c*)

THOUGHT AND DISEASE.

R. Eleazar, son of R. Haggai, was leaning on R. Mana. He saw a pagan cutting a piece from his horse and taking it outside. He said to him: "This is what R. Johanan used to say: 'What is found in the hand of a gentile is like what is found in the open street.'"

A man in Sepphoris went desiring to buy meat from the butcher and he would not give him any. He asked a Roman to go, and he brought it. He said to him: "Did I not receive it against his will?" "No," said the butcher, "It was the flesh of a dead body (of which the blood had not been shed) that I gave him."

Rab went down there and saw shambles (μακελλιον) and ass-flesh on them.

A man went desiring to wash his meat in a river and he forgot it. He went away, came back, and desired to take it again. Rab said: "This is illicit;" the reason being that the river might have carried away the former meat, and brought another piece of forbidden food in its place.

A man was walking in the street, carrying meat. A vulture came and seized it from him and threw it down. He came back desiring to take it. Rab told him it was illicit. He said: "(It might be) flesh of a corpse it was carrying and threw down after it had taken the other piece."

The river Ginai carried away skin bottles and the case came before R. Isaac, son of Eleazar. He said: "Let those who bottled the wine identify their knots." (The places where the skins are tied).

A sausage was found in the synagogue of Buli and the case came before R. Jeremiah. He said: "Let the butchers identify their own work."

SUCCAH

THE FEAST OF TABERNACLES

98, 98 *a, b, c* (II. 5:53*a*; V. 1:55*a*; V. 4:55*b*).

ANECDOTES OF THE FEAST.

R. Huna went to ^{c}Aine Tab to arrange the fixing of the new moon. While going he was thirsty in the street but he would not consent to taste anything until he came to the booth of R. Johanan, the scribe of Gophta.

Abudama, the sailor, was sleeping before his shop. There passed by R. Hiyya bar Ba, who said to him: "Go sleep in thy booth."

R. Mana was best man to R. Jacob bar Paleti. He came and asked R. Jose (what he should do). He said: "Go, sleep in thy booth."

R. Isaac ben Maryon was best man to a certain person and he consulted R. La^{c}azar, who also said: "Go, sleep in thy booth."

R. Z^{c}era went up to a circumcision at the house of R. Ila and he would not consent to taste anything. Whether it was because it was his habit not to taste anything before the Musaph was finished, was not known.

R. Levi and Judah bar Nahman received two shekels to go in and gather an assembly before R. Johanan. R. Levi came in and propounded that Jonah, son of Amittai, was of the tribe of Asher; for it is written: "Asher did not dispossess the inhabitants of Accho and the inhabitants of Zidon." (Jud. 1^{31}) And it is written: "Arise, go to Zarephath which belongs to Zidon (1 K. 17^{9})." R. Johanan came forward and expounded that Jonah son of Amittai was from Zebulon, because of Joshua 19^{10}. On another Sabbath R. Levi said to R. Judah bar Nachman: "Take these two shekels and go gather an assembly before R. Johanan." He went in and said before them: "Finely did R. Johanan teach us, for his mother was from Asher and his father was from Zebulun."

Hiller, the elder, when he saw people dancing wantonly would say to them: "Since we are down here, who is up yonder? What need has He of our praises? Is it not written: 'A thousand thousands serve Him, a myriad myriads stand before Him?'" When he saw them behaving with propriety he would say: "If we were not here, who would be there? Although there are many praises before Him, yet more precious are the praises of Israel than all. How pleasing and sweet are the songs of Israel! 'He inhabiteth the praises of Israel.'" (Psa 22[4]).

ROSH HASHSHANAH.

THE BEGINNING OF THE YEAR.

99 (II. 6 : 58 *b*).

PRECEDENCE OF AGE.

R. Ḥiyya bar Ba was standing praying. R. Kahana came and stood praying behind him. When R. Hiyya bar Ba ceased praying he sat down, for he must not pass before him. R. Kahana was lengthy in his prayers. When R. Kahana ceased, R. Ḥiyya said to him: "Is it your custom here to annoy your seniors?"

They gave precedence to a certain old man before R. Simeon ben Laḳish in proclaiming the Intercalation. (Knowing his incompetence) they brought him in through the outer gate. R. Simeon said: "So let it be as our reward."

R. Laᶜazar said: "When I came up here [to the Holy Land], to *be* here was my first joy. When they elected me, I said: 'This is my second joy.' When I went in to proclaim the Intercalation, I said: 'Their third honour is now mine.'"

99*a* (III. 1 : 58 *d*).

In the days of R. Abahu, persons came desiring to say: "Our Redeemer" (Isa 47[4]) and they said: "Our Redemption;" but he received them.

In the days of R. Berakiah people came and were silent. He said: "Have you heard that the new-moon is consecrated?" They nodded their heads and he received them.

99*b* (IV. 1 : 59*b*).

R. Zᶜera advised the associates saying: "Go, hear the voice of R. Levi expounding, for it is not possible that he should complete his chapter without some instruction."

BEZAH

WORK TO BE DONE ON FEAST-DAYS.

100 (I. 4 : 60 *c*).

SABBATIC NICETIES.

Judah bar Ḥiyya went out into the country. They asked him: "Is it (lawful on the Sabbath) to ascend the ladder to the granary?" He said to them: "It is allowed." When Judah came to his father he said: "What work has come to thy hands to day?" He said: "I gave permission to ascend the ladder to the granary." The father placed Tanna's decision before him, and showed by many words spoken: "One may use the ladder to the pigeon-cote but not the ladder to the granary."

100*a* (I. 6: 60*c*)

Rab commanded his disciples not to sit on the slabs outside the school of Asse for they are cold.

Rab Huna did not come down to the Synagogue. Rab Ketinah asked: "Did he not thus teach: 'They may carry those who are infirm?'"

R. Jeremiah taught bar Giranti, a physician, how to be carried in linen wraps so as to visit the sick on the Sabbath. Maysha, grandson of R. Joshua ben Levi, decided, one might be carried in linen wraps to go in and expound in the congregation on the Sabbath.

R. Zerikan said to R. Zᶜera: "When you go South you must ask about it."

101 (I. 9: 60*d*).

THE GRINDING OF CONDIMENTS.

Isaac of Yahaba asked R. Johanan: "Is it right to grind condiments (for spiced wine) on a feast day?" He said: "It is permitted. Give me some and I will drink it." R. Abahu in the name of R. Joshua ben Levi allowed it. R. Zᶜura asked in the presence of

R. Abahu: "Does not he who rubs the condiment the day before do better?" He said: "Yes;" contradicting the dictum of R. Abahu: he here says that it is allowable, and there he says that it is forbidden; but because R. Abahu knew that R. Zᶜura and those with him were severe, he too (on that occasion) did as they did. There are some who say that his answer to R. Zᶜura was, "He who desires a strong flavour does not rub it the day before." R. Zᶜura asked the view of Daroma, the servant of R. Judan, the Prince: "Does the Prince rub and liquefy the condiments on the Feast Day?" He said to him: "Yes."

101*a* (IV. 4:62*c*).

The daughter of R. Hiyya, the elder, came to bake in the oven and she found a stone inside. She came and asked her father what to do. He said to her: "Go sweep it out." She said: "I may not." He said: "Go, press it." She knew, of course, but she wished to hear it from her father.

102 (V. 2:63*a*).

LAXITIES REPRIMANDED.

R. Abba Mari and R. Mattaniah were sitting. They saw a man skimming water here and there and drinking it. R. Abba said to R. Mattaniah: "This is what R. Jacob b. Zabdi, in the name of R. Abahu, forbad."

Rabbi was giving in marriage R. Simeon his son and the guests were clapping on the back of their hands on the Sabbath. R. Meir was passing and he heard the sound and he said: "O, our great ones! the Sabbath is profaned!" Rabbi heard and said: "Who is this who comes to chastise us in our own house?" Others say that his words were: "Who is this who comes to restrain us in our own house?" R. Meir heard his voice and ran. Some went out running after him. The wind blew his turban from off the head of R. Meir. Rabbi looked from his window and saw the head of R. Meir from behind, and he said: "I had not lived to see the Law except when I saw the head of R. Meir from behind."

R. Johanan and R. Simeon ben Lakish both say: "We had not lived to see the Law except when we saw the toes of Rabbi (standing forth) from his sandals."

R. Ila was kept late in school. He went to his house and found the people sleeping and he lay on a ladder in order not to knock at the door on the Sabbath.

R. Jeremiah was expounding with the son of R. Imi. He went desiring to awake him at the dawn of the Sabbath day. He began to knock at the door. The father said to him: "Who gives thee leave to do that?"

R. Abba bar Kahana asked before R. Jassa: "Is it right to pat the stomach on the Sabbath?" He replied: "Who allows that even on the week-day?" R. Samuel bar Abudima (Eudemus) said: "Our Rabbis are wont to allow it on the week days from the navel upwards, and when fully dressed from the navel downwards."

TAANITH.

PUBLIC FASTS.

103 (I. 4:64 b).

PIOUS RAIN-PRODUCERS.

A certain man came to one of the relatives of R. Jannai, saying: "Rabbi, give me alms." He said to him: "Had not thy father money?" He answered: "No." But said the Rabbi: "Treasurers are appointed." "So they are," he replied: "But I have heard of them that they are Saracens." Whereupon the Rabbi said: "Thou art worthy to pray and to be answered."

There appeared to the Rabbis an ass-driver who would pray and rain came down. The Rabbis sent and brought him. They asked him: "What is they trade?" He replied: "I am an ass-driver." They said to him: "What meritorious deed has thou wrought?" He answered: "Once I lent my ass to a woman who was weeping in the street. And I said to her: 'What aileth thee?' And she replied: 'The husband of this woman, (i. e. my husband) is imprisoned and I want to see what can be done.' I sent her away. I sold my ass and gave her the price of it. And I said to her: 'See, this is for thee. Release thy husband and sin no more.'"

The Rabbis said: "Worthy art thou to pray and to be answered."

There appeared to R. Abahu a man called Pentakakah (πεντε κακα) who used to pray and the rain came. The Rabbi sent and fetched him. He asked for the five deeds which that man did, day by day. They were, (1) to hire prostitutes: (2) to decorate theatres: (3) to bring the garments of females to the bath: (4) to clap hands and dance before them: (5) to strike a tambourine before them. He asked him: "What good deed hast thou done?" He replied: "Once I was decorating a theatre, and a woman stood behind a pillar weeping. I said to her: 'What aileth thee?' And she said: 'My husband is imprisoned and I desire to see what is to be done to release him.' And I sold my bed and the coverlet of my bed and I gave her the price of it, and I said to her, 'See, this is for thee. Go thy way and sin no more.'" He said to him: "Worthy art thou to pray and to be answered."

104 (I. 4:64 b, c).
THE PIOUS MAN OF KEPHAR IMMI.

There appeared to the Rabbis a pious man of Kephar Immi who prayed and the rain came down. The Rabbis went up to see him. The men of his household said to them: "He is sitting on the hill side." They went out to him and said to him: "Good day," but he made no answer. He sat down to eat and never said to them: "Come and dine." When going home, he made a heap of logs and put his cloke upon the heap. He went home and said to his household (really, his wife): "These Rabbis here are wishful that we should pray that the rain may come down. If I pray and the rain comes down, it will be a reproach to them; and if not, it is a profanation of the name of Heaven. But come, I and thou, we will go up and pray. If the rain comes down, we will say to them that already Heaven is working miracles, and if the rain does *not* come we will say that we are not worthy to pray and to be answered." They went up. They prayed and the rain began to come. He went down unto them (as though ignorant of their errand) and said to them: "O Rabbis! why did you trouble to come here to-day?" They answered: "We want thee to pray that it may rain." He said to them: "Do you need that I should pray? Already Heaven is working miracles." Then they asked him: "When thou wast on the hill, and we said to thee, 'Good day,' why didst thou not reply?" He said to them: "I was occupied with my work. Was I to divert my mind from my work?" "And when thou sattest down to eat, why didst thou not say to us: 'Come and dine.'" He answered: "Because I had with me only my own slice. Was I to speak to you with insincerity?" They asked him yet again: "When thou camest away to enter thy house, why didst thou put thy mantle upon the load?" He said to them: "Because the mantle was not mine. The request was that I should pray in it, and was I to rend it?" They asked one more question: "Why, when thou wast in the field, did thy wife wear soiled clothes, and when thou wast come in from the field, why did she wear fine clothes?" He said to them: "When I was in the field she wore shabby clothes lest any man should put his eye upon her. And when I came in from the field she put on her fine clothes lest I might put my eyes on another woman." They said to him: "Worthy art thou to pray and to be answered."

105 (II. 1 : 65 *b*).

FASTING IN DROUGHT AND PLAGUE.

R. Berakiah made thirteen fasts and the rain came not. At last it came copiously. He came and said before them: "O brethren, see what we are doing. Is it not that, for which the prophet reproves us?" Then follows Micah 7[3].

(III. 4 : 66 *c*)

There was a plague in Sepphoris and it did not come into the street where R. Hanina was living. The Sepphorites were saying: "What is this old man in our midst? He is dwelling in safety, he and his neighbours, while the city perishes in wickedness." Rabbi came and said before them: "There was only one Zimri in his generation and there fell 24,000 Israelites. And in our time, how many Zimris there are, and yet you murmur!"

One time they needed to make a fast, yet the rain came not. R. Joshua ben Levi appointed a fast in the South and the rain came down. The Sepphorites began to say: "R. Joshua ben Levi has brought down rain in the South, but R. Hanina restrains the water from the Sepphorites." They needed to appoint a second fast. He sent and fetched R. Joshua b. Levi saying: "Would my Lord mind coming out to fast with us?" They both went out for the fast, but the rain came not. R. Hanina went in and spake before them thus: "It was not R. Joshua who brought down rain in the South, and it is not R. Hanina who restrains the rain from the Sepphorites: but the reason is that the men of the South have tender hearts and they hear the word of the Law and humble themselves, but the Sepphorites have a hard heart. They hear the word of the Law and do not humble themselves." On going home he raised his eyes to the sky and saw that the air was clear and said: "How long will it be thus?" At once the rain came down, and he took a vow on himself never to do so again. He said: "Why should I speak to my Lord of the debt so that he cannot reclaim his debt?" (Why should I restrain the course of God's righteous judgments?)

106 (III. 4 : 66 *c, d*).

RABBIS' POWER IN PRAYER.

R. Laᶜazar appointed a fast, but the rain came not down; whereas R. Aḳiba appointed a fast and the rain came down. He went in and said before them: "I will illustrate to you by a parable to what the fact is like. It is like to a king who had two daughters. One was haughty, the other was modest. When the haughty one went in, he used to say: 'Let them give her what she desires and let her go away.' But when the modest one went in before him, he tried her temper desiring to hear her entreaty. It is allowable to speak thus (of God), but so as not to profane the name of Heaven."

R. Aḥa appointed thirteen fasts, yet the rain came not down. On going home, a Samaritan met him and said: "Rabbi, Rabbi, preserve your cloke from the rain." He said to him: "By my life, the heavens are about to do miracles and the year is to be prosperous, but this man is not to live." The heavens wrought miracles. The year was prosperous, that Samaritan died, and all the people said: "Come, see the fruits of the sun."

106*a* (III. 8: 66 *d*).

Levi ben Sisi, when the armies came to his city, took a book of the Law and went up to the top of the roof, saying: "O Lord of the worlds, if I have cancelled one word from this book of the Law, may they enter; and if not may they go away." At once they were sought, but were not found.

When a disciple of his did the same, his hand withered, but they went away.

When a disciple of a disciple of his did so, his hand did not wither and they did not go away. This is to show that a fool cannot see his own folly, and that the flesh of a dead man does not feel the knife.

106*b* (III. 10 : ibid).

R. JUDAN'S LONG SLEEP.

R. Judan, a man of an old proselyte family, said: "This man, Honi the wheel-maker, is descendant of a man also called Honi, a wheel-maker, who was living just before the destruction of the Temple. He went out into the mountain to his workmen and while he was there the rain came down and he entered into a cave. When he sat down he slumbered and slept. He spent 70 years sunk in sleep until the Temple had been destroyed, and built a second time. At the end of 70 years he awoke from his sleep. He went out from the cave and saw the world changed. The plots which were vineyards were producing olives, and the plots which were oliveyards were producing cereals. He enquired of the men of the town saying: 'What is the news of the world?' They said to him: 'Dost thou not know the news of the world?' He said: 'No.' Then they said: 'What is thy name?' He said to them: 'Honi, the wheel maker.' They said to him: 'We have heard that when he entered the court of the Temple it became illuminated.' He entered and it became illuminated. Then he quoted Psa. 126[1] with reference to himself: 'When the Lord brought again the captivity of Zion, we were like them that dream.'"

107 (III. 13 : 67*a*).

STORIES OF ANSWERED PRAYER.

Rabban Johanan ben Zakkai, when he desired that the rain should come down, said to his barber: "Go, stand before the Temple, because Rabbi wishes to be shaved, but he cannot because of trouble." At once the rain came down.

R. Ada bar Ahava, when he wanted the rain to come down, took off his shoe. And when he took both off, the world was saturated.

There were ruins there and Rab caused one of his disciples to dwell in the house until they came to clear it. But as soon as he went out of the house it collapsed.

107*a* (IV. 8 : 68 *d*).

R. Zechariah, son-in-law of R. Levi, [likened them] to those children who run away from the Scribe and go out into the villages.

In every town which they entered the head man of the town was dead and the townspeople were engaged in (burying) him. They entered town after town and no one knew them.

"And not only so, but when ye said: 'We were in our own eyes as grasshoppers and such were we in their eyes,' (Num. 13^{33}), did you know what I was making you (to appear) in their eyes?"

When R. Aḳiba saw Bar Kozba he said: "This is King Messiah," but R. Johanan ben Torta said to him: "O Aḳiba, the grasses will grow in thy cheeks before the son of David will come."

108 (IV. 8 : 68 *d*).

HADRIAN BESIEGING BETHAR.

For three and a half years was Adrian besieging Bethar, and Eleazar of Modin was sitting on sackdoth and on ashes and praying every day: "O Lord of the worlds! Do not return in judgment to-day. Do not return in judgment to-day." Adrian desired to go to him. A Samaritan said to him: "Do not go but I will see what is to be done and how to restore the town to thee." He entered from the sewer of the town and came and found R. Eleazar of Modin standing praying. He pretended (*lit.* made his soul) to whisper to him into his ear, and the men of the town saw him and brought him to Ben Kozba. They said to him: "We saw this old man telling something to thy uncle." He asked the man: "What didst thou say to him and what did he say to thee?" He replied: "If I tell thee, the Emperor will kill me; and if I do not tell thee, thou will kill me. It is well for me that the Emperor should kill me and not thou." He then stated: "He said to me: 'I am surrendering the town.'" Ben Kozba came to R. Eleazar of Modin and said to him: "What did this Samaritan say to thee and what didst thou say to him?" He replied: "I said nothing at all to him." He gave the Rabbi a blow and killed him. At once there went forth a Bath Ḳol, and said: (As in Zech. XI. 17).

MEGILLAH

THE SCROLL OF ESTHER AT PURIM

109 (I. 13:72 *b*).

R. JOHANAN. RABBI AND ANTONINUS.

R. Johanan spent three years and a half in which he did not come down to the Synagogue because of illness. At last he saw R. Eleazar in his dream, saying: "Tomorrow, Sinai is coming down to give you a new message." He went in and said before the assembly words found in Exod. XII. 12; Num. VIII. 17.

Antoninus said to Rabbi: "Wilt thou give me to eat of Leviathan in the world to come?" He said to him: "Yes." Then Antoninus said: "Thou wilt not allow me to eat the lamb of the Passover, whereas of Leviathan thou dost allow me to eat." Rabbi answered: "What can I do for thee in regard to the lamb of the Passover, when it is written: 'The uncircumcised shall not eat of it?'" When he heard that he went and was circumcised.

110 (III. 3: 74*a*; III. 4: 74*a*).

BRIEF MISCELLANEOUS STORIES.

R. Hiyya, R. Jasse and R. Immi were judging (a woman called) Tamar. She went and complained about them to the Proconsul (**ἀνθυπατος**) of Caesarea. They sent and wrote to R. Abahu. R. Abahu sent and wrote to them thus: "Already we have pacified three accusers: 'good child,' 'good teacher' and 'good sailor:' (a secret way of writing) Eutokos, Eumousos and Thalassios. But Tamar, bitter in her bitterness still continues, though we have sought to sweeten her. 'In vain the melter refineth.'" (Jer. 6^{29}).

R. Joḥanan reproved the women who hung out their clothes in the area of the Synagogue.

R. Ḥiyya and R. Yassa received (visitors) within the Synagogue.

R. Immi ordered the Scribes saying: "If a man come to you saturated with Torah, receive him, his ass and his goods."

R. Berakiah went to the Synagogue of Bethshan. He saw a man washing his hands and his feet from the reservoir. He said to him: "This is forbidden to thee." On the morrow this man saw the Rabbi washing his hands and his feet from the reservoir and he said: "Is it allowable for thee, then, but forbidden to me?" He said: "Yes."

110*a* (IV. 5:75*b*).

R. Simeon was a scribe of Terebinth. The men of his town said to him: "Cut thy discourses into divisions that our children may recite them." He came and asked R. Hanina and he said to him: "If they divide thy head thou will not hear them." He did not listen to them and they deposed him from his office of Scribe. After some days he came down to this district. R. Simeon ben Josina met with him. He said to him: "What hast thou been doing in that town of thine?" He told him the fact. He said to him: "Why didst thou not listen to them?" He asked him: "Do they do so?" He replied: "Do we not make divisions in the chapter for the children's sake?" He further said: "Do we not repeat and summarize for them?" R. Zʿura said: "If that scribe had existed in my days I would have appointed him a scholar." (Never a Rabbi).

110*b* IV. 10:75*c*).

R. Pedath was Reader for R. Jassa. Words which he heard from his father he would preface by saying: "Thus saith Rabbi in the name of Abba (my father)." Words which he had *not* heard from his father he would preface by saying: "Thus saith Rabbi in the name of R. Laʿazar." (His father)

HAGIGAH.

THE THREE FESTIVALS.

111 (I. 7:76*c*).

RABBIS, THE PILLARS OF SOCIETY.

R. Judah, the Prince, sent R. Ḥiyya, R. Asse and R. Immi to pass through the cities of the land of Israel and to appoint for them Scribes and Mishna-teachers. They came to one place and they found neither Scribe nor Mishna-teacher. They said to the people: "Bring us the guardians of the town." And they brought them the Senators of the town (senatores). They said to them: "Are these the guardians of the city? Far from it: they are the destroyers of the city." The people asked (in astonishment): "Who then are the guardians of the city?" They replied: "The Scribes and the Mishna-teachers." This is that which is written: 'Except the Lord build the house, etc.' (Psa. 127^1)

111*a* (II. 1 : 77 *b*).

ELISHA, THE OPPONENT OF RABBINISM.

The apostate, Elisha ben Abuya, was he who killed those expert in Torah. Every disciple whom he saw praised for his knowledge of the Law, he killed him (as a future Rabbi). And not only so, but he would enter the Synagogues and he would see children before the Scribe and he would say: "What are these doing, sitting here? The business of this one ought to have been that of a builder: of that one, a carpenter: of that, a hunter: of that, a tailor." And when the boys heard this they left School and went away; according to what is written in Eccl. 5^5.

R. Meir was sitting expounding in the school of Tiberias. Elisha, his master, passed by on horseback, on a sabbath day. They came and said to him: "Behold, thy master is outside." He ceased from expounding and went out to him. He said to him: "What hast thou been expounding to day?" He answered: "And the Lord blessed the latter end of Job more than the beginning." R. Elisha then asked: "How didst thou open it out?" Meir replied: "O! I said that the Lord added to all which Job had had twofold: that he doubled to him all his wealth (mamon)." His master exclaimed: "Alas for those who are lost and are not found! Aḳiba, thy master, did not expound it so, but that the Lord blessed the latter end of Job more than the beginning in merit, charities and good works, which surpassed what was in his hand at the beginning."

Abuyah, my father, was one of the grandees of Jerusalem. On a sabbath day, when I was circumcised, he invited all the grandees of Jerusalem, and seated them in one house; but R.

Eliezer and R. Joshua he seated in another house. After they had eaten and drunk they began to clap and to dance. R. Eliezer said to R. Joshua: "While they are engaged in their occupations let us be engaged in ours." And they sat down and occupied themselves in the words of the Torah, from the Torah to the Prophets, and from the Prophets to the Hagiographa, and there came down a fire from heaven and enveloped them.

112 (II. 2 : 77d, 78a).

SIMEON BEN SHETACH, THE MAGICIAN.

We are told that Judah ben Tabai was Prince and Simeon ben Shetaḥ was Father of the Beth-Dîn. There are some Tannaites who record the opposite. He who says that Judah ben Tabai was Prince, can quote this story about the Alexandrians as confirmatory. The men of Jerusalem were desirous of appointing Judah ben Tabai to be Prince in Jerusalem, but he fled and went to Alexandria. The men of Jerusalem wrote a letter thus: "From Jerusalem the great to Alexandria the little. How long shall my bridegroom dwell with you and I am dwelling desolate because of him?" Judah slipped off to embark on a ship; (and in conversation with his disciples) he said: "Deborah, the mistress of the house, who entertained us, what was lacking in her?" One of them said: "O Rabbi! her eye was injured." The Rabbi sternly replied: "Two faults lie against thee. First, thou didst suspect me. Secondly, thou didst thyself look improperly on her. Did I say, 'Beautiful in appearance?' I did not mean that, but Beautiful in deeds." He was angry and went away.

He who says that Simeon ben Shetaḥ was Prince may quote a story about Ashkelon as confirmatory. Two pious men were in Ashkelon eating together and drinking together and studying the Law together. One of them died and they did not accord to him an honourable burial. The son of Maon, the publican, died; and all the town took a holiday to give him an honourable burial. The pious man (who survived) began to be grieved and said: "Alas there is no merit for the enemies of Israel." [An euphemism: really meaning 'for Israel,' but not daring to say so]. There appeared to him in a dream one who said: "Do not despise the sons of thy Lord. One of these two men did one sin and he died in it. The other did one good deed and he died in it. What sin did that pious man commit? Grace to him! he never practised sin in all his life: but on one occasion he put on the phylacteries of his head *before* he put on the phylacteries of his hand. And what good deed did the son of Maon the publican do? Grace to him! [cf. *ἵλεως σοι.* Matt. 16^{22}] he never practised good deeds in all his life: but on one occasion he made a dinner for the Councillors (*βουλευται*) and they did not come and eat it; and so he said: 'Let the poor eat it that it may not be wasted.'" Others give a different account, namely, that he was passing along in the street (carrying cakes) and one cake fell off, and a poor man saw it and took it, and he did not say anything to him in order not to cause his face to blush. After some days that pious man saw the pious man who had been his associate walking in gardens, in parks and among fountains of water. He saw the son of Maon the publican with his tongue protruding, on the bank of a river, longing to reach the water; but in vain.

He saw Miriam also, daughter of 'Ale Betsalim. R. Laᶜazar bar Josa said she was suspended by the nipples of her breasts. R. Jose bar Hanina said the bolt of the gate of Gehenna was fixed in her ear. He asked them why it was so. They told him that she fasted and published the fact abroad. Others say that she fasted one day and reckoned it two days. He asked: "How long will she be thus?" And they said: "Until Simeon ben Shetaḥ shall come and we remove the bolt from within her ear and fix it within his ear." He asked: "But why?" (the Rabbi had merited this). They said to him: "He made a promise: 'If I become Prince I will distroy the sorceresses;' and he has become Prince and he has not slain the sorceresses; and behold there are 80 women who practise sorcery located in a cave in Ashkelon, corrupting the world: but go, speak to him." He answered them: "I fear, since he is a Prince, that he will not believe me." They said: "If he believes thee, well, if not, do this as thy sign before him: Put thy hand on thy eye, remove it and then replace it; and repeat this." He went and told him the story. He desired to do the sign in his presence but he would not allow him. The Prince said to him: "I know that thou art a pious man, and also that thou art able to do it; nevertheless, I do not speak of these things with my mouth; I only think in my heart."

Forthwith Simeon arose on a stormy day and took with him 80 chosen men and put in their hands 80 pure garments and put them into new pots and overturned them on their heads. He said to the 80 men: "When I whistle once, put on your garments and when I whistle the second time, come in, all of you together. And when you enter, each one of you must embrace one of the women and lift her up from the earth; because it is the nature of a sorcerer, that he is not able to do anything when thou hast lifted him from the ground."

He went and stood at the door of the cavern and said: "Comrades, comrades, open to me for I am one of you." They said: "How hast thou come here on such a day as this?" He answered: "I have walked between the drops of rain." They then said: "And what hast thou come here to do?" He replied: "To teach and to learn." "Every one who comes," they said, "must demonstrate what he knows (and we will do the same)." Then one of the sorceresses said what she said (the secret magic word), and bread was brought. Another said the word, and meat was brought. Another spake the word, and soup was brought. Another, and wine was brought. Then they said to him: "What is there in thy power to do?" He replied: "It is in my power by whistling two whistles, to bring to you 80 choice men to whom you will impart joy and they will impart joy to you." They said to him: "That is what we should like." He whistled once and they put on their garments. He whistled a second time and they entered all together. He said: "Every one who enters must select his mate." Then they carried them in their arms and went and hanged them.

MOED ḲATON

THE MINOR FEAST.

113 (II. 2:81 *a, b.*).

CUSTOMS AT FUNERALS.

R. Simeon, son of R. Jannai, cut his vine (on a feast-day). All the people saw him and they cut theirs after him. Next year he let it alone and it withered.

(II. 3 : 81 *b*; III. 1 : 81 *d*; III. 1 : 82*a*; III. 4 : 82*a*; III. 5 : 82 *b, c*).

R. Mana said: "If one knows that if he does not buy there will be a diminution of profit, he may buy: but if not, he may not buy."

R. Jonah of Bozrah had some rolls of the Law to sell. He asked Rab Huna to buy them during a festival.

He replied: "Art thou gladdening the festival? Art thou drinking spiced wine?"

R. Simeon ben Levi was once guarding figs in a foreign land. Thieves came and stole some of them in the night. At length he detected them and said: "May these people be accursed!" And they said to him: "May that man be accursed. May trouble be upon his soul!" He said to himself: "Money only do they owe me. But this is a matter of life." He went out and ran after them. He said to them: "Forgive me." And they said: "Forgive us and we will forgive thee."

The sister of R. Samuel bar Abba fell asleep (i. e. died); and he was sitting, trimming his nails. R. Laᶜazar went up to see him and he did not hide them. R. Nathan bar Abba went to see him and he did conceal them. And he said to him: "Before R. Laᶜazar thou didst not conceal them, and before me thou didst conceal them." He said in reply: "Dost thou think thou art as dear to me as R. Laᶜazar?"

One man lost his phylacteries at festival time. He came to see R. Hananel and he sent him to consult R. Abba bar Nathan. The man said: "Give me thy phylacteries and go write others for thyself." Rab said: "Go, write some for *him*;" (the man who had lost them).

R. Abba, son of R. Papi, and R. Joshua of Siknin, in the name of R. Levi, teach that after death for three entire days the soul hovers over the body expecting that it will return into the body: but when it sees that the aspect of the face is changed it leaves the body and goes away.

When the sister of Gamaliel Zuga fell asleep, Hillel, her brother, went up with him. R. Mana said to him: "Since thou art the head of the family, when thou goest up to the house of thy brother, take off thy sandals."

R. Mana was in Caesarea when he heard that his son's son was dead. He went and shaved. They say to him: "Not so did Rabbi teach us: even in the case of one distant relative to another, hair-cutting is forbidden." He said: "Yes, in the case of those present at the death. We were not with him."

114 (III. 5:82*d*; III. 7:83*b*).

RABBIS IN SICKNESS AND SORROW.

Two sons of Rabbi went out: one with his head uncovered, and devoid of sandals, and one with his head covered, and wearing his sandals.

R. Jonah went up to see R. Gorion. He went out to meet him wearing his sandals. He asked him: "Dost thou expect to teach us by thy example?" "They do not learn an example from a small man," said he.

A disciple of R. Ḥisda was sick. He sent to him two disciples who might study with him. He became before them as the appearence of a serpent. They partook of the last meal and he died.

A disciple of R. Pedaiah was sick. He sent to him two disciples to study with him. He became before them like a star. They partook of the last meal and he died.

R. Yassa had an instance. R. Johanan sent to him two disciples who might study with him. Whether this came under the category of what is conceded or under the category of what is customary, they do not know. R. Yassa says it was not customary but is after the analogy of those words of the Rabbis when an ordinary man interrogates them and they stand there like one to whom the subject was not familiar.

R. José bar Petrus, father-in-law of R. Joshua ben Levi the elder, had an experience. Bar Kappara sent to him two disciples that they might study with him. Whether because it was conceded, they did not know: or because he was passionately devoted to the Law, they do not know.

R. Simeon ben Lakish was riding in the street. There met him a Samaritan who blasphemed, and Simeon tore his garment. He blasphemed again and again, and on each occasion R. Simeon tore his garment. He got down from his ass and gave him a blow on his heart and said to him: "Thou wretch! Has thy mother clothes sufficient for me?" This means that it was customary to tear one's clothes against blasphemy; this custom still survives.

R. Jonah was in Tyre when he heard that the son of R. Abahu had died. Although he had only eaten cheese and drunk water he concluded that day fasting.

R. Ba and R. Ḥuna b. Ḥiyya were sitting when there came an ostrich and seized R. Ḥuna's phylacteries. R. Ba seized it and strangled it.

JEBAMOTH

LEVIRATE MARRIAGES

115 (II. 6:4a)

MAY WE CIRCUMCISE ON THE SABBATH?

Jacob, a man of Kephar Neboraya went to Tyre. They came and asked him: "Is it right to circumcise the son of an Aramaean woman on the Sabbath-day?" He thought it was permissible, basing his decision of Num. 1^{18}: "They were registered according to their families by their fathers' houses." R. Haggai heard of it and he said: "Go, fetch him that he may be flogged." Jacob said: "Why art thou about to smite me?" He said: "Because of this which is written: 'And now let us make a covenant with our God, to expel the foreign women and those that are born of them.'" (Ezra 10^3) Jacob said: "From a passage in the Kabbala (i. e. the Hagiographa), art thou smiting me?" Haggai answered: "It shall be done according to Torah." He asked: "What Torah?" He said to him: "From a passage which was quoted by R. Johanan in the name of Simeon ben Jochai: 'Ye shall not form alliances with them.'" (Deut. 7^3).

115a (IV. 12: 6b).

THIRTEEN BROTHERS AND LEVIRATE LAW.

There were thirteen brothers and twelve died without children. They came before Rabbi and sought that the survivor should act the levirate. Rabbi said to him: "Go, and do this," (i. e. take all the twelve widows for wives). He replied: "It is not within my means." And the women said, every one of them individually: "I will supply the wants of the household during my month:" (one month a year). And the man asked: "Who will supply our wants during the intercalated month?" (the second Adar, the 13th lunar month). Rabbi said: "I will supply your needs during the month of intercalation (every year)." He prayed for them and they went away. After three years they came bringing thirty-six children. They came and stood before the Rabbi's court-yard. His attendants came up and said to him: "Below, there is a village of children desiring to salute thee." Rabbi looked from the window and saw them. He asked: "What is your business?" They answered: "We desire that thou shouldest give to us that month of intercalation." He gave them the money for the month of intercalation (as he had promised).

116 (XII. 7 : 13a)

AN ALL-ROUND RABBI.

The people of Simonia came to see Rabbi saying: "Please, give us a man who shall be at once an expositor, a judge, a reader, a scribe, a Mishna-scholar, and who will do for us all that we need." Rabbi gave to them Levi, son of Sisi. They made for him a great throne and seated him thereon. They then came and interrogated him thus: "A paralysed woman, how is she to perform the ceremony of taking off the goel's shoe?" (Deut. 25^{7-10}) He made no answer. They then asked: "What is the rule, if, in 'spitting,' (Dt. 25^{10}) she spits blood?" He made no answer. They said: "Perhaps he is not master of legal traditon: we will ask him questions of exegesis." They came and asked him: "What does that mean which is written (Dan. 10^{21}): 'But I will show thee what is inscribed in the writing of truth?' If it is truth, why is it sealed? and if it is sealed, why is it truth?" Still he made no answer. They came to Rabbi and said to him: "Is this mason of thy masonic guild?" He replied: "By your life, I gave you a man as (learned as) myself." He sent and fetched him, and asked him: "Why didst thou not answer them?" He replied: "They made me a great throne ($\beta\tilde{\eta}\mu\alpha$) and seated me thereon and my spirit melted within me."

SOTAH

SUSPECTED ADULTERY.

117 (I. 4: 16d; III. 4: 19a)

R. MEIR AND HIS FEMALE DISCIPLE.

R. Zebediah, son-in-law of R. Levi, used to tell this story: R. Meir was wont to expound in the synagogue of Ḥamta every night of the Sabbath. There was a woman who was wont to hear his voice. One time he kept them late and she went home to enter her house but found the lamp extinguished. Her husband said to her: "Where hast thou been?" She said to him: "To hear the voice of the Expounder." He said to her: "May so and so happen, if this woman enters here into the house until she goes and spits in the face of this Expounder." R. Meir divined in the Holy Spirit and feigned (*lit.* made) himself ill in his eyes, and he said: "Let every woman who knows how to cure eyes come and cure me." The neighbours said to her: "Behold this is thy chance that thou mayest enter thy house. Feign thyself a healer and thou wilt spit in his eyes." She came to him and he said to her: "Art thou skilled to heal the eyes?" and because of her fear, she answered "No!" He said to her: "Spit into my eyes seven times and it may do it good." And after she had done so, he said to her: "Go, say to thy husband: 'Thou saidst I must spit *once* in his face and I have spat seven times.'"

The widow of R. Shobtai was squandering the estate. The orphans came and drew near to R. Eleazar and he said to them: "What can I do for you? You would be foolish to ignore the settlement made on her as a widow." Some one said to them: "Whe advise you to say that you are about to sell; and she will claim her dowry, but lose her alimentation." They did so, and in the evening she came and drew near to R. Eleazar. He said: "This is the plague of the Pharisees: they have struck her." [This is explained to mean the habit of the Pharisees to give advice to the heirs which enabled them to evade paying alimentation to the widow].

KETHUBOTH.

MARRIAGE SETTLEMENTS.

118 (XI. 3 : 34 *b*).

R. JOSÉ'S KINDNESS TO HIS DIVORCED WIFE.

The wife of R. José, the Galilean, caused him much annoyance. R. Laᶜazar went up to see him. He said to him: "Rabbi, divorce her for she is not thy glory." He replied: "A great dowry is upon her." R. Laᶜazar said to him: "I will give thee the dowry and do thou divorce her." He gave him the dowry and he divorced her. She went and married the guardsman of the town. He was brought down from his wealth and became blind (*lit.* 'abounding in light:' an euphemism). And she was walking him about all the town, leading him. One time she took him all round the town and nothing was given to him. He said to her: "Is there not here another neighbourhood?" She said to him: "There is the neighbourhood of him who divorced me, but I cannot enter there." He began to beat her. Just then R. José, the Galilean, passed by and heard them quarrelling in the street. He took them and put them into a house which was one of his own, and he also kept them in food as long as they lived.

NEDARIM

VOWS.

119 (II. 5:37c; IX. 1:41c; IX. 3:41c; XI. 1:42c).

RELEASE FROM VOWS.

A certain man made a vow in definitive terms. He came to R. Meir (to be released from his vow). He sent him to R. Judah, saying: "Let him know that thou camest to me and that I sent thee to him." He came to R. Judah and he sent him to R. José saying: "Let him know that R. Meir sent thee to me and that I have sent thee to him." He came to R. José and he said to him: "If the foremost men cannot release thee, another may not release thee."

R. Mana vowed to abstain from his father's wine. His father came and went up to see him. The father said: "If thou hadst known that I should be annoyed, wouldest thou have vowed?" He answered: "I should not," and he released him.

Do we give our confirmation in the case of a man, who says: "My claim on my father is this: (naming something of benefit)?" R. Jacob bar Aha and R. Samuel bar Nahman, in the name of R. Johanan, compel the son to maintain the father. But we do give our confirmation in the case of a man who says: "My father's claim is on me."

R. Mana vowed and went up to R. Shammai who said to him: "If thou hadst known that the college would stand aloof from thee, wouldest thou have vowed?" He said: "No," and so he released him.

A certain man was suing a very rich man. He came and sought judgment before Rab. Rab sent for the rich man and he said: "What! with such a man as thou should I come and be judged? If all the camels of Arabia came, they could not carry all the keys of my treasures." Rab heard and said: "How haughty is that man about that which (really) is not his own. May a loss come upon it!" Forthwith an order (κέλευσις) went out from the government, that he and his should come to the Treasury (ταμεῖον). He came to Rab and said: "Pray for me that my life may be spared." He prayed for him and he was reprieved.

A man came to annul a vow before R. José. He covered his head and sat down. Rabbi said: "How didst thou swear?" He said to him: "'Efofé Yisrael' (a disguise of Elohé Yisrael, for, By the God of Israel), she does not enter my house." R. José said to him: "'Efofé Yisrael,' then she does not enter thy house."

GITTIN

DIVORCES.

120 (I. 6:43d; VII. 6:49a)

ACTIONS IN CIVIL LAW.

R. Dustai, son of R. Jannai, and R. José ben Kaiphar went down to the associates there to collect debts. An evil rumour was spoken concerning them. They came desiring to collect from them, and they replied: "Already we have acquired the right." Then they said: "We desire that you assure us well." But they replied: "We are unpaid trustees." They came to R. Dustai, son of R. Jannai, separately, and he said to them: "Here is all we have." Then they handled R. José ben Kaiphar and he resisted them, but they took it from him by force. When they came up here (to Palestine) R. José came to R. Jannai, father of R. Dustai, and said: "Hast thou not seen what thy son has done against me?" And he asked him, what he had done. He replied: "If he had agreed with me they would not have obtained anything from us."

A certain man paid in advance the money to a ship (for the transport of goods) and the river became dry. The case came before R. Nachman bar Jacob, who simply said: "See, there is the ship. Bring in the river."

Ben Abba bar Huna, in the name of R. Abba, prayed that the river might dry up that he might receive his money.

KIDDUSHIM

BETROTHALS

121 (I. 1: 58*d*)

THE RELATIVE VALUE OF METALS.

R. Hanina said: "The value of Copper remains constant. Silver is cheaper at one time, dearer at another." R. Mana said: "Silver remains constant. Copper is dearer at one time, cheaper at another." According to the dictum of R. Hanina, for all time six women can be purified for one *as*. According to the dictum of R. Mana, sometimes six women, sometimes eight, can be purified for one *as*.

Ḥilphai said: "Bring me to the bank of the river, and if I cannot bring out the Mishna of R. Ḥiyya Rabbah from our Mishna, throw me into the river." They say to him: "Behold, R. Ḥiyya taught that a shekel is worth four dinars." He said to them: "We also teach how much a shekel may be diminished before it becomes unpayable." [R. Meir said: "It may be diminished four dinars;" which is equivalent to one *as* per dinar].

122 (III. 4: 64*a*; III. 5: 64*a*)

LAWSUITS ABOUT MONEY.

A man was standing with his comrade in the street. He said to him: "Give me my ladle (**κυαϑος**) which thou hast." He replied: "Give me the dinar which thou hast of mine." He said to him: "Give me the ladle and take the dinar." The case came before R. Mana, and he said to one of them: "Thou hast confessed to him that thou owest him the dinar and he has not confessed to thee that he owes thee the ladle. Go, give him the dinar."

A certain man owed his comrade 100 dinars by written contract. He sent 50 (to his creditor) by means of a messenger, saying to him: "If he does not give thee the contract thou must not pay him anything." The case came before R. Immi and he decided thus: "Go, give him the written contract; we know (that 50 dinars are still owing)."

A certain man was about to betroth a certain woman. His companion anticipated him and said to the woman: "That man who was going to betroth thee has an evil disposition. He is certain to forsake thee: but see, here is this dowry for thee by which thou art betrothed to me when he divorces thee."

123 (III. 14:64c)

DISABILITIES OF BASTARDS.

A proselyte came to visit R. José. He asked him: "Is it right to marry a bastard?" He replied: "It is allowable." He returned and went to visit R. Judah (and put the same question). He replied: "It is allowable, but be assured that the children of that man are bastards before Heaven." The proselyte returned and came again before R. José and said to him: "Didst thou know that this is so? Why then didst thou declare it allowable at my first visit?" He replied: "What thou didst ask me, I answered thee." R. José further said: "That proselyte is like cotton wool. If you desire to put it into sheep's wool, it is allowable; or to put it into linen, it is allowable."

In the days of R. Berakiah, a Babylonian came up here; and the Rabbi knew in himself that he was a bastard. "Rabbi," said the man, "Give me alms." Rabbi replied: "Tomorrow thou wilt be standing in the congregation, and I will make a collection for thee." He came, sat down and expounded. When he ceased to expound Rabbi said: "Give a contribution to this visitor, brethren, for he is a bastard." When the assembly had gone away, he said to him: "O Rabbi! I asked from thee provision for the life of an hour and thou hast ruined my whole life-time."

BABA ḲAMA

DAMAGES AND INJURIES

124 (VI. 7:5c)

DEPOSITS OF MONEY.

A certain man deposited with his companion a closed sack, and it had an accident. The defendant said that the sack was full of rubbish, while the accuser said it was full of silk. Behold! the accuser swears what the contents were and receives the value.

The tenant of bar Ziza deposited with a certain man a pound of gold. Bar Ziza died and the tenant died and the case came before R. Ishmael, son of R. José, and he said: "Who is there who does not know that everything which belonged to the tenant of bar Ziza belonged to bar Ziza himself? Let the goods deposited be given to the sons of bar Ziza." Now some of Bar Ziza's sons were of age and some were under age. R. Ishmael said: "Let those which are of age take their share now: and when those under age come of age let them receive their share." R. Ishmael, son of R. José, fell asleep. The case then came before R. Ḥiyya and he said: "If there is no one who has heard anything of this let the money be given to the sons of the tenant." The master of the deposit said: "Already I have given part (to the sons of bar Ziza)." He said to him: "Whatever thou hast given in accordance with the decision of the Beth Dîn, thou hast given (irrevocably). And what thou givest now, thou givest (irrevocably). Should the sons of the tenant of bar Ziza say to the sons of bar Ziza, 'Give to us what ye have taken,' they can reply to them: 'Whatever has been done in accordance with the decision of the Beth Dîn has been done (irrevocably).' Should those under age say to those over age, 'Divide your share with us,' they can reply to them: 'What has been found, *we* found.'" R. Isaac said: "There is no obligation between those of age and those under age except as one presents a gift to another."

BABA METZIA

COMMERCIAL LAWS.

125 (II. 13:8*d*)

MOURNING FOR RABBIS.

A certain man gave the first impulse to Rab. (*lit*. opened his mouth). Rab heard that he had fallen asleep and he rent (his clothes) for him.

R. Joḥanan was going up from Tiberias to Sepphoris. He saw a man coming down from there, and he said to him: "What news (*lit*. voice) is in the town?" He replied: "A Rabban is dead and all the people are running to pay him funeral honours." R. Joḥanan knew that it must be R. Hanina. He sent someone to fetch good clothes, worn only on the Sabbath, and Rabbi rent them. Not so however is the Mishna; for it says that every rent which is not made on the spot (where death occurs) is not a rent. R. Joḥanan desired to do something strong to show honour (to the dead). They do not know whether it was because Hanina was his Master, or because it was such very bad news. We have testimony on the matter from R. Ḥiyya bar Wa in Sepphoris. He saw all the people running. He said to them: "Why is all the world running?" They said: "R. Joḥanan is sitting expounding in the college of R. Bannayah, and so all the people are running to hear him." R. Ḥiyya said: "Blessed be the Merciful One who has caused me to see fruit while I am alive. In Exposition, I elucidated all the Bible to him except Proverbs and Ecclesiastes." This applies to every single disciple of his.

126 (IV. 1:9*c*; IV. 2:9*c*)

LOANS OF MONEY.

A daughter of R. Ḥiyya, the elder, lent dinars to Rab. She came and asked her father. He said to her: "Accept from him dinars good and of full weight." From the daughter of R. Ḥiyya they establish a Rule. R. Idi said that Abba also, the father of Samuel, consulted Rabbi to know if it is right to repay a loan of dinars by dinars. He said: "It is permitted." Other Rabbis taught the same.

R. Ḥiyya bar Joseph gave a dinar to a salt dealer. The dealer returned the dinar. R. Ḥiyya said: "Does he not know that already they have put a sickle in the sack of that man? He who took vengeance on the generation of the deluge is about to take vengeance on those who do not stand by their word."

127 (V. 8:10*c*)

PROFIT ON LOANS.

R. Abba bar Zemina gave a dinar to a baker and received (bread) from him at a low rate for all the year. Rab did not approve of it.

R. Hiyya, the elder, had a quantity of flax. The ass-drivers came to buy from him. He said to them: "It is not my intention to sell now, but at the Feast of Purim." They said to him: "Sell to us now at the price you are about to sell it for at Purim." He consulted Rabbi on the matter and he said: "It is forbidden." He went out and fixed it in the college and made it a tradition.

R. Laᶜazar gave dinars to a man. He said to him: "What these make from now to the feast of Dedication is mine. From that time onwards, with thee alone is the control. Whether thou losest or gainest, it is thine." He wanted to pay him a share of the profits *after* Dedication, but he would not accept it.

R. Isaac gave dinars to a man desiring that it should be on the same terms as R. Laᶜazar's, but the man would not consent.

Kahana gave forty dinars to a man to buy flax for him. The flax was dear. He went to consult Rab. Rab said to him: "Go, take from him forty full measures."

BABA BATHRA

LAWS CONCERNING PROPERTY

128 (II. 3:13*b*)

GRIEVANCES OF TENANTS.

R. Jacob bar Aḥa removed a shopkeeper from one portico to another.

R. Abdomi, brother of R. José, had a shopkeeper dwelling under him. R. Aḥa passed by, and he did not raise any objection. Whereupon Abdomi said: "Our Rabbis pass by and they raise no objection." R. Aḥa was angry at him (the Rabbi). R. Abdomi, brother of R. José, was ill and R. José went up to pay him a visit. He said to R. José: "Go, (to R. Aḥa) and entreat (pardon) from him." He went and spake to the Beth Dîn. And the Beth Dîn had compassion on him and furnished him with a shroud.

A man sold all his court, but reserved in it one portico. And he used to go in and sit in this portico. The case came before R. Jonah, son of R. José. The court said: "It is not at all in thy power to go in and sit there watching who enters and comes out of his house."

A man sold part of a court, but reserved for himself a bakery in it. The case came before R. Jonah and R. José. They said: "Thou didst come to him: He did not come to thee and therefore thou, the buyer, must tolerate the old bakery."

129 (ibid)

CAUSES OF LAWSUITS.

Those who teach children and those who make low fences are able, or their friends, to protest one against another. The latter may say to the former: "These (children) go and come in seeking thee, and not finding thee, and they multiply paths over our gardens (*lit.* over us)."

The Sepphorites refused to allow one another to fasten the loom pin to the party wall. R. Abimi, son of Tobi, taught that they should put a loom between one partition wall and another.

129a (IX. 7: 17a)

BETROTHAL PRESENTS.

A man sent to his betrothed numerous betrothal presents. His relatives said to him: "Do not taste anything when you are there." He went, and did not heed their advice, but ate. The house fell and they claimed all.

A man sent to his betrothed twenty-four wagons of novel kinds of things between Passover and Pentecost; and nothing perplexed the Rabbis but whence he obtained the seed of flax and olive trees.

SANHEDRIN

130 (I. 1: 18a, b)

RABBIS AS JUDGES.

R. Ba and R. Benjamin bar Japheth were disputing before R. Isaac. The decision was given in favour of R. Benjamin. R. Ba (in chagrin at losing the case) came desiring to protest to R. Amme; and he taught him that when an expert has overturned (a decision) and pronounces judgment, his decision is final.

R. Abahu was sitting judging in the turbulent synagogue of

Caesarea, by himself (i. e. alone). His disciples say to him: "Not so do the Rabbis teach us. Their precept was: 'Do not judge alone!'" He said to them: "When these people see me sitting judging by myself they come unto me that they may agree with my decisions."

R. Johanan, however, went to judge in the presence of R. Ḥiyya, the elder, and he caused a disciple to sit by him, (that he might not judge alone).

A man went to argue before R. Huna and the Rabbi said to him: "Bring me a man who shall climb the palm trees instead of me."

R. Huna was tending cattle and he knew of evidence for a certain man. He said to him: "Bring evidence on my behalf." Huna replied: "Give me my wages."

A man rendered a priest unholy. The case came before R. Isaac and he caused him to eat profane things. The associates thought that he would say that he must pay the cost of the Terumah because of them.

131 (III. 2: 21*a*)

OTHER STORIES.

As they say, two men had a law suit in Antioch. One said to his opponent: "Whatever R. Johanan says I will agree to." R. Johanan heard and said: "It is not at all his business to object to the adjudicator but to hearken to their words yonder and if there be any necessity the Rabbis would write and send the case to (other) Rabbis."

(III. 9: 21*c*; III. 10: 21*d*).

R. Huna, when he saw testimonies exactly corresponding used to cross-examine, and when he saw them turning hither and thither he tried to put them straight.

R. Huna despised the judge who said: "Rely on the testimony of a solitary witness, but such must speak."

R. Huna when he recognized a man's innocence in a law-suit, though he did not know him, would help him by suggestions (*lit.* "open for him") according to the Scripture passage: "Open thy month for the dumb." (Prov. 31^{8}).

A certain man accepted an invitation to dine. During dinner

(ἄριστον) he (his host) said to him: "Give me what thou owest me." He said to him: "Yes." After they rose, the guest said: "I do not owe thee anything." He said: "There are witnesses on my side." To which he replied: "I merely said what I did so as not to disturb thy repast."

Kahana fell asleep and left a legacy to R. Josiah. R. Lazar gathered testimony favourable to R. Josiah, when he was not present, and acquired possession for R. Josiah. And not only so but (Kahana) left written rolls, and R. Lazar wrote to his heirs: "The books which the land of Israel has acquired, no one must take them out of the land."

132 (VI. 5: 23 *b*)

THE SON OF SIMEON BEN SHETAḤ.

The hands of Simeon ben Shetaḥ were hot (busy in suppressing crime). A company of scoffers came saying: "Let us take counsel and let us bear (false) testimony against his son, that we may cause him to be put to death." They bore testimony against him and sentence was pronounced against him. When he went out to be slain they said to him: "We are liars." His father sought to have the sentence reversed; but the son said: "O father, if thou desirest that salvation should come through thee, make me thy threshold."

(VII. 19: 25 *d*)

RABBIS AS MAGICIANS.

R. Liezer, R. Joshua and R. Aḳiba went in to bathe in the public baths of Tiberias. A heretic saw them. He uttered some magic word (*lit.* he said what he said) and the vault (in the bath) held them spell-bound. R. Liezer said to R. Joshua: "Joshua ben Hanina, see what thou canst do." When that heretic was going out, R. Joshua uttered a magic word and the gate pinned him, and every one who entered the gate gave him a blow, and every one who went out gave him a squeeze. He said to them: "Undo what ye have done." They say to him: "Release us and we will release thee." They released one another. When they were going out R. Joshua said to that heretic: "Look here, what canst thou do?" He said: "Let us go down to the sea." When they came down to the sea the heretic spake a magic word and the sea divided; and he said: "Did not Moses your Rabbi do so with the sea?" They said to him: "Dost thou not admit to us that Moses, our Rabbi, walked in the midst of the sea?" He said to them: "Yes." They said: "Walk thou in the midst of it;" and he did so. And R. Joshua adjured the prince of the sea; and he swallowed him up.

133 (ibid)

R. Liezer, R. Joshua and Rabban Gamaliel went up to Rome. They went into one place and found children making castles of sand, and they were saying to one another: "Thus the sons of the land of Israel do. They say: 'This for the Terumah, and this for the tithe.'" And the Rabbis said: "It is evident that there are Jews here."

They entered a place and were entertained by a certain man. When they sat down to eat (they noticed that) every dish which came in before them was first taken into a side chamber. And they suspected that they were eating the sacrifices of the dead. ($\varepsilon\iota\delta\omega\lambda o\vartheta v\tau a$). And they said to him: "What is thy meaning in the fact that every dish which thou bringest in before us, thou hast first taken it into that chamber?" He said to them: "I have a father, an old man, and he has laid an oath upon his soul that he will never come out from that chamber until he has seen the wise men of Israel." They say to him: "Go in, and say to him: 'Come out here unto them, for they are here.'" He came out unto them. They say to him: "What is thy concern?" He said to them: "O pray for my son, that he may have a child," (lit. who has no child). R. Liezer said to R. Joshua: "Joshua ben Hananiah, see what thou canst do." He said to them: "Bring me seed of flax;" and they brought him seed of flax. And he seemed to be sowing the seed upon the table. Then he seemed to be sprinkling it. Then he seemed as if it was growing. Then he seemed to be reaping it, until he brought up a woman with a plait of hair. He said to her: "Release what thou hast done." She replied "I will not release it." He said to her: "If not I will denounce thee." She said to him: "I am not able, for they are cast into the sea." Then R. Joshua adjured the prince of the sea, and he emitted them. Then they prayed for the son, who obtained the honour to raise him who became R. Judah ben Bethera. They said: "If we came here only to resuscitate this righteous man, it was enough for us."

134 (ibid)

FURTHER STORIES.

R. Joshua ben Hananiah said: "I am able to take gourds and melons and to make them into he-goats and gazelles and they reproduce goats and gazelles."

R. Jannai said: "I was walking in a street of Sepphoris and I saw a heretic taking a pebble and throwing it into the air, and it came down and became a calf."

R. Hinana son of R. Hananiah said: "I was walking on the river-side at Sepphoris and I saw a heretic take a skull and throw it into the air and it came down and became a calf. I came and told Abba (or my father) and he said to me: "If thou hast eaten of it, it was a fact: but if not, it was an illusion of the eyes."

(X. 6: 29 c)

Antoninus came to see Rabbi and said to him: "Pray for me." He said in reply: "May He deliver thee from this cold weather! for it is written: 'Who can stand before his cold?'" (Psa 147^{17}). Antoninus said: "This prayer is not extraordinary. Put on thy clothing and lo! the cold goes away." The Rabbi then prayed: "May He deliver thee from this hot weather!" He said: "Behold! this *is* prayer. Now may thy prayer be answered: for it is written: 'There is nothing hid from the heat thereof.'" (Psa 19^7).

ABODA ZARA

IDOL-WORSHIP

135 (I. 1: 39 a, b)

LEGENDS OF JEROBOAM.

In the days of Jeroboam all Israel came to him at night-fall and they said to him: "Arise, engage in idol worship." He said to them: "It is the fall of the evening. One has drunk, but one is not drunk. All the people are drunk; but if you will, go away and come in the morning." In the morning they came unto him. He said: "Now I know that ye desire it but I am afraid of your Sanhedrin lest they slay me." They said to him: "We will slay them." When he saw a worthy man he caused to sit near him two scoffers, and they would say to this man: "Which is the most beloved generation of all?" He would say: "The generation of the wilderness." And they would say to him: "Did they not engage in idol worship?" And he would say: "Because they were beloved, they were not punished." They would then say: "Hush, the king is desiring to do so; and not only so, whereas they made but one calf, he is making two."

136 (I. 4:39*d*)

BUYING IN FOREIGN MARKETS.

R. Hiyya bar Wa sent to buy sandals for himself from the market of Tyre. R. Jacob bar Aḥa said to him: "Art thou one of those who buy in a market?" He said to him: "Hast thou never bought a Lesbian loaf?" He answered: "That is different, for R. Johanan said: 'They do not prohibit anything which is the life of the soul.'" R. Simeon ben Johanan sent and asked R. Simeon ben Jozadak: "Hast thou examined the market-place of Tyre? and what about it?" He said: "Yes I have examined it." The fact was, he gave two pounds of pepper to a courier and he went for him and found an inscription on which was written: "I, Diocletian the Emperor, built this market-place of Tyre to the divinity of Heraclius, my brother, in eighty days."

137 (II. 2:41*a*; II. 4:41*c*).

BARBERS AND WINE-SELLERS.

A proselyte had been a barber and an astrologer: and he saw by means of his Astrology that the Jews would shed his blood. It was nothing but the blood of proselytism, but whenever a Jew went desiring to be shaved he would cut him.

R. Jeremiah went to Gabalene. He taught in relation to those large wine vessels, *ποτήρια*, that one should fill them with water three days, from time to time. There was an Aramean whose wine-skin burst and an Israelite received the wine into his wineskin. The fact came before our Rabbis. They gave orders to fill them with water three days, from time to time.

R. Jassa went to Tyre. He saw them covering with pitch small wine-skins and Israelites buying them. He said: "Who permitted this?" They asked R. Isaac and R. Mana and they forbad it.

138 (III. 1 : 42 *c*).

FUNERALS OF RABBIS.

When R. Nahum bar Simai fell asleep, they covered the statues (**εἰκων**) with curtains. They said: "As he never saw them in his life he shall not see them in his death (*lit.* sleep)." But do the dead really know anything? R. Simeon ben Laḳish said: "There is no difference between us (who are alive) and the righteous (dead) except words from the mouth: that is the only difference."

When R. Aḥa fell asleep, there appeared a star at midday.

When R. Ḥanan fell asleep, the statues of men bowed themselves. When R. Johanan fell asleep the wall pictures bowed themselves. They say that there was no window picture. When R. Hanina of Brath Hawran fell asleep the sea of Tiberias was rent in twain. They say that when he went up to the Intercalation the sea was rent before him. When R. Hoshaiah fell asleep the idol of Tiberias fell. When R. Isaac son of Eliashob fell asleep 70 door frames of the chief houses of Galilee were upset. They say that they depended on his piety. When R. Samuel, son of Rab Isaac, fell asleep, the cedars of the land of Israel were uprooted. They say that he took a myrtle branch and danced before brides.

When R. Jassa bar Ḥaluphta fell asleep the gutters in Laodicea flowed with blood. They say that he gave his soul on behalf of circumcision.

When R. Abahu fell asleep the pillars of Caesarea wept. The Samaritans said that they were only rejoicing. Israelites said to them: "Those who are afar off know when those who are near are rejoicing." When R. Abahu was falling asleep, there passed before him 13 rivers of balsam oil. He said to them: "Whose are all these?" They said to him: "They are thine." And he said: "All those for Abahu! And I thought I had laboured in vain." (Isa 49[4]).

Zabdi bar Levai, R. Jose ben Petrus and R. Joshua ben Levi each said a passage of Scripture when he was dying. One of them said: "For this shall every one that is godly pray unto thee." (Psa 32^6). Another said: "Let all that trust in thee rejoice." (Psa 5^{11}). And the third said: "How great is thy goodness!" Psa 31^{19}).

139 (IV. 1 : 43 d; IV. 4: 44 a).

RABBIS ABROAD.

R. Simeon ben Rabbi had a Mercury statue in his field. There came to him the station keeper. And he said to him: "Inasmuch as I hear that the Governor (ἄρχων) desires to pass here tomorrow I pray thee by thy life to remove these stones." After he had removed them he went to the Rabbi desiring to take the stones, but the Rabbi at once said: "No, they are mine." R. Ḥiyya bar Wa heard and he (quaintly) said: "His mother had a son." R. Ḥiyya the Elder did not teach it, but when he heard it from him he confirmed and established it.

R. Ḳappara found a ring, tied up. An Aramean child ran after him for it. The child was smiting it and cursing it. Rabbi told him to spit upon it but he did not consent to do so. This means that the heathen can unwittingly cancel his own idol worship.

140 (V. 4 : 44 d).

JEWS AND SAMARITANS.

R. Simeon ben Lazar went to a town of the Samaritans. There came to him a scribe. He said to him: "Bring me a jar of wine that has been bored." He said to him: "Behold the fountain is before thee, drink." He persisted: and he made the same reply: "The fountain is before thee, drink." The scribe saw that he was pestering him, and he said: "If thou art master of thy soul, behold! the fountain is before thee, drink: if thy soul is mistress over thee, then 'put a knife to thy throat, if thou art a man given to appetite.'" (Prov 23^2). Previously the Samaritans had profaned it.

R. Ishmael ben R. Jose went to Neapolis (Nablous). The Samaritans came to him. He said to them: "I will show to you that you do not kneel before this mountain, but before the images which are under it: for it is written: 'Jacob hid them under the terebinth which was near Shechem.'" (Gen 35^4). He heard them saying: "We will rise early and arrange those thorns." He knew that they were seeking to slay him. He rose earlier and went his way.

R. Aḥa went to Emmaus and he ate dumplings. R. Jeremiah ate cakes. R. Jeremiah ate their (the Samaritans) leavened bread. R. Ḥezekiah ate locusts. R. Abahu forbad their wine according to the decision of R. Ḥiyya and R. Asse. (Why was Samaritan wine forbidden?) There are those who desire to say that one Sabbath eve there was not found any wine in the Samaritan district. At the end of the Sabbath there was abundance from what the Arameans brought; and the Samaritans received it from them. There are others who desire to say that when Diocletian the Emperor went up thither, he put an interdict on wine and said all peoples might make libations except the Jews; and the Samaritans made libations and therefore their wine was forbidden. Others yet again desire to say that Samaritans have an image like the form of a dove, and they pour out libations to this.

VOCABULARY

VOCABULARY.

[Numbers refer to Aramaic Fragments.]

א

אָב, *d.* אַבָּא, *con.* אַב *m.*, father, originator. אַבָּא, my father: אֲבוּי his father; also אֲבוּהַ; *pl.* אֲבָהָן, *d.* אֲבָהָתָא ancestors, 45.

אֲבַד to be lost, 45; to perish; *Aph.* אוֹבֵד to lose, to ruin, 123.

אַבְדָלָה *f.* The Benediction at the close of the Sabbath.

אבדוקום disguised for אֶבְדוֹקוֹס = *Εὔτοκος*, 110.

אָבְטְיוֹנָא (*ὀπτίων*) *d. m.* a commissary, a Roman quartermaster, a lictor, 90.

אַבְטִיחָא, *d. m.* a melon, 134.

אֲבֵיל to mourn.

אָבֵיל *m.* a mourner; pl. אֲבֵילַיָּא, 11, 16.

אֲבָל or אַבְלָא, *conj.* but, 16, 38, 100, 110.

אבמיסים disguised for אֶבְמוּסוֹס = *Εὔμουσος*, 110.

אֶבֶן, *d.* אַבְנָא *f.*, a stone, 45.

אַגָּדָא *f.*, Aggada: homilitical interpretation of Scripture; esp. by illustration and anecdote, 70, 116, 123.

אֲגוֹדָא *d. m.*, a band, bast, a knot, 90.

אֲגַר to hire; *inf.* מֵיגַר; *Aph.* אוֹגר to lend for hire, 103.

אֲגַר, *d.* אַגְרָא, *m.*, hire, wages, 130; *pl.*, 85.

אָדָא *pron. f.*, this, that.

אדורי, אַהֲדוּרֵי *m. pl.*, procession.

אֲדַיִין *adv.* still, yet, 48.

אֲדָם, *d.* אַדְמָא *m.*, blood, 137.

אֲדָר *m.* Adar, the 12th. month, about March. The Jewish months were lunar. Twelve such months are $354\frac{1}{3}$ days. A solar year, $365\frac{1}{4}$ days: so that every two or three years, a second Adar was intercalated, 86, 122.

אֶדֶר, *d.* אִדְרָא *m.*, a skin, hide.

אֶדְרַע *f.*, an arm, 8.

אַהֲבָה (*Heb.*) *f.*, love, 43.

אֲהָן *pron.* this, 9, 80; that, 14, 120, 136. אֲהָן דְ he who, 14; כָּל אֲהָן דְ: wherever, 38.

אֲהָנוּ = אֲהָן הוּא Is this he? 70.

אוֹדִיק Aph. of דוּק, to look.

אוּדְנָא *d. f.*, an ear.

אוֹיָים *interj.*, Ho! Halloo! 112.

אֲוִירָא *d. m.*, (*ἀηϱ*) air, sky, 105.

אוּכָם *adj. m.*, black, 68.

אוּלְפָן *m.*, doctrine, instruction, 99; (2) The Law: legal tradition, 116.

אוּמָּא *f.* a people, 91; *pl.* אוּמַּיָּא, 140.

אוּמַּן *m.* an artisan.

אוּמָּנוּ *f.* a trade, 111.

אוֹנֶס, *d.* אוּנְסָא *m.* accident, injury, 16, 124.

אוֹף *conj.* too, also.

אוֹצָר *m.* a treasury, 78; a granary, 94.

אוֹרָיְיָא, *d.* אוֹרָיְיתָא *f.* the Mosaic Law, 3, 21, 32, 86; 'words of law', 105.

אַזָא to make hot, to heat (Dn 3[19]), 83.

אֲזַל *imf.* יֵיזֵל, 96; *imv.* זִיל, 66: אִיזִיל, 98, 112; *inf.* מֵיזַל: to go, to go away, to vanish, to be gone, disregarded, to die, 82, 112.

אַח, *d.* אַחָא *m.* a brother; אחוי 'his b' 23; pl. אַחִין, 51; *d.* אַחַיָּא.

אַחָא Aha, name of a Rabbi.

אַחְוָנַיָּא *m. pl.* plums, 31.

אֶחָד *m.*, אַחַת *f.* one (*Heb.*).

אֲחִיזָה (*Heb.* אחז) a seizure: 'of the eyes'; an optical illusion, 134.

אֲחוֹרָא backward; *pl.* אֲחוֹרֵי back part., 'of hands', 102. *Prep.* behind.

אַחֲרֵי *Prep.* (Heb.) after, 71, 90.

אַחֲרָיָא *m.* אַחֲרָיְתָא *f.* another, last, 45.

אֲחָת *f.* sister; אֲחָתֵיהּ 'his s.' 52, 85, 113; pl. אַחְוָן, *d.* אַחְוָתָא.

אֲטִימִיטוֹן (*ἀτίμητος*) *adj.*, priceless, 142.

אִי (1) if, whether, or; אִי ... אִי whether or, 44; (2) = אִין it is not.

אֵי Woe! 69, 91; (2) where?

אֵיבָר, *m. pl.* אֵיבָרִין, אֵיבָרַיָּא, limbs, members, 82.

אִיגָּר, *d.* אִיגָּרָא *m.* a roof, 68; אִיגָּרֵיהּ 'his roof', 128.

אֵידִין *pron.* אֵידָא *f.* which? 115, which passage of the Law?

אִיהוּא *m.* אִיהִי *f.*, he himself, she herself.

אִיזָא *m.*; pl. אִיזַיָּא thorns, 85.

אִיזְמֵיל *m.* a knife, 106.

אִיטְלִיסִין *m. pl.*, booths.

אַיְלֵין pl. which? 'Which Rabbis?' 10.

אִיָּיר Iyyar, the 2nd month, about May.

אֵיךְ *adv.* How? 49, 68; as, 78.

אִיכָּא = אִית כָּא, there is, or, are (sunt qui); "here is good reward." 56.

אֵיכַן *adv.* where?

אִיכְפַּת care, 9.

אַיִל *m.* a ram, 134.

אִילוּ if, 3, 73, 79.

כְּאִילוּ as if.

אִילוּלֵי if not, but for.

אִילוּלָא דְ if he had not (been great) 61.

אַלֵּין *pl.* of אֵיזֶה which? Which Rabbis? 10.

אִילֵּין *pl.* these, those, 7, 51, 111, 116.

אִילָן *d.* אִילָנָא *f.*, a tree, 53.

אִילְפָא *f.*, a ship, 20, 112, 120.

אִימָּא *d. f.* mother; אִימֵּיהּ 'his m.', 9, 23, 46; אִמָּא 'my m.' cf. אַבָּא.

אֵימָה *f.* fear, awe, 117.

אִימְמָא *d. m.* day-time, broad day, 21, 23.

אִימַּר *m.* a lamb, 40, 109, 81.

אֵימַת *adv.* when? 87; עַד אֵימַת how long? 37; אֵימַת דְ whenever.

אֵין not, nothing; אֵינֵיהּ he is not.

אִין if, 10, 47, 82, 106, 112; when, 69, 112.

אִין yes, 63, 91, 131; sign. of interrogation.

אִינְיָינִי Inyani, an Amora, 96.

אִינּוּן *pl.* these, they.

אִיסּוּר *m.* a prohibition: that wh. is prohibited, 79.

אִיסְטְוָא, אִיסְטִיב (*στοα*) *m.* a portico, colonnade, 128.

אִיסְטְרוֹלוֹגוֹס (אִיצְטְ 137) an astrologer, 91, 137.

אִיסְטְרוֹלוֹגְיָא Astrology, 137.

איסקרנדה (for אִיסְקוּדְרָא, *Pers.* iskodar) a courier, 136.

אִיסָר an *as*, $\frac{1}{24}$ of a denar, 121.

אִיסְרָטָא (*corr.* strata) a street, 97.

אִיסְתְּנֵיס (*ἀσθενης*) sick, infirm, 35, 96.

איפופי vocalized so as to resemble אֱלוֹהַי but due to a fancied resemblance between Heb. יהוה and Gk. *πυπι* Popi, 119.

אִיפְשַׁר possible, 39, 46, 88; לֵית אִיפ׳, 90.

אִיקוֹן (*εἰκών*) *c.* image, statue, 138.

אִיקָר, *d.* אִיקָרָא, *m.* honour, 45, 61; eulogy, 114.

אֲיַשַׁר good luck, 104.

אֶישָׁא, *d.* אֶישָּׁתָא, *f.* fire, 49.

אִית there is, there are, 2, 32.

אִית לִי I have, 9, 131, 122, 139.

אִית דְּ There are (were) some who, 45, 101.

אִית בִּי It is in me, I can; 112, canst thou?

אִית הֲוָא (rare; freq. in Syr) there is, 59.

אִיתְּתָא *f.* a woman, wife, 93, 103, 133; *d.* אִיתְּתָא, 80, 103; אִיתְּתֵיהּ 'his wife' 12, 79, 86; *pl.* נְשִׁין women, 9; *d.* נְשַׁיָּא, 96.

אִיתְּמָל yesterday, 101.

אָכֵין thus, 16, 46.

אֲכַל, *imf.* יֵיכֻל; *inf.* מֵיכוּל: to eat, 13, 15, 20, 32;

Aph. אַיכֵל to give to eat, 16; Part. מַיְיכִיל, 47.

אַכְסַנְיָא (*ξενία*) lodgings, 25; beggar, 38.

אִכְפָּה or אִכְפַּת care, concern.

מַה אִכְפַּת לֵיהּ or מַאי, What does it concern him? 9.

אַל not (dissuasively, Heb.).

אִין לָא = אֶלָּא if not, except, 43, 79; but, 7, 16, 26, 104, 111, 123.

אֵלָה *f.* terebinth, 140.

אֱלָהּ God, 38.

אִלְהֵן if not, unless, except.

אִלּוּ or אִילּוּ (q. v.) if, 3, 80, 93.

אֵלִיָּהוּ Elijah, 69.

אַלֶכְסַנְדְּרוֹס Alexander.

אַלֶכְסַנְדְּרִיאָה Alexandria.

אֲלִיסִין *pl. only,* ruins, 144.

אֱלִיעֶזֶר Eliezer: name of several Rabbis, 61.

אֶלְעָזָר Eleazar: name of several Rabbis, 6, 109.

אֲלַף or אֲלַף, a thousand, 42, 45. *Pl.* אַלְפִּין thousands, 42.

אֲלַף, *imf.* יֵילְפוּן to learn, practise; Pael אַלֵּף to drill, teach, 113, 130; *Aph.* אוֹלֵף to teach; אוֹלְפַן 'taught us', 88.

אִם *f., d.* אִמָּא mother (see אִימָא).

אַמָּה or אַמָּא, d. אַמְּתָא a cubit, the forearm, 125; *pl.* אַמִּין, *d.* אַמְּהָתָא (Heb. אַמּוֹת 88) cubits.

אֵמָא = אֲמַר to say, speak, 79, 93.

אִמְגַיֵּירְתָא blood of proselytism, 137.

אָמוֹרָא, *d.* a speaker, lecturer. One who expounded the views of a Rabbi in the Synagogue, 110. The Amoraim were Rabbis who expounded the Mishna.

אֲמַן, *Aph.* הֵימֵין to believe, trust, 7.

אֲמַר, *imf.* יֵימַר; *inf.* מֵימַר: (1) to say; אָמְרִינַן we said, 38;

אֲמַר מָה דַאֲמַר "he said what he said" = he uttered a magic word, 132; (2) to tell, order, 4, 97; (3) to mean, 95, 112, 125. Ithpe. to be said or spoken, איתאמר, 120.

אָן where? 51, 71; אָן דְּ where.

אֲנָא *pron.* I, myself.

אָנוּ we, 58.

אִנּוּן they; fem אִנֵּין.

אַנְגַּרְיָא (ἀγγαρεία) *f.* forced service, 2.

אַנְדְּרִיאַנְטוֹס (ἀνδριάς, -αντος) *m.* a man-like statue, especially, one of the Emperor.

אַנְדְּרְטָא (= above) a statue; pl., 138.

אַנְטִיפוּטָא (ἀνθύπατος) *m.* proconsul, 28, 109.

אַנְטוֹכְיָא Antioch in Syria, 28.

אֲנַן *pron.* we.

אֱנַשׁ, *d.* אִינְשָׁא *m.* man.

אַנְתְּ *pron.* thou.

אֲסָא to be healthy; Pael to heal; Ithpa. אִיתַּסִּי to be healed, 93.

אָסֵי, *d.* אָסְיָא a physician, 96, 100.

אִסְטְלָא (στολη) *f.* a garment.

אִסְטְרָטָא (strata) *c.* a street; *pl.*, 90.

אִסְלָטִין, error for אִסְטְדִין arena, theatre, 29.

אַסְקוּפְּתָא a cross piece: meat hung on a butcher's cross-piece, 97; threshold or lintel, 132, 138.

אֲסַר to bind, to render spell-bound, to forbid, declare illegal, 10, 21, 74, 89; *Peil,* אֲסִיר forbidden, 109; *Ithpe.* אִיתְּסַר to be forbidden.

אֲסִיר forbidden, 54; unlucky.

אָע, *d.* אָעָא *m.* wood; *pl.* beams.

אַף too, also, even.

אַף עַל פִּי כֵי nevertheless, 95.

אַף עַל פִּי שֶׁ although, 98.

אַף עַל גַּב דְּ although, 114.

אַפָּא *d. m.* face; *usu. in pl.* אַפִּין, 5; אַפּוֹי his face, 112.

אֲפָא to bake; *inf.* מֵיפָא, 101.

אַפּוּקֵי *apoc. pl.* exit, termination, 54.

אַפּוֹתִיקֵי (ἀποθήκη) storehouse, granary, 119.

אפיפסרוס Epippesarus = Palmyra.

אֲפִילוּ even, 68, even if, 29, altho', 63.

אֲפִילוּ כֵן even so, 76, 80.

אֲפִילוּ ... אֲפִילוּ either ... or, 62.

אַפִּיקָרְסִין *pl.* underwear, bathing dress, 9.

אֲפַךְ to turn, to flee; so Pael 71; (2) to care for, to look after.

אַפְרִיקִי Africa, 77; (2) Phrygia.

אֲפַרְסְמוֹן (βαλσαμον) *m.* balsam, 138.

אַפְּתֵי *apoc. pl.* spreading (of evening), night-fall, 135.

אֶצְבַּע *f.* finger, 45, 69, 85, 90, 102; *pl.* toes, 102.

אֵצֶל *prep.* (*Heb.*) with, 31, 112.

אֲקוּלַס *m.* Aquila.

אֶרְאֵל *m.* angel; pl., 68.

אַרְבְּעָה *m.*, אַרְבַּע *f.* four, 32, 85, 88.

אַרְבַּעְתַּי the four, 85, 92.

אַרְבְּעִין forty.

אַרְבֵּיסַר fourteen.

אַרְגְּוָן purple.

אַרְגֶּנְטְרְיָא (argentaria) table plate, 58.

אַרְגְּרוֹן (ἄργυρον) a small silver coin.

אָרוֹן *c.* the ark; (2) a coffin, 13, 69.

אֶרֶז, *d.* אַרְזָא *m.* a cedar, 85.

אֲרַח to lodge, sojourn; so *Nithpael*, 31.

אֲרַח, *d.* אָרְחָא *m.* a traveller; *pl.* guests, 61.

אֲרִי, *d.* אַרְיָא *m.* a lion; *pl.*, 78.

אָרִיס, *d.* אֲרִיסָא *m.* a farm labourer, 53; tenant, 124.

אֲרִיסְטוֹן, (ἄριστον) a dinner, 23, 112, 131.

אֲרַךְ to be long;

Aph. אוֹרֵךְ to prolong, ('prayer') 99; with רוּחַ to test, 106; (2) to tarry, wait, 96.

אַרְכוֹן *m.* a ruler, elder, 14, 28, 138.

אַרְכֵי *f.* a court of elders.

אַרְמַאי *m.* A Roman, 73; pagan, 97, 139.

אַרְמְלָא *f.* a widow, 17.

אֲרַמֵּי, *d.* אֲרַמָּאָה a Syrian.

אֲרַמִּי, *adj. d.* אֲרַמִּיתָא Syrian, heathen.

אַרְמְלוּ, *d.* אַרְמְלוּתָא *f.* widowhood.

אֲרַס, Pa'ul, ארוס betrothed;

Pael, אָרֵס to betrothe.

מְאָרְסָא *f.* a betrothed woman.

אֲרוּסָא *f.* a bride, 129.

אֶרֶס, *d.* אַרְסָא *m.* poison, 80.

אֶרְסְקִינָס Ursicinus, nephew of Constantine, resident as Roman General at Antioch; 28.

אֲרַע to meet, befall;

Ithpe. אִיתְרַע, אירע to be met, to meet; Piel, אִירַע to strike, befall, 124.

אֲרַע, *d.* אַרְעָא *f.* land, 53, 72, 77, 111; earth, ground.

לְרַע, לְאַרַע to the ground, down, underneath.

אַרְעָאָה below, nethermost; (2) inferior.

אַרְעִי, *d.* אַרְעִיתָא the bottom.

אַרְקְלִיּוֹס Heraclius, brother of Diocletian, in whose honour the market of Tyre was built.

אֶשָּׁא, *d.* אֶשָּׁתָא *f.* fire, 49, 65; (2) fever.

אַשִׁי Ashé, President of the Academy at Sura, redactor of the Gemara.

אַשְׁפְּלָא *f.* a basket, 67.

אַשְׁקְלוֹן *f.* Ashkelon, a town of Philistia, 51.

אִשְׁקָק *m.* a street, 105.

אִשְׁתָּא six.

אִשְׁתַּי sixth.

אִשְׁתֵּיסַר sixteenth.

שְׁתִי = אִשְׁתִּי to drink, 135.

אַתְּ *pron.* thou.

אָת, *d.* אָתָא *c.* a sign.

אֲתָא also אֲתָה, 61; *imf.* יֵיתֵי; *imv.* תָּא, אִיתָא, 87, 96; *inf.* מֵיתֵי: to come, 11, 26, 32;

(2) to come to pass, 64; תֵּיתֵי לִי a form of objurgation: "May it come to me!" 74.

Aph. אַיתֵי, *inf.* מַיְיתָא, 45; *imv.* אַיְיתֵי 120, 139: to bring, to fetch.

אַתֵּין *pron. fem.* you.

אַתּוּן *pron. fem.* you, 11.

אִתְמוֹל (also אִית q. v.) yesterday, 62, 95.

אֲתַר, *d.* אַתְרָא, *m.* a place, 11, 55, 77.

אֶתְרוֹג *m.* a citron, 80.

אִתְּתָא a woman, wife (see אִיתְּתָא).

ב

בְּ *prep.* in, into, with, by, in return for, in the case of.

מָה בָּךְ "what canst thou?"

בָּא (1) for אַבָּא father; (2) *partic.* coming, future; (3) *pr. n.* Ba (= Abba).

בְּאֵשׁ to be evil, to be displeasing, to be sick;

אִיבְּאֵשׁ (Peal with *prosth.* א) to be sick, 114.

Aph., to displease, to injure.

בְּאִישׁוּ *f.* wickedness, 105.

בָּבוּיָא *f.* a mirror, a little drum, tympanum, 103.

בָּבֶל *pr. n.* Babylon.

בַּבְלָאי, *d.* בַּבְלָייָה, a Babylonian, 6, 123.

בגין *prep.* for the sake of, 40, 93, 95, 96; because of, 18, 20.

בְּגִין דְּ (*w. Imf.*) in order that, 94; (*w. Pft.*) because, 30, 83, 103, 107, 139; when, 31, 102; (*w. Inf.*) in order to, 55, 131.

בְּגִין כֵּן therefore.

בְּדִיל *prep.* because of, in order that;

בְּדִיל דְּ *conj.* because.

בְּדַק to examine, test, 77, 136.

Peil, tested, sure, known; בְּדִיקָא לִי tested by me, 'I am certain', 44.

ברר, *Pael* בַּדַּר to scatter, disseminate.

בְּהַל *Ithpa.* אִתְבַּהַל to be agitated.

בְּהָלָה *f.* sudden calamity, a shock. 125.

בְּהַת to be ashamed, 68;

Aph. to put to shame, 49; so *Pael.*

בַּהֲתָם *adv.* in Babylonian style: — with a napkin, 35.

בּוּכְרָא *d. m.* firstborn.

בּוּל Bul, the 8th month, about November

בּוּלֶווּטִין *pl.* (βουλευταί) senators, 50.

בּוּלֵי the Senate, Council, 97.

בּוֹן for בְּהוֹן, 11.

בּוֹצִין *m.* a lamp, 80, 84, 90, 117.

בּוּרְגִין (πυργίον) *m.* a turret, station.

בּוּרְגָּנָה keeper of a station, a guardsman, 139.

בְּזָא to despise, 112;

Pael, בַּזֵּי to revile, disgrace; to divide; *Ithpe.* to be divided, to quarrel, 118.

בְּזַז, *Palp.* בַּזְבֵּז to squander, 81.

בְּזַע to rend, tear. — So *Pael*: 68, 104, 125. *Ithpa.* to be rent, 137; to be cloven, 132, 138.

בִּזְיוֹנָא *d. m.* disgrace, 81.

בְּחַר to pick out, choose.

בְּחִיר *adj.* chosen, choice, elect, 112.

בְּטַל to be idle, to cease working, 112; *Pael,* to abolish, cancel, 106, 139.

בַּטָּלָה *f.* vanity, idleness; with לְ: — to no purpose.

בֵּי I = בְּ, in, with, at.
II = בֵּין, between.
III = בֵּית, house of, 23; school, 125, 128.
IV = בֶּן, son of, 11, 29, 55, 70, 120.

בֵּיבַנֵּי *m.* bath-house.

בִּיבָא *d. m.* a tunnel, duct, sewer, 108.

בִּיזָא, *d. m.*; pl. בִּיזַיָּיא breasts, 112.

בִּימָה (*βημα*) a dais, platform, 116.

בִּין to discern. *Pael,* to cause to know, teach; *Ithpolel,* אִתְבּוֹנֵן to understand, 80, 81.

בֵּין *prep.* between, among, 32, 95, 105; *pl.* בֵּינֵי 68, 95, 112.

בֵּיעָא *f.* an egg, 62, 67. *Pl.* בֵּיעִין, 40.

בִּיעוּר *m.* removal, 94.

בֵּיצָה *m.* (heb.) an egg. *Pl.* testicles, 81.

בִּירְתָא *d. f.* a castle, fortress, 9, 53.

בִּישׁ *adj.* wicked, 32, 120; *pl. d.* sick, 100.

בַּיִת, *d.* בַּיְיתָא, *c.* בֵּית; *pl.* בָּתִּין: house, 25, 87.
בֵּית מַקְדְּשָׁא Temple, 87.
בֵּית דִּין Court of justice, 112.
בֵּית וַעֲדָא school or College, 13, 64, 82, 111.
בֵּית מִדְרְשָׁא Library, Lecture-hall for evening meetings, 35, 111, 125.

בְּכָא to weep, 72, 103, 138.

בְּכוֹר, *f.* בּוּכְרָא first-born.

בְּלָא *prep.* without, 115.

בִּלְבַד *conj.* only, 90.

בְּלַע to swallow, 132, 64, 85.

בַּלְעֵם: *Ithp.* to be choked, 81.

בְּנָא to build, 55; *Ithpe.* אִתְבְּנִי to be built, 9, 106.

בַּנַּאי, *d.* בַּנָּאָה *m.* a builder.

בַּנֵּי *m.* a bath, 70, 103, 113, 128.

בִּנְיָמִין *pr. n.* Benjamin, a Rabbi, 130.

בַּנְתִּיקָא a blow on the neck, 132.

בָּסִים *adj.* fermenting, sour, 85.

בסר I *Pael* בַּסַּר to despise, 12.
II *Pael,* to tell good tidings.

בְּעָא to seek, to ask for, to desire, wish, 9, 38, 45, 53, 80, 93, 127, 135; *Ithpe.* אִתְבְּעִי to be sought for, to be requested, 128;
Ithpa. אִיבָּעֵי to entreat, 3, 128.

בְּעַט to kick: so *Pael,* 44.

בְּעוֹט *m.* a kick, 108.

בְּעַל, *d.* בַּעֲלָא *m.* a husband, 80, 95, 103, 117.

בְּעַל דִּינָא a litigant, 119.

בְּעַר to burn, 94; *Pael,* to enkindle.

בַּפְּתֵי w. רמשא night fall, 135 (see אַפְּתֵי).

בקר, *Pael,* בַּקַּר (1) to search, investigate; (2) to visit (the sick), 42, 50, 80, 90, 96, 100;
מְבַקַּרְתֵּיהּ to visit him, 128; (3) to declare free, 78.

בְּקֵשׁ or בִּיקֵשׁ Piel (Heb.) to seek, endeavour, 109.

בַּר, *d.* בָּרָא outside.

לְבַר outside, 111; לְבָרָא, 97.

בַּר מִן *prep.* without, 29; except, 39, 140.

בַּר, *d.* בְּרָא a son; בְּרֵיהּ 'his son', 48, 71, 109; *pl.* בְּרִין: בְּרוֹי 'his sons', 72. Also בְּנִין: בְּנֵינַן 'our sons', 110; בְּנוֹי 'his sons', 123.

בַּר נָשׁ a man *passim.*

בַּר בַּר a grandson.

בְּרָא to create 31;

Ithpe. אִתְבְּרֵי to be created, 3.

בָּרֵי, Creator, 28, 82.

בַּרְבַּרְיָא barbarous or foreign land, 113.

בָּרְיָיא *d. m.* Creator, 83.

בַּרָיָיא, *fem.* בַּרָיְיתָא outer, external, 100.

בְּרִיָּא, *f.* a creature; *pl.* בִּרְיָתָא people, folk.

בָּרַיְיתָא Baraitha, doctrines of the Tannaim not contained in the Mishna. This extra-Mishnic material was collected in the Tosephta.

בְּרַךְ, *Peil* בְּרִיךְ blessed, 46, 51;

Paʿul (Heb.) בָּרוּךְ blessed, 31;

Pael to ask a blessing, to say grace, 31, 32.

בֶּרֶכְיָה *pr. n.* Berakiah, a Rabbi, 123.

בְּרַכְתָּא *pr. n.* a place, Berakta, 31.

בְּרַם *conj.* only, but, 21, 84.

בְּרַק, *d.* בַּרְקָא *m.* lightning; *pl.*, 49.

בְּרַר to purify.

בְּרִיר *adj.* clean, innocent, 80.

בְּרַת, *d.* בְּרַתָּא a daughter, 93, 96, 101.

בְּרַת קָלָא a divine voice from heaven, 49, 76.

בְּרַת חַוְרָן B'rath Hawran, a place, 138.

בְּשַׂר, *d.* בִּשְׂרָא m. flesh, 16, 73.

בַּת (Heb.) a daughter.

בַּת יוֹמָא the same day.

בַּת קוֹל (Heb.) a divine voice, Bath Ḳol, 90.

בָּתַר *prep.* after (of place), 9, 83, 90, 119; after (of time), 32, 53, 63, 96.

בָּתַר דְּ *conj.* after, 131.

בָּתַר כֵּן *adv.* afterwards, 60.

ג

גְּאָא to be high, proud;

Ithpa אִתְגָּאֵי to exalt oneself, to boast.

גֵּאוּ *f.* majesty, pride.

גְּאַל to ranson, redeem.

גּוֹאֵל redeemer, 99.

גְּאוּלָה *f.* redemption, 2, 99. In Jewish Prayer Book, there is the Shemaʿ, then the (prayer for) Redemption, then the (ʿAmidah) Prayer.

גַּב, d. גַּבָּא *m.* the back.

עַל גַּב upon, by reason of.

אַף עַל גַּב דְּ although, 114.

גַּב also pl. גַּבֵּי *prep.* up to, 3; near, 65; along with, 64, 73, 99; within, 64; by means of, 122; among; by (after Pass. Verbs), 1, 93, 137; before (of place), 78, 134.

לְגַבֵּי unto, 12, 30, 45, 93, 95, 111.

גְּבָא to collect taxes or debts, 105, 120.

גַּבַּאי *m.* a tax-gatherer, 103.

גְּבַב to gather flowers; taxes, 94.

גְּבוּל *m.* (Heb.) a landmark, 59.

גְּבַר to be strong, to prevail, 68.

Peil, גְּבִיר to be in flood, 64.

גְּבַר *d.* גּוּבְרָא, *m.* a man, 32; גַּבְרָא, 85.

גַּבְשׁוּשִׁין *pl.* heaps, or castles of sand, 133.

גַּג *m.* (Heb.) a roof, 106.

גַּד, *d.* גַּדָּא *m.* Destiny, Divinity, 14, 136.

גָּדוֹל *adj.* great; *noun,* a great man, leader, 111.

גְּדִיל *m.* good, heaped up, 95.

גְּדִי, *d.* גַּדְיָא *m.* a kid, 40, 97.

גְּדִישׁ *m.* a heap, pile, 93.

גדל (Heb.) *Piel* גִּידֵּל to rear, bring up, 92.

גְּדַף, *Pael,* גַּדֵּיף to blaspheme, 114.

גַּו *usu.* גּוֹ *Prep.* within, 25, 45, 70, 72; during, 131; into, 1, 80, 89.

בְּגוֹ in, 109;

בְּגַוֵּיהּ into it, 94.

לְגוֹ into, within, 53.

גּוּב the body.

מִן גּוּבֵּי *prep.* out of, 3, 68.

גוב *Pael,* גַּיֵּיב to answer;

Aph. אַגֵּיב to answer, 76, 82, 104, 116, 123.

גּוּבַאי *m.* locust, 105.

גּוּבְלָנֵי Gabalene, 137.

גּוּבְנָא *d. m.* cheese, 114.

גּוּבְרָא *d. m.* a man.

גּוּדְלָנָא *d. m.* a heap.

גַּוָּן *m.* sort, kind.

כְּגוֹן like, 114.

גּוֹי (Heb.) a pagan, 44.

גּוּלְגּוּקִין. Read גַּלְגְּיוֹלִין (calceoli) sandals, 102.

גּוּלְגַּלְתָּא *d.f.* a skull, 134.

גּוּלְתָּא *d.f.* a Tallith, a cloke used at prayers, 23, 29, 93, 104, 106.

וְגוֹמֵר and finishing, and so forth, 111.

גּוּמְרָא *f.* burning coal.

גּוּף to embrace, 112; commit adultery with.

גּוּף, *d.* גּוּפָא *m.* the body.

גּוּפֶן, *d.* גּוּפְנָא *m.* (1) vine; (2) cotton, 113.

גּוּר to sojourn, dwell in a foreign land;

Pael, גַּיֵּיר to make a proselyte;

Ithpa. אִיגַּיֵּיר to become a proselyte, 93.

גּוּרְיוֹן Gorion, a Rabbi, 32.

גּוֹרֵם (Heb.) *Part.,* causes, 91.

גּוּרְנָא *d. m.* a tank, reservoir, 109.

גּוּשׁ *m.* a lump, a clod, 144.

גַּזָּא *d. m.* treasure.

גְּזוּרָה, *d.* גְּזוּרְתָּא circumcision, the feast of circumcision, 98, 138.

גְּזֵרְתָּא גְּזֵרָא *f.* a decree, decision.

גְּזַר to have oneself circumcised, 109; to decree, 140, 76 (Heb.); with עַל to adjure, 133, conjure, 64, 132; to interdict, 140.

Peil, גְּזִיר it is decreed, 12.

גְּחַךְ to laugh, 14, 44, 72; *Pael,* to mock.

גֵּט, *d.* גִּטָּא a document.

גִּיגִיתָא, *d. f.* a tub, tank.

גִּידֵּם, *f.* גִּידֶּמֶת maimed: one whose fingers are cut off, 116.

גֵּיהִנָּם *m.* Gehenna, 112.

גִּיּוֹר *m.* a proselyte, 91, 123, 137.

גַּיָּיס *m.* troop, invaders, robbers, 106.

גִּילוּיָא *d. m.* uncovered, law of liquids left uncovered, 80.

גִּינָּא, *d.* גִּינְתָא *f.* a garden, 66, 79.

גֵּיף, *d.* גֵּיפָא *m.* sea-shore, 72; river-bank, 121.

גֵּיר *m.* a proselyte, 116.

גֵּירְיָא *d. m.* a family of proselytes, 106.

גְּלָא I to reveal oneself, 82;

Ithpe. אִיגְּלֵי, 80.

Pail מְגַלַּיי uncovered, 114, 80;

II to go into captivity, to travel, 71;

Aph. אַגְלִי to banish, 72.

גַּלְגֵּל *m.* a wheel.

גָּלוּ, *d.* גָּלוּתָא *f.* captivity, exile, 26, 69.

גָּלִילָא (1) circuit; (2) Galilee.

גְּלִילַי, *d.* גְּלִילָאָה *m.* a Galileean, 118.

גַּלְעִין *c.* kernel of stone fruits, 93.

גְּמַל to requite, repay, 49; show (mercy), 61.

גְּמַל חַסְדָּא to give honourable burial, 49, 112.

גַּמְלָא *d. m.* a camel, 54.

גַּמְלִיאֵל *pr. n.* Gamaliel, name of Rabbis, 113.

גְּמַר to finish, bring to an end; Niph (Heb.) to be finished, sentence pronounced, 131.

גְּמָרָא Gemara: Decisions of the Amoraim as to the interpretation of the Mishna.

גַּן, *d.* גִּנָּא *m.* a garden, 46, 112.

גְּנָא to act disgracefully.

גְּנַאי disgrace, 104; לִגְנַאי disgracefully.

גְּנַב to steal, 63, 113.

גִּנּוּן *m.* a bridal chamber.

גְּעָא, to low, bellow, 9, 68.

גְּעַר to scold, rebuke, 90.

גַּף *m.* body: בְּגַפֵּיה with himself, alone, 90.

גְּרָא to sue, contend with; *Pa.* to incite; *Ithpa.* אִתְגָּרֵי to attack, 90.

גְּרַב, *d.* גַּרְבָּא a skin bottle, 94; a jar of wine, 80: of oil, 94; a bucket, 113.

גַּרְדַּי *m.* a woolcomber, 71.

גָּרוֹסָא *d. m.* a grist-dealer, 1.

גְּרַם to cause, occasion, 91.

גְּרֶם, *d.* גַּרְמָא (1) a bone;

2. oneself: גַּרְמִי myself.

לְגַרְמֵיה by himself, alone, 130.

גְּרַף to sweep out, 94, 101; to scrape, 89.

גְּרַשׁ, *Pael* גָּרֵישׁ to drag, 71.

ד

דְּ (never דִּי) (1) *pron.* who, which;

(2) *Sign. of Gen.*, of, after Noun w. 3 S. Suff.;

(3) that (after Verbs sentiendi), 96;

(4) in order that (with Impf.) 61;

(5) when, 8.

דָּא *dem. pron.* this, that, 87.

דְּבוֹרָא *f.* a bee.

דְּבוֹרְיָא *f.* a bee-swarm, bee-hive, 55.

דְּבֵילָא, *d.* דְּבֵילְתָא *f.* cake of pressed figs, 66.

דְּבַק to cleave, to follow closely; *Ithpa.* to attach oneself, 91.

דְּבַר to take, lead; to marry; *Pael* to lead, 11; *Aph.* to guide, 118.

דְּבַשׁ, *d.* דּוּבְשָׁא honey, 53, 55, 94.

דְּהַב, *d.* דַּהֲבָא gold, 58, 124.

דּוּ (1) for דְּהוּ that he, 45; (2) this, 89; (3) because he (or it), 31, 55, 62.

דּוֹד, *d.* דּוֹדָא *m.* a friend, uncle.

דּוּכָן *m.* a platform.

דּוּק, *Aph.* אֲדִיק to look at anxiously, 68. Also אוֹדִיק 102, 118.

דּוּקְיָיא (*δοκια pl.* of *δοκιον*) pl. beams, 84.

דּוֹר *m.* a generation, 105.

דּוֹרוֹן (*δῶρον*) a gift, 60.

דּוּשׁ to tread on, trample, thresh; *Aph.* אֲדִישׁ to be heedless, not to notice, 47.

דְּחֵל to fear, 32, 112. *Pa.* and *Aph.* to frighten.

דַּי sufficiency: דַּיִי 'enough for me'; דַּיֵּיהּ 'for him', 37.

דִּי *Rel. pron.* (unused) who, which; דִּילִי that which is to me, mine; דִּילֵיהּ his (after *det*); דִּידִי mine, 32: דִּידֵיהּ his, 102, 137. דִּידְכוֹן yours, 72, 112.

דִּי (*δυο*) two, 94 (for דְּיוֹ).

דִּיבּוּר *m.* word; *pl.* words, 138: the Decalogue, 110.

דִּילָטוֹר (delator) *m.* an informer, maligner, 3.

דַּיָּא, *d.* דַּיְיתָא an eagle, 97.

דִּילָבֵן = דְּ אִין לָא כֵן for if not so, 73.

דִּילְמָא (1) perhaps, 45, 64, 43; (2) 'This is why:' an illustration, 58, 61.

דִּילְפָא *d. m.* a dripping, 85.

דִּימוֹס (*δῆμος*) people: a popular festival: a pardon, amnesty, 76.

דִּימוֹסִין (*δημόσιον*) *m.* public bath, 14.

דֵּין *dem. pron.* this, 96, 107.

דִּין to judge, sit in judgment, 14, 118; to argue, 119, 129; to condemn, 109; *Ithpa.* אִידַּיַּין to have a lawsuit with, 99; to be punished, 44.

דִּין *m.* a judiceal decision, a judgment, 12, 130. בֵּי דִינָא a law-court, 128.

דַּיָּין *m.* a judge, 116.

דִּינָר (denarius) *m.* a dinar, silver or golden, 45, 57, 95, 121.

דִּיקְלָא *d. m.* a palm-tree; דִּיקְלֵי, *apoc. pl.* 23.

דִּיקְלִיטְיָנוֹס *pr. n.* Diocletian, 140.

דְּכָא to be clean, pure, acquitted; *Pael,* דַּכֵּי to cleanse, 76.

דְּכַר to be mindful, remember, 34; *Peil,* דְּכִיר remembered.

דְּכַר, *d.* דִּכְרָא, *m.* a male, 69, 86.

דְּלְ־ *conj.* in order that.

דְּלָא *conj.* that .. not, 63: lest, 104: because ... not, 104.

דְּלַק to burn; *Aph.* to kindle, to set rubbish on fire.

דְּלֵקָא, *d.* דְּלֵקְתָא *f.* fire, conflagration, 93.

דָּמָא *pr. n.* Dama, a gentile of Ashkelon, praised for filial devotion.

דְּמָא to be like, to resemble;
Heb. דּוֹמֶא 80;
Ithpe. אִידְּמֵי to compare oneself, 63.

דְּמַאי D'mai: fruits as to which there is doubt whether they have been properly tithed, 63.

דְּמוּ, *d.* דְּמוּתָא *f.* image, likeness, 51, 69.

דְּמֵיךְ to sleep, 45, 49, 98, 106, 142: *euph.* for death of righteous;
Ithpe. אִידְּמֵךְ to feel approach of death, 72.

דַּמְכוּ, *d.* דַּמְכוּתָא *f.* sleep, death, 138.

דָּמִין *m. pl.* equivalent, value, price, 80.

דְּמַע to weep.

דֵּן, *m.* דְּנָא *f.* this.

דְּעָא, *d.* דַּעְתָּא *f.* knowledge, opinion, view, intention, attention;
pl. דַּעֲוָן opinions.

דֶּקֶל, *d.* דִּקְלָא *m.* a palm tree, 23, 74, 130.

דְּקַק to beat small, to be small.

דְּקִיק *adj.* small, young, 124.

דָּרָא, *d.* דַּרְתָּא *f.* a court-yard, a Court, 115, 128.

דַּרְדְּסִין *pl.* cloth-slippers, socks, 68.

דָּרוֹם *m.* South: espy. southern Palestine, S. of Lydda. 100, 105.

דָּרוֹשׁ or דָּרֵישׁ *m.* a preacher, lecturer.

דֶּרֶךְ *d.* דַּרְכָּא *m.* way, manner.

דַּרְמַסְקִינִין *pl.* Damascene plums, prunes, 89.

דַּרְכּוֹן *m.* a Persian coin, daric.

דְּרַשׁ to expound, interpret, 93, 99.

דְּרָשָׁא *f.* interpretation, argument, 111.

ה

הָא *pron.* this, 103.

הָא Lo! behold! 76, 93, 120, 139.

הָאי *pron.* this, that, 69.

הָאן *adv.* where?

הֶבֶל, *d.* הַבְלָא moisture, vapour, 89.

הֲגָא to meditate, reason: so *Aph.* 29.

הָדָא *fem.* of הָדֵין this, 61.

הָדֵין *dem. pron.* this, that, 6, 32, 112.
הָדֵין דְּ he who, 30.

הֲדַס, *d.* הֲדַסָּא *f.* myrtle, 2.

הֲדַר, *d.* הַדְרָא *m.* glory, majesty, 86.

הָהֵין, or הָהָן this, that, 38, 64, 74, 105.

הוּא or הוּ he. Used for copula, 'is'.

הַהוּא *dem. pron.* this, 9, 14; *f.* הַהִיא 53, 69.
הַהוּא גַּבְרָא this man, used for I, or thou.
הַהוּא דְּ he who, 80.

הֲוָא *usu.* הֲוָה, *imf.* יֶהֱוֵי or יְהֵי; *inf.* מֶהֱוֵי; *part.* הָוֵי: to be *passim.*
הֲוָה לְ there was to, 51, 55.
הָוֵינָא *part. w. suff.* I was, I had been, 3.
Pael, הַוִּי to cause to be, produce, 106.

הוֹאִיל (followed by וְ) because, since, 46, 58, 65.

הוֹכִיחַ *m.* rule, precedent, 79.

הוּנָא *pr. n.* Huna, a Rabbi, 30.

הוֹשַׁעְיָה *pr. n.* Hoshaiah, a Rabbi, 11.

הֲטָחָה (*Heb.*) a wound, 90.

הַיְידָא what? which? 43, 87.

הֵיךְ *adv.* as, how, 1.

הֵידֵין *m.* הֵידָא *f.* which? what? 58.

הֵילָךְ behold to thee! here is, 60.

הֵימֵין (see אָמַן) to trust, believe, 112.

הֵיכָלָא *d. m.* temple, 107.

הָכָא *adv.* here, 6, 32, 84, 112.

לְהָכָא hither, 12, 69, 110, 112, 120.

הָכֵין *adv.* thus, 61, 84, 90, 105, 131.

הַלְוַאי O that! 46.

הֲלַךְ or הֲלִיךְ to go, walk, 56, 132;

Pael, הַלֵּיךְ to walk, travel, 6, 70, 96;

Hiph. הוֹלִיךְ (*Heb.*) to convey, 60.

הֲלָכָה Halachah: traditional Law, the decisions of Rabbis, 74.

הַלֵּלָא *d. m.* The Hallel. A Recitation of Pss. 113 to 118 at New Moon, Passover, Pentecost and Tabernacles.

הַלָּן *adv.* there; לְ־ thither, 127.

הָן *pron.* this; לְהָן where; where? מִן הָן whence?

כָּל הָן דְּ everywhere that, 76.

הֲנָא to be pleasant, profitable, to please; מָה הֲנָא לָךְ = τι δοκεῖ σοι: what seems good to thee?

Aph. אַהֲנִי to benefit, 38.

Niph (*Heb.*) to be benefited, 45.

הֲנָיָיה *f.* enjoyment, benefit, 72.

הַנֵּי *pl.* of הָן these, 28.

הַנְבָּיָיה (נְבָא *v*) deduction, 43.

הִנּוּן *pron. pl.* these.

הַסְפֵּידוּ *f.* mourning, 68.

הֲפַךְ to turn 'the back', 'face'; *Pael,* to bring round, appease; to study.

הֲרַג (*Heb.*) to slay, 60.

הַרְהֵר to meditate, *usu.* evil; to criticize, 91.

הֲרֵי Lo! Behold! 124.

הָתָם there, i. e. in Babylon. See § 35. The locus of the authors הָכָא, is Palestine.

ו

וְ and; also marks a question.

וָוא = בָּא = אַבָּא *pr. n.* Wa, name of the father of חִיָּיא: Hiyya bar Wa. 16, 24, 74, 125.

וַוי Alas!

וְלַד *m.* offspring, child, 123.

וַעַד, *d.* וַעְדָא meetings: only in the phrase בֵּי וַעְדָא or בֵּית, house of meeting, 13, 64, 82, 88, 100, 111.

ז

זְבַן to buy, 9, 60;

Pael, זַבֵּין to sell, 9, 45, 88, 91, 103.

זַגָּגָא *d. m.* a glass-maker.

זְהוּ = זֶה הוּא this is, 90.

זְהַר, *Peil* זְהִיר to guard; beware, 29; (2) to be warned, 60;

Ithpa. (=*Peil*) אִזְדְהַר o watch; beware.

זֶה, *f.* זוֹ *dem. pr.* this, 82, 90, 117.

זוּג, *d.* זוּגָא *m.* a couple, pair, 66: a mate, 112;

(2) the second name of several Rabbis: Gamaliel Zuga, 113.

זָוֵיי *Prep.* instead of.

זָוִיתָא *f.* corner, 82.

זוּן to nourish, support, 48, 115, 119;

Ithpe. אִתְּזַן to be fed, supported.

זוּעַ *intrans.* to be moved, stirred;

Pael, זַיַּע to frighten.

זוּף, *Pael* זַיֵּף to mix, adulterate.

זִיו *m.* splendour, bloom, complexion.

זִימְנָא *d. m.* time, 40.

זִיעָא *d.* זִיעֲתָא *f.* sweat, 80.

זִיקָא *d. m.* I. a shooting star or comet, 39; II. *com.* a wine-skin, 137; pl. 97.

זִיקוּק *m.* I. a spark, 28;

II. *m.* a wine-skin, 137.

זַיִת, *d.* זֵיתָא *m.* an olive; *pl.* 84, 129, olive-tree.

זְכָא to be pure, clear, right with God, worthy; *Inf.* מִזְכֵּי to do good, 12. Petition of beggars was זְכֵי עִמִּי: 'become righteous by me:' i. e. 'give me alms,' 91, 57, 78.

Pael, to acquit, justify, 131; to collect alms, 95.

זָכוּ, *d.* זְכוּתָא *f.* righteousness, innocence, merit, privilege, 46, 111, 138.

זְכַר, (*Heb.*) to remember: זָכוּר לְטוֹב remembered for blessing = of blessed memory, 66, 82.

זָלִיל *adj.* cheap, 95, 121.

זְלַף (*Heb. & Aram*) *Piel,* זִילֵּף to sprinkle, 89.

זְמַן *Pael,* זַמֵּין to invite, 80.

Piel, זִימֵּן to appoint, 51.

Ithpa. אִזְדַּמַּן to join oneself to, 114.

זְמַן, *d.* זִמְנָא time, 9, 45, 56, 106.

חַד זְמַן one time, once, 25, 68, 80, 103;

pl. זִמְנִין sometimes.

זְנָא to play the harlot, 65.

זַנְיָא, *d.* זַנְיְתָא, *f.* a harlot, 103.

זְנוֹבְיָה *pr. n.* Zenobia, queen of Palmyra.

זְעַר or זְעֵיר to be small, deficient.

זְעֵיר *adj.* small, 137; little, 71; few; younger, 6; inferior, 10.

זְעֵירָא *pr. n.* Zʿera, Rabbi, 1, 2, 62, 82, 74; written זְעוּרָא, 110.

זִפָא, *d.* זִפְּתָא *f.* pitch.

זְפַת to pitch, 137.

זָקֵן (*Heb.*) an old man, 88; an elder, 98; sire, 69.

זָר *m.* זָרָה *f.* (*Heb.*) strange, ethnic, 40.

זְרַע to sow, 86; to plant;

Ithpe. אִזְדְּרַע to be sown, 54.

זְרַע *d.* זַרְעָא seed.

זַרְעֵי (apoc. *pl.*) seeds, 106.

זַרְעִי, *d.* זַרְעִיתָא *f.* family, 71.

זְרַק to cast, throw, 85, 121, 134.

ח

חָבִיב *adj.* (1) beloved, 43, 98, 113, 108, 135; (2) uncle, 127; *fem.* aunt.

חֲבַט to beat, 116.

חֲבָטָא, *pl.* חֲבָטַיָּא blows, beating of olives, 84.

חֲבַל, *Pael* חַבֵּל to ruin, destroy, 54; to injure or ruin morally, 112.

חַבְלָא *d. m.* a rope, 20.

חבר *Pael,* חַבֵּר to bind, 90.

חַבְרָא a companion, 7, 112; associate, 16, 80.

חָבֵר (*Heb.*) a companion, 32, 76, 85.

חַבָּר *m.* a charmer, binding w. spells, 64.

חַבְרוּ *f.* an association, 29, college, 119.

חֲבַשׁ to imprison, 103.

חַג, *d.* חַגָּא festival, *usu.* Tabernacles.

חַד *m.* חֲדָא *f.* one (εἷς) 99, 106; a certain one (τις) 114, *freq.*

חֲדָא to rejoice, be glad, 112;

Aph. to gladden, 112. So *Pael.*

חֲדַת *m.* חַדְתָּא *f.* new, 112.

חַדֵּת *Pael,* to make new, renew, 109.

חוב, *d.* חוֹבָא *m.* (1) a debt, 105; (2) a trespass.

חוֹבָה, *d* חוֹבְתא *f.* (1) a debt, obligation, 31; (2) a trespass, 43;

(3) a trespass offering.

חוט to sew. So *Pael,* חַיֵּיט 73.

חוּלָא *adj.* common, profane; pl. 130, 128; (2) week-day, 102.

חוס to spare, to pity.

Imv. חַס *exclam.* 'gracious' (ἵλεως σοι) 112.

חס ושלם 'grace and peace', (a mild oath) 70.

חוץ (*Heb.* = Aram. בַּר) outside; *prep.* except, 125.

חוץ דְּ *conj.* except, 69.

חֲוַר to be white; *Pa.* חַוַּר to whiten.

חוֹרֵי *pl., prep.* behind, 103, 128; after.

חוֹרִי, *f.* חוֹרַיְתָא, another, 56; next, 113; *pl.* 118.

חוֹרָן *m.* another, 12; next, 84, 86, 99; last, 117; pl. others, 59.

חוּשְׁבְּנָא (חשב *v*) *d. m.* calculation, 9.

חֲזִיר *m.* a pig, 92.

חַזִּיר *m.* a swineherd, 83.

חַזָּן a Chazzan, a superintendent of juvenile instruction; a professional reader or recitor; leader in song or prayer in Synagogue, 30, 116.

חֲזַק to tie up, (bandage) 92; *Peil,* חֲזִיק 8; *Aph.* אַחֲזֵק to adhere to, 58, continue in, 7.

חִזְקִיָּה R. Hezekiah, 45.

חֲזַר to go round, return, turn back, 34, 50, 60, 77, 119, 71; to answer, 3; to rescind, 52, 132; to repeat, 1, 27, 110.

Pael, to move backward or foward; to lead round, 118.

Aph. to restore, 63.

חֲטָא to sin, 103, 134;
Ithpe. to be led into sin אִיתְחֲטִי 12.

חֲטָט *pl.* חֲטָטִין sores, scurvy, 10.

חֲטַף to snatch away, 9, 68, 97, 114.

חֹטֶר, *d.* חוּטְרָא a rod, 68; stroke, blow, 144.

חֲיָא to be alive; *imf.* יֵיחֵי 93.

חִיָּיא *pr. n.* R. Ḥiyya Robah, or, Rabba, 69, 109, 111. R. Hiyya bar Wa, 24, 98, 125, 136.

חַיָּיב *adj.* indebted, owing, 113, 122, 131; guilty, 42.

חַיִּין, *pl. d.* חַיַּיָּא Life, 40, 123; as an oath: 'by your life' 116.

חִיוָּר *adj.* white, 118.

חִיוְיִ *d.* חִיוְיָא *m.* a serpent, 81, 90.

חִיטְּא *m.*; *pl.* חִיטִין wheat, 85, 94; protuberances, nipples (of breasts) 112.

חַיָּיט *m.* a tailor, 111.

חַיִּיל *m.* strength, power; army, 82. בְּחֵיילִי in my power, I can, 115, 116; (2) motive, reason, 11.

חִילּוּל (*Heb.*) desecration, 104.

חֵיק (*Heb.*) *m.* bosom, 72.

חֲכִינָא *f.* a large snake, 29, 91.

חַכִּים *adj.* wise, 110; Ḥakam, a scholar's title, not quite equal to Rabbi, 133.

חֲכַם to know, 2, 31, 39, 71, 112, 138; to recognize, identify, 97; to know how to, to be able, 87, 117, 102; *Pael*, to make wise, to teach.

חָכְמָה, *d.* חוּכְמְתָא *f.* wisdom.

חַלָּה, *d.* חַלְּתָא the Hallah: the priest's portion of dough, 79.

חֲלַב, *d.* חַלְבָּא *m.* milk, 81.

חֲלַב to milk, 81.

חֲלוֹדה *f.* (1) rust; (2) skin-disease, arising from living in a cave, 76.

חָלוּק, divided, 76.

חַלְחֵל Palpel, to penetrate, to inflate; *Ithpalp.* אִיתְחַלְחֵל to be poisoned, 80.

חֲלַט to pronounce final sentence; *Pael*, to sell irredeemably, to forfeit, 95.

חֲלִיטָא *f.* (II. חלט to mix dough) a dumpling, 140.

חֲלִיטַר *m.* a seller of pastry, confectioner, 90, 128.

חֲלַל to be hollow; to be profane; *Pael*, desecrate, 106. So Aph.

חֲלָלָא *d. m.* a hollow, empty space: cavern, 72.

חֲלַם to dream, 84.

חֵלֶם, *d.* חֶלְמָא, *m.* a dream, 71, 109.

חֲלַף to pass by; to change; *Pael*, חַלֵּף to pass repeatedly, promenade, to contradict, 101; pass. pt. changed, 106.

חֲלַפְתָּא *pr. n.* R. Halaphta, 11.

חֲלַץ to undress; to untie the shoe. *Heb. part.* חוֹלֶצֶת, the woman who unties the shoe of the brother-in-law who refuses to marry her. 116.

חֲלַק, *d.* חֶלְקָא a field, 139.

חָם, *d.* חָמָא, *m.* father in law;
חֲמוּי also חמוהי, w. 3 m. Suf. 60, 88.

חָמָא *pr. n.* Hama, a name of several Rabbis.

חֲמָא, *inf.* מִיחְמֵי, to see, 5, 28, 49, 60, 68.
Ithpe. אִתְחֲמִי to be seen, appear, 61, 83, 89, 103, 112.
Pael, חַמֵּי to show, 6, 54; *Inf.* מְיחַמַּיָּיא 87.

חֲמַד to desire, covet;
Ithpa. אִתְחַמַּד to desire, 90, 106.

חַמִּים *adj.* hot, 132.

חֲמַע to be sour, leavened.
Aph. to ferment, 94.

חָמֵץ leavened bread; *pl.* cakes, 140.

חַמֵּר *Pael,* to load, lay restrictions on, 66, 79, 101, 117.

חֲמַר, *d.* חַמְרָא *m.* wine, 16, 59, 85, 112.

חֲמָר, *d.* חֲמָרָא *m.* an ass, 63, 91, 103.

חֲמָרְתָּא *d. f.* a she-ass, 63.

חַמָּר *m.* an ass-driver, 53, 81, 103, 127.

חֲמֵשׁ *f.* חַמְשָׁא *m.* five.

חַמְשִׁין fifty, 13, 32.

חַמַּתָא *pr. n.* Hot-springs, Hammatha: name of several places, 1. at or near Tiberias, 2. near Pella, 74.

חֲנוּכָא, *d.* חֲנוּכְּתָא (חֲנַךְ *v*) Dedication: an eight days Festival about Christmas time to celebrate re-dedication of Temple (in B. C., 165), 89, 127.

חֲנוּתָא *d. f.*; *pl.* חֲנְוָותָא a shop, 98.

חִנָּם *adv.* gratis, 120.

חָנָן *pr. n.* Hanan; name of several Rabbis: Hanan bar Ba. 4.

חֲנַנְיָה *pr. n.* Hananiah; name of Rabbis. 55.

חֲנִינָא *pr. n.* Hanina; name of Rabbis: bar R. Abahu, 9: of Brath Hawran, 138; without patronym, 28, 105, 110, 121, 125.

חֲנִפָּא *f.* flattery, insincerity, 104.

חֲנַק to choke, strangle, 9, 93, 114.

חַס Gracious! Far be it! 112.
חַס וְשָׁלוֹם Grace and peace! Far be it! 70.

חֶסֶד, *d.* חִסְדָּא *f.* love, 61; charity, 49; public funeral, 112, 114.

חָסִיד *adj.* meek; pious, 104.

חֲסַל, חֲסִיל 123: to cease, finish, 99.

חֲסַר to be in want, to lack, 16, 112.
Peil, חֲסִיר to be diminished below standard weight, 121.
Pael, חַסֵּיר, to deprive, 57.
Pa'il, מְחַסַּר to be lacking.

חָסֵר *adj.* wanting, less: '200 minus one', 57.

חֲפָא to cover, 138.

חֲפַר to cover, overlay: 'w. silver', 77, 'statues w. curtains,' 138.

חפץ *Heb.* to desire.

חֲפָצִים *pl.* desirable things.

חֲפַת, part. pass. חֲפִית, *pl.* חפיתין provided with a bosom or pocket, 68.

חֲצַד to reap, 64, 113.

חֲצַף to be impudent.

חֲצִיפְתָּא *f.* cheeky, 106.

חֲצַץ or חֲצָא to pick one's teeth.

חָצֵר, *d.* חַצְרָא *m.* a court-yard, 90.

חֲקַל, d. חַקְלָא m. a field.

חֲקַר to search out, to cross-examine, 131.

חֲרַב to be devastated, 106, 9;
   אִיחֲרוֹב (Peal, w. prosthetic א) 9. Aph. to lay waste, 39, 82.
   חָרוֹב destroyer, pl. 111.

חָרְבָּן or חוֹרְבָּן m. destruction, 106.

חָרוּב m. a carob-tree, carob; pl. 76.

חרם Pael, חָרִים to excommunicate. So Aph., pass part. excommunicated, 113.

חֲרַק to gnash with (ב) the teeth, 72.
   Peal (w. prosthetic א) אִיחֲרוֹק 72.

חַרְשָׁא adj. deaf.

חֲרָשׁ, d. חָרָשָׁא m. a sorcerer, 44.

חַרְשִׁיתָא d. f.; pl. חָרְשָׁיָן, a sorceress, 112.

חַשׁ suffering, bad luck, 113.

חֲשָׁא or חֲשִׁי to whisper, hush, 135.

חֲשַׁב to think, intend, 112.
   Pael, to regard, reckon, 95.

חֲשַׁד to suspect, 80, 112; Peil, suspected, 79.

חֲשַׁר to strain, sift.

חֲשַׁשׁ to suffer, 68, 117, 113;
   (2) to be anxious about, 62, 89, 118.

חֲתַם to close up, to seal.
   Ithpa. אִיחֲתַם to be sealed, 12.

חָתָן, d. חַתְנָא m. a son-in-law, 107, 117.

ט

טַב adj. good, 45, 55, 86, 125, 142.

טָבָאוּת adv. well, 101, 112, 120.

טַבָּחָא m. a butcher, 13, 97.

טַבְיָא, d. טְבִיתָא f. a gazelle, 77; pl. טָבַיָּא f. טָבְיָן, 134.

טְבַל to bathe, or immerse oneself.
   Heb. part. טוֹבְלֵי, 19.
   Aph. to immerse, to preside over an immersion.

טֶבֶל m. fruits liable to tithe, but on which the tithe has not yet been paid, 62.

טֵבֵת, Tebeth, the 10th month of the year, about January.

טְהַר to be clean, clear.

טִהֲרָא f. 1. clear sky; 2. mid-day, 138.

טוּבָא d. m. goodness, mercy, alms-giving, 58;
   pl. fem. טוּבָן many, more, 45.

טוּל, Pael, טַיֵּיל to walk, 17, 29, 61, 90.
   Palp. טַלְטֵל to remove, lift, carry away, 100, 112.
   Ithpalp. אִיטַּלְטֵל to be moveable.

טוּס to fly, hover, 130.
   Pael, טַיֵּיס to elude, 17.

טוּף to float, overflow; טָיֵיף 107; to come to the surface, 76.

טוּר or טַוָּור m. a mountain, hill, 80, 140.

טוּרְנוּס, pr. n. Turnus Rufus: a commandant in the army of Hadrian, 44.

טְחַן to grind (corn) 47.

טָחוֹן m. a miller. pl. 46.

טַחֲנָא *f.* a mill.

טִיבוּ *f.* a good or meritorious deed, 48, 81, 91, 103, 112.

טִיבּוּר *m.* the navel, 102.

טִיבֵּרְיָא *pr. n.* Tiberias, 14, 58.

טִימְיוֹן *m.* Treasury, 119.

טִימִי (τιμή) value, 55, 60, 103, 142.

טִיפָּא, *pl. det.* טִיפַּיָּא, rain-drop, 42: *pl.* 112.

טְלוֹפְחִין *pl. m.* lentils, 16, 81.

טְלֵי, *m. d.* טַלְיָא; *f. d.* טְלִיתָא a child, 90, 95, 139; *pl.* טַלְיַיָא *con.* טַלְיֵי, 83, 66, 111, 129.

טְלַק to throw down, 68, 97.

Pael, to cast away, 90.

טְמָא to be or become unclean.

Pael, to make, or regard as profane, 17; unclean, 18.

טְמוּרָא *d. m.* secrecy, hiding, 63.

טְמַע to set down, to set (of sun) 83.

טְמַר to hide, conceal; *Peil,* hidden, 76.

Ithpa. אִיטַּמַּר to hide oneself, 1, 6, 49.

טָסוּרָא (for סַנְטֵירָא) *m.* a guardsman, 118.

טְעָא to wander, go astray; to forget.

Aph. אַטְעִי to lead astray, 55.

Hiph. הִטְעָה (Heb.) to mislead, 128.

טָעוּ, *d. pl.* טַעֲוָותָא *f.* an idol, 38.

טְעֵם to taste, 20, 63, 91, 98.

Aph. אַטְעֵם to give to taste.

טְעֵם *d.* טַעֲמָא *m.* taste;

2. reason, opinion, 9, 76;

3. edict.

טְעַן to carry: 'produce' 79, 'a scimitar' 82, 'meat' 97, 'sorceresses' 112.

Ithpe. אִיטְּעֵן to be carried, 100.

טְעוֹנָא *d. m.* a load, 54.

טִיף *m.* a drop, 42.

טְפָא to go out, die out.

Aph. to put out, extinguish 'lamp', 93.

Ithpe. אִיטְּפִי to grow dim, 93; to die out, 90, 117.

טְפַח I. to close; II. to melt, 116.

Pael, to clap hands, 102, 103, 111.

טְפַל to besmear; *imv.* 93.

Ithpa. אִיטַּפַּל to attach oneself to; to associate with, 58, 72; to be engrossed in 'a funeral', 107.

טְפַל, *d.* טִפְלָא, *m.* nail (of hands) 113.

טְרוֹכְסִימָא (τρωξιμα) endives, 95.

טְרַח to toil, take pains.

Aph. אַטְרַח to importune, insist, (w. עַל) 30, 140.

טַרְטֵירוֹי *m.* surveyor, 87.

טְרָיָנוֹס Trajanus.

טַרְסַיי *m.* a weaver.

טְרַף to strike; w. בְּ to protest against, 130, 131.

Ithpa. אִיטָּרֵף to take the trouble, 104.

טְרֵפָא *d. m.* food found unfit to eat.

י

יֵא or יֵיא *Imf.* of הֲוָה 'let him be', 113; יֵאנָא let me be.

יָאֵי, *fem.* יָאיָא beautiful, 112.

יָאוּת *adv.* well, worthily, 6, 37, 46, 84, 104.

יאל, *Hiph.* הוֹאִיל to be willing, to acquiesce, 46.

יֵב or יֵיב contraction of יהב, 101.

יֵבָא (=יְהֵב בָּא) it agrees with, corresponds to.

יְבַד (=אבד) to perish, 76.

יְבַל, *Aph.* אוֹבִיל to lead, conduct, carry.

יַבֵּם *Pael,* to act the part of 'levir:' to marry a deceased brother's widow, 116.

Ithpa. אִתְיַבֵּם to be married to brother in law, 115.

יְבֵשׁ to be dry; to wither, 106.

Peil, יְבִישׁ dried; *fem.* 93.

יד *d.* יְדָא *f.* hand, 5, 106; *d. pl.* יְדַיָּה hands, 60.

מִן יד at once, 75, 83.

יְדָא, *Aph.* אוֹדִי to confess, admit, 14, 122, 127, 132; *Hiph.* הוֹדָה (Heb.) to praise, 42.

יְדַע to ascertain, know, 6, 69, 90, 105.

Aph. אוֹדַע to make known, inform, 73, 116.

יְהַב, *imf.* יִיהַב; *imv.* הַב; *inf.* מֵהַב: (1) to give; (2) to put, place; (3) to inter, 71. *Peil,* יְהִיב given, 60; located, 112. *Ithpe.* to be given, 191.

יְהוּדָה *pr. n.* Judah: name of several Rabbis.

יְהוּדַי, *d.* יְהוּדָאָה *m.* a Jew, 28, 85; *pl.* 137.

יְהוֹשֻׁעַ *pr. n.* Joshua: name of several Rabbis.

יוֹבֵל, *d.* יוֹבְלָא *m.* Jubilee.

יוּדַי *d. m.* a Jew, 76.

יוּדָן *pr. n.* Judan, 101.

יוֹחָנָן *pr. n.* Johanan, John.

יוֹם, *d.* יוֹמָא a day, 24, 32, 63, 70; *pl.* 83.

מִן יוֹמַיָּא from one's days, ever; with לָא, never.

יוֹם דֵין to-day, 111.

יָוָן *m.* Greece.

יוֹן, *d.* יוֹנָא *m.* a dove, 140.

יוֹנָה *pr. n.* Rabbi Jonah, 28, 114.

יוֹנָא, *d.* יוֹנְתָא *f.* a dove, 140.

יוֹנָתָן *pr. n.* Jonathan: name of several Rabbis.

יוֹסֵי *pr. n.* José = Joseph: name of several Rabbis.

יוֹתֵר much, abundance; *with* מִן, more, 98.

יְזַף to borrow.

Aph. אוֹזִיף to lend, 126.

יִחוּד *m.* privacy, 80.

יְחִידִי *adj.* single, lonely, only; a single authority, 89, 130.

יֵי (=יְהֵי) 'let him be' 113.

יַיִן *m.* (Heb.) wine, 94, 140.

יְכֵל or יְכִיל to be able, 45, 64; followed by participle, 3, 91, 101, 112.

יְלֵד or יְלִיד to bear (a child) 79, 86.

Aph. אוֹלִיד to beget, bear, 86.

Ithp. to be born, 9.

יֶלֶד *m.* (Heb.) a child, 109.

יְלֵף (v. אלף) to be wont; to learn, 22, 69, 71.

Peil, יְלִיף accustomed to, (followed by Part) 57, 61, 82, 88, 117.

Pael, יַלֵּף; *inf.* מְיַלְּפָא 112: to teach.

Aph. אוֹלֵף to teach, 74.

יַם, *d.* יַמָּא *m.* sea, 72, 132.

יְמָא to swear.

Aph. אוֹמֵי to adjure.

יַנַּאי *pr. n.* Jannai, Jannaeus, a Rabbi, 7.

יְנַק to suck; *Aph.* אוֹנֵיק to suckle.

יְסַר to bind; to bind oneself, vow.

יִסּוּרָא *d. m.* (1) a chain, prison; (2) *pl.* sufferings, 44, 88.

יַעֲקוֹב *pr. n.* Jacob: name of Rabbis.

יעל Hiph. הוֹעִיל (Heb.) to profit, 40.

יַעֲלָא *d. m.* a wild goat.

יָפֶה (Heb.) strong, handsome.

Adv. well, 98.

יָצַק (Heb.) to pour out, to cast (metal).

Pass. Part. יָצוּק cast, cast hence; mortal, 68.

יְקַד to roast; *Peil,* roasted, 93.

Aph. אוֹקֵיד to set on fire, kindle.

יְקַר to be heavy, precious, costly.

Aph. אוֹקֵיר to honour, 12, 125.

Also אַיְקַר to honour, 46.

יַקַּר, *pl.* יַקִּירִין *adj.* costly, 80, 127.

יַקִּיר *adj.* precious, 90; dear, 121, 127.

יְקַר, *d.* יְקָרָא *m.* honour, dignity, 69; value, 90.

יְרֵי to permeate; *Aph.* אוֹרֵי or הוֹרֵי to teach, 74, 78, 94, 96, 129.

יִרְאָה *f.* (Heb.) fear, 43; a venerated object, 45.

יָרַד (Heb.) to descend; *Hiph.* הוֹרִיד to send down, 42, 125.

יָרוֹק *adj.* pale green.

יְרוּשָׁלֵם *pr. n.* Jerusalem.

יְרוּשַׁלְמִי a Jerusalemite, 60.

יְרַח, *d.* יַרְחָא *m.* (1) a month, 115, 134; (2) a new moon, 99.

יְרִידָא *d. m.* a market-place, 136.

יְרַק, *d.* יַרְקָא *m.* verdure, 66; vegetables, 75, 79.

יְרַקְרִיק green, 68.

יְרֵת to inherit, 46 'the garden of Eden'.

יָרוֹת *m.* an heir, 131.

יְרֻתּוּ, *d.* יְרֻתּוּתָא an inheritance, legacy, 131.

יָרוֹתָא, יַרְתָא *m.* heir, 131.

יָשַׁב Hiph. הוֹשִׁיב (Heb.) to cause to sit, to seat, 116.

יֵשׁוּ *pr. n.* Jesus, 93.

יָשַׁן (Heb.) to sleep, to be sluggish, 80.

יְשִׁיבָה (Heb.) sitting, 88.

יָשְׁפֵה *f.* a Jasper. Benjamin's jewel, 45.

יַת sign. of Accusative (Heb.) 96.

Acc. Pron. יָתִי me; יָתָךְ thee, 61; יָתֵהּ 104.

יְתֵב (1) to sit, 21, 27, 32, 104, 106; (2) to dwell, 68, 105; abide, 71.

Aph. אוֹתֵיב to cause to dwell, to place, 69, 107; to cause to sit, to seat, 81, 121, 130.

יְתַם, *d.* יַתְמָא *m.* an orphan; *pl.* יַתְמַיָּא 117.

יַתְנְיָא *pr. n.* Athens.

יְתַר to be left over, to gain, 127.
Aph. אַיְיתַר, אוֹתַר to leave over, 53.
Haph. הוֹתַר, 100.

יַתִּיר *m.* too much, too many, more than enough, 59; extraordinary 'prayer', 134.
יַתִּיר מִן כֵּן more than that, 112.

כ

כְּ prefix: as, like, according to, about (of numbers), about (of time).

כָּא here, לְכָא hither, מִיכָּא hence.

כָּאן, כַּאן here, 61, 82; now, 93.

כְּבָר long ago; now, 14, 140; already, 27, 95, 109, 126.

כְּבַשׁ to tread, press, crush, 101.

כַּד when, 1, 22, 62, 98, 120; as, 45.

כַּדוּן *adv.* now, 32, 51, 65, 72, 105.
עַד כַּדוּ until now, 14.

כְּדָיי *adj.* worthy, 103.

כְּדַן to put to work, 47.

כְּדֵין thus, at this time.

כְּהָא to be dim, 71, 118.

כְּהָדָא like this, thus, 127.

כָּהֵן, *d.* כָּהֲנָא *m.* a priest, 74, 130.

כּוּב, *d.* כּוּבָא *m.* a thorn; *pl.* 140.

כּוּדְנָא *com.* a mule.

כַּוָּא, *d.* כַּוְּתָא *f.* a window, 102, 115.

כְּווֹת or כְּוַת like, 43, 45, 116; equivalent to, 43.

כּוּזָא, *d.* כּוּזְתָא *f.* a wine pitcher, jug, 113.

כּוֹכָב, *d.* כּוֹכְבָא *m.* a star, 85, 114, 138.

כּוֹל or כָּל all.
כּוּלָּא ... לָא not at all, 128.

כַּוֵּן *Pael,* to aim, direct one's way; *part. pass.* מְכַוַּן straight; corresponding, 131.
II. to make clear, harmonize, 131.

כּוֹר *m.* a measure (dry or fluid) 127.

כּוּת *pr. n.* Cuth.

כּוּתַי a Cuthite, a Samaritan, 76, 85, 108, 139.

כּוּתַח, *d.* כּוּתְחָא, confectionery, preserves, 94.

כּוֹתָל *m.* a wall, 129.

כֵּיוָן *adj.* proper, fitting, 21; with דְ *conj.*, after that, when, 18, 49, 68, 93.

כִּיס, *d.* כִּיסָא *m.* a purse, 58, 82.

כֵּיסָא or כֵּיפָא *m.* thorn; *pl.* 90, 91.

כֵּיף, *d.* כֵּיפָה *m.* a stone, 89, 101; *pl.* 139;
(2) an archway, 17;
(3) a shore (of sea); border, 74.

כֵּיפָא, *d.* כִּיפְתָא, *f.* arcade, vaulted chamber, 17, 132.

כֵּיצַד *adv.* how? in what manner? 47.

כִּיתַּן *m.* flax, 127, 129, 133.

כִּיתְפָא *d. m.* shoulder, 43.

כָּךְ *adv.* thus, 59.

כִּכָּר *m.* a talent.

כַּל = אֲכַל to eat, 129.

כָּל *adj.* all *passim.*
כָּל חַד חַד every single one.
כָּל שֶׁכֵּן Heb. for כָּל דְּכֵן how much more, 76.
כָּל מַן דְ every one who.

כָּל קֳבֵל directly opposite.

כַּלָּא, *d.* כַּלְתָא a bride; *pl.* 49.

כִּלְאַיִם *m. dual,* Kilaim, mixture of wool & linen; copulation of heterogeneous animals; yoking of ox and ass together, 67.

כְּלֵב, *d.* כַּלְבָּא *m.* a dog, 47, 81.

כְּלוּם anything, 17, 32, 38, 63, 91; something. *Interrog.* Is there any? לָא כְלוּם nothing, not at all, 38, 45, 133.

כְּלִי (*Heb.*) a vessel, 89; weapon, 122.

כְּלֶווּסִים (*κέλευσις*) a command.

כְּלַל to combine, generalize, 110.

כְּלִיל *m.* a crown, garland, 84.

כְּלָלָא *d. m.* a general rule, 69.

כְּמָא, כְּמָה *adv.* how much, 121; how many? 105; ever so many, 82, 98; like, as much as.

כְּמָא דְ *conj.* as, 16, 68, 84.

כַּמָּה *adv.* how much! how many? 61.

כֻּמְרָא *d. m.* a heathen priest.

כֵּן or כֵּין *adv.* thus, so, 12, 86, 89, 109.

כְּנָא. *Pael* כַּנִּי to surname.

כְּנִישְׁתָּא *d. f.* synagogue, 15, 18, 28, 48, 61.

כְּנַס (Heb.) to enter, 51, 69.

כְּנַע to oppress, humiliate.

Ithpe. to humble oneself, to bow, 70, 105.

כְּנַשׁ to gather in, 78, 86 (opp. to זְרַע); to collect, assemble.

כַּס, *d.* כַּסָּא *m.* a cup, 32, 92.

כְּסָא to cover, hide. So *Pael,* 68, 113, 114.

כְּסִיל *m.* Orion, the giant, 39.

כִּסְלֵו, Kislev, the 9th month, about December.

כְּסַף, *d.* כַּסְפָּא *m.* silver, 58, 77, 121.

כְּעַס to be angry, 13, 30, 32, 61, 69, 128.

כְּפָא to overturn, upset, 112, 114; to to compel, force, 48, 119, 120.

Ithpe. to bow oneself, 138.

כְּפַל to double, 95, 111.

כְּפַף to bend, force, overturn, 130.

כְּפַר to deny, 7. With בּ *obj.*, 99.

כְּפַר, *d.* כַּפְרָא *m.* a village, 53, 89, 107, 114.

כְּרוּב *m.* a cabbage, 55.

כְּרַז, *Aph.* אַכְרֵז to proclaim, announce, 24.

כוּרְח unwillingness; עַל כֻּרְחִי against my will, 97, 139.

כְּרַךְ to roll up, bind round, 80, 82, 90; (2) to roll up the bread, to dine, 104.

כַּרְכֵּם *Palp. Nithpalp.*, to turn pale, 69.

כְּרַם, *d.* כַּרְמָא *m.* a vineyard, 53, 54, 85, 143; *pl.* כַּרְמִין 106.

כְּרֵסָא *d.* womb; bowels, 102.

כָּרְסְיָא, כּוּרְסַיָּא *pl.* divan, throne.

כְּרַע, *d.* כַּרְעָא *f.* leg, 85.

כְּשַׁל (Heb.). Niph. to be struck, to stumble, 90.

כְּשַׁר to be right, fit, proper.

כַּשַּׁר *adj.* (1) proper, ritually permissible, 124; (2) worthy, 135; (3) noble, 106.

כֹּשֶׁר (Heb.) propriety, 98.

כַּת, *d.* כִּתָּא *m.* a band, class; party.

כְּתַב to write; to bequeath, 52.

Peil, כְּתִיב it is written, 32, 109.

כְּתַב, *d.* כְּתָבָא writing; a document; *pl.* 83.

כְּתוּבָּה *f.* a wife's marriage settlement.

כְּתַף, *d.* כַּתְפָּא *m.* shoulder, 43.

ל

לְ, with Suff. לִי, לָךְ, לֵיהּ, לַהּ, לַן to; towards; לְ, with direct object of verb.

לָא not.

לָאו (=לָא) 54: are they not? 80: it is not (allowed).

לֵב, *d.* לִבָּא *m.* heart, 72, 112.

Also לְבָבָא *d.* 82.

לְבַדָּא, *pl.* לְבָדִין felt clothes, 9.

לְבֵשׁ to put on, clothe oneself.

Peil, clad 'in Kilaim', 67, 'in sandals', 114; wearing 'shabby clothes', 104.

Aph. to clothe another, 68, 75.

לְבוּשׁ *m.* a garment, 112.

לְהַט to burn, to be passionate, 114.

לְהֵן I. therefore. II. whither? 72.

לוּדִין *pl.* men who keep gladiators, 80.

לוּחַ, *d.* לוּחָא *m.* a table, 68, 85.

לוּט to curse; *Peil,* cursed.

לְוִי to join to, accompany, 90.

Aph. אַלְוִי to escort, walk w. a parting guest.

Pael, לַוִּי = *Aphel.*

Hiph. (Heb.) to lend, 92.

לוֹן (=לְהוֹן) to them, 11.

לוֹקֵחַ (*Heb.*) *m.* a purchaser, 136.

לְחֶם, *d.* לַחְמָא *m.* bread, a meal.

לְחַשׁ (1) to whisper, 93, 108; (2) to charm 'the eyes', 117.

לְחִישָׁה *f.* a whisper, spell, 22.

לֵי = לֵית, not; w. suff. לֵינָא, "I am not," 5.

לִיטְרָא (litra) a Roman pound weight, 13, 124.

לִיטִירִין *pl.* (delator) informers, advocates, 109.

לֵיכָּא there is not, none, 56.

לֵילְיָא *m.* night, 59, 66, 83, 113, 134.

לֵילֵי by night, 92, 96.

לֵינָא (see לֵי) I am not, 5, 73, 101.

לִימֵן or לְמֵין (λιμην) a harbour, 20.

לִיסְטָא (ληστης) a robber, 63; *pl.* 113.

לִיסְטִים robber, 14, 37.

לִיפְסָא *d. m.* a stew-pot, 53, 75.

לֵיצָן, *d. m.* a scoffer, 14; pl. 131.

לִיקוּחַ *m.* purchase, 75.

לִישָּׁן, *d.* לִישָּׁנָא *m.* tongue, 32, 120.

לַיִת, *c.* לֵית, *d.* לֵיתָא there is (was) not, 3, 76.

לֵית אֲנָא I am not, 96: לֵינָא 3.

לֵית לִי I have not.

לַכְלֵךְ to soak; *pass.* saturated, 109.

לְמָא *adv.* why? wherefore? 32, 37, 48, 96.

לְעָא to toil, work, study, 3, 71, 88, 112.

לְעָזָר for אֶלְעָזָר Laʿazar, 99, 106.

לְעֵיל above, over, 39, 69; upwards, 74.

מִן לְעֵיל to the surface, 76.

לְקָא to be beaten, 47, 84, 115.
Aph. אַלְקֵי to beat, thrash.

לְקַח to buy, 136.

לְקַט to pick up, gather. So *Pael*: 'gathering the produce of the Sabbatic year', 76.

לְרַע (=לְאַרַע) to the ground, below, 39, 61, 115.

מ

מִ־ (followed by Dagh. f.) for מִן, from (of place, time, fact).

מָא what? how?

מְאָה, *pl.* מַאְוָן; a hundred, 13, 32, 45.
מָאתַיִן *dual*, two hundred, 45.

מַאי what? 56, 93.

מַאן who? 69, 72, 111, 124; what? 91; whom? 51.
מַאן דְּ he who, 24, 61, 101.

מָאן *m.* (1) a vessel, utensil; (2) a garment, 67, 68, 104, 114; *pl.* goods, belongings, 110, 125.

מַבּוּעַ *m.* a well, spring, 64, 112, 140.

מִבַּלְעֲדֵי *prep.* without, 76.

מָגוּס *m.* a supper, 131.

מְגוּרָא, *d.* מְגוּרְתָא *f.* a court, 93.

מָגוֹר *m.* a neighbour, 51.

מָגֵיר, מְגִירָא *m.* neighbour.
Fem. מְגִירְתָא; *pl.* מְגִירָתָא 117.

מְגוּסָא *d. m.* a dish; a dinner, 131.

מַגַּל, *d.* מַגְלָא *m.* a sickle, 126.

מְגִלָּה *f.* a roll of parchment. The name of a treatise in the Mishna: Megillah.

מַגָּן (Heb.) *adv.* for nought, 88.

מִדְּ *prefix*, because, since.

מַדָּאתָא *f.* tribute, tax, fine, 95.

מְדִינָא *f.* a province; a town, 82, 105, 106, 125.

מְדְלָא or מִידְלָא that wh. belongs to one; property, 84, 93, 119.

מִדְרָשׁ, *d.* מִדְרָשָׁא, *m.* Midrash, exposition.
בֵּית מִדְרָשָׁא Library, Lecture-hall, 55, 111.

מָה what? 64. מָה דְּ whatever, 60, 82, 123, 132.

מָהוּ what is it? how is it? 6, 9.

מְהוּלָא II. *d. m.* a sieve, 113.

מַהָן who? 73.

מְהַל to circumcise, 111.

מוּבַל, *d.* מוּבְלָא *m.* a load, burden, 91, 104.

מוֹדְיָא (modius) *m.* a bushel, 95.

מוּךְ to sink.

מוֹכֵס *m.* a tax-collector, 112.

מוּלָא, *f.* מוּלְתָא a mule, 65; *pl.* מוּלְוָתָא.

מוּמְחֶה *m.* approved; an expert, 130.

מוּסַף, *d.* מוּסָפָא *m.* the additional prayer recited on certain fast or festival days, 26, 96.

מוֹסֵר (Heb.) *m.* a band, fetter; pl., 14.

מוֹעֲדָא *d. m.* a festival, 114.

מוֹצָא the outgoing; following day, 75.

מוּקְדְּשָׁא *d. m.* sanctuary, 9, 106.

מוּת to die; *pft.* מִית; *part.* מָיֵית, מִית 81, 86, 93, 124.

מוֹת, *d.* מוֹתָא *m.* death, 72, 114.

מוֹתָנָא *d. m.* pestilence, 105.

מְזוּזָא *f.* a door-post; a parchment with the words of the Shema[c] written upon it.

מָזוֹן *m.* food; alimentation, 117.

מַזִּיק *m.* a demon; a destroyer.

מִזְרַח *m.* sunrise, 16.

מְחִי, מְחָא I. to wipe out; to protest, 128.

Pael מָחֵי to forbid, protest, 129.

II. to smite, beat, 13, 28, 83, 139.

מַחְצְלָא *f.* a curtain; matting, 138.

מֶחֱצָא (Heb.) half, 108.

מְחַק to scrape off, 95.

מְחַר, *d.* מְחְרָא *m.* to-morrow, 16, 93.

לְמְחַר on the morrow, 62, 69, 75.

מְטָא to reach; to arrive; to happen to.

Aph. אַמְטֵי to bring, fetch.

מְטַקְסָא (*μέταξα*) *m.* silk; *pl.* silk goods, 124.

מַטַלַלְתָּא *d. f.* a festive booth, 98.

מְטַלְטְלֵי *m. pl. apoc.* moveable goods, chattel.

מִטְמְעֵי *pl. apoc.* setting (of the sun), 83.

מְטַר. *Aph.* to let rain; to bring rain.

מִטְרָא *d. m.* rain, 103.

מַטְרוֹנָא *f.* (matrona) a matron; a woman of position, 89, 92.

מִי (Heb.) who? anyone; he who.

מִי *Adv.* while, 80, 138; when, 6, 13, 76, 90, 98, 105.

Interrog. — Is there? Is it then? Indeed? 64.

Possibility. — Indeed; if indeed, 9.

מִיַּד (מִן יַד) *adv.* at once, 75, 105.

מִיהוּ however, but, 6.

מַיִין, *d.* מַיָּא *pl. m.*, water, 101, 112, 114.

מֵיכַל *m.* food; eating, 18.

מִיכַּן from now, 127.

מִיל *d.* מִילָא *m.* a mile (2,000 cubits), 68.

מִילָא, מִילָּה 105, 106, מִלָּא *f.* a word, 32, 72, 93;

(2) a thing, matter, affair, 4, 6.

מִילוּי drawing water, 85.

מִילוּל *m.* word, speech, 80.

מַיִם *con.* מֵימֵי (Heb.) waters, 105.

מִין, *d.* מִינָא *m.* (1) kind, class, 129; (2) shape, likeness, image, 49, 54, 140.

מִינַיי, *d.* מִינָאָה *m.* a heretic, 132.

מִינּוֹק (יְנַק *v*) *m.* a child, 9, 93, 96.

מִית *adj.* dead, 58; (2) a dead body, 18, 76.

מִיתוּתָא *d. f.* Death, 58.

מַכָּה, *con.* מַכַּת (Heb.) a wound, plague, 57, 117.

מִכֵּיוָן likewise, accordingly, 80; as soon as.

מוֹכְסָא, מְכְסָה *m.* a tax-gatherer, 91.

מָכַר (Heb.) to sell, 76, 94.

Hithpa. to sell oneself, 134.

מְלָא to be full.

Pael, מַלֵּי to fill, complete, 57.

מַלְאַךְ *d.* מַלְאֲכָא *m.* angel, 28, 51, 63, 72.

מַלְבְּנִיקֵי *m. pl.* (corrupt. of mala pumica) pomegranates, 90.

מְלַח, *d.* מִלְחָא *m.* salt.

מַלָּחָא *d. m.* (1) a sailor, 98; (2) a dealer in sailors' outfits, or, a seller of salt, 126.

מַלְיָיא *d. m.* fulness, abundance, 140.

מְלַךְ to reign; to consult, 56.

Ithpa. to consult, advise with, 63.

מֶלֶךְ, *d.* מַלְכָּא *m.* a king, 9, 32, 107.

מַלְכוּ, *d.* מַלְכוּתָא *f.* kingdom, 5, 82; the royal court, 28, 32; a command fr. the king, 119.

מַלְכָּא, *d.* מַלְכְּתָא *f.* queen, 64, 82.

מִלְפְּפוֹן (*μηλοπέπων*) a cucumber-melon, 81,.

מָמוֹן *m.* wealth, money, 32, 61, 113.

מַמְזֵר *m.* a bastard, 123.

מִן *prep.* from; out of; because of; more than.

מִן דְּ when, after (w. *Pft.*), 27, 32; because, 69.

מָן what? מָן ד׳ that which, 60.

מָן = מָאן *pl.* clothes, baggage, 109.

מָנָא *pr. n.* Mana, a Rabbi, 75, 98, 119, 121.

מְנָא whence? 61.

מְנָא to reckon, calculate, 84, 98.

Pael, מַנִּי to elect, appoint, 56, 69, 99; *pass. part.* מְמַנֵּי appointed, 70.

מַנּוּ (= מַן הוּ) who is he? who is it? 11.

מָנֶה *m.* a maneh, mina, 13.

A gold or silver coin = 50 sacred shekels.

מִנְהָג *m.* manner, custom, habit, 11, 88.

מְנַחֵם (Heb.) Comforter; Menahem, a title of the Messiah, 9.

מִנְחָתָא *d. f.* (1) meal-offering; (2) afternoon; afternoon-prayer, 23.

מִנְיָן *m.* number.

מְנַּן or מְנַן whence? 47, 129.

מְנַע to withhold, refuse, refrain, 64.

מְנָת, *d.* מְנָתָא *f.* a share; allotment.

עַל מְנַת in proportion to, 56.

מְסָאַב, *d. f.* מְסָאַבְתָּא *adj.* unclean, 72.

מְסָאנָא *m.* a shoe, 68, 107.

מְסוּגִין *m. pl.* low borders, 129.

מָסוֹר *m.* a traitor, informer, 82.

מַסְטוֹבָא *m.* a porch, a stall w. a bench attached to a house, 128.

מִסְכֵּין *adj.* poor, 57, 59, 64, 80, 112; one who does not own 200 dinars.

מַסְמַר *m.* a pin, a weaver's pin, 129.

מְסַנְתָּא *f.* a basket, 62.

מְסַר to hand over, 70; transmit the sacred name, 96; to surrender, 82.

מַסּוֹרְתָּא *d. f.* tradition.

מִסְתָּא *d. f.* enough, sufficiency.

מִסְתְּיָיה (= מסתא) *m.* sufficiency.

מְעִין, *d.* מְעַיָּא *pl.* bowels, belly.

מְעַגֵּל (Pa. part. עֲגַל) *m.* a circle-drawer, wheel-maker, 106.

מַעַל *m.* an improper use of sacred property, 36.

מַעֲלָא entrance; *pl.* מַעֲלֵי sunset. Friday evening. Sabbath eve.

מְעַרְתָּא *d. f.* a cave, 63, 76, 106, 112.

מַעֲשֵׂר *m.* a tithe, 57, 96.

מַפָּא or מַפָּה *f.* a napkin, 35, 67.

מִפּוּ (= מִן פֶּה, מִנְפִּי) from the mouth of, 140.

מַפַּלְתָּא *d. f.* fall, ruin; *pl.* 107.

מִפְּנֵי *prep.* because of.

מִפְּנֵי מָה why? 7.

מַפְּקֵי *pl. con.* outgoings; close of Sabbath, 83.

מַפְתְּחָא (פתח ✓) *m.* a key, 45, 125.

מְצָא (Heb.) to find, 32. *Niph.* to be found, 97.

מִצְוָא, *d.* מִצְוְתָא *f.* a command; a charity, 59, 111.

מְצוּדָא *f.* a net, 76.

מְצִיאָה *f.* something found, a find, 97.

מִצְרַאי, *d.* מִצְרָאָה *m.* an Egyptian.

מַקְדֵּשׁ, *d.* מַקְדְּשָׁא *m.* a sanctuary, 87.

מָקוֹם (Heb.) *m.* a place, 11.

מְקָמָא or מְקוּמָא *d. f.* something bought, an article;

pl. מְקָמָן articles, things, 51, 78.

מַקְנִיתָא *f.* a bundle of reeds, 85.

מִקְרָא *m.* reading; scripture-lesson; a Bible-verse; the Bible.

מִקְרְעָן *f. pl.* rents (torn in mourning), 85.

מַר (for אֲמַר) to say, 9, 32, 45.

מַר, *d.* מָרָא *m.* lord, sir, master, 140; מָרִי my lord, 30, 61;

pl. מָרֵי = *sing.*, 116.

מְרָא to be bitter.

Pael מָרֵי to embitter, make sad, 59.

מַרְגְלִי, *d.* מַרְגָלִיתָא *f.* a pearl, 64, 72, 142.

מְרָדְתָּא *d. f.* turbulent, 130.

מְרוּבֶּה (Heb.) numerous, 129.

מַרְזֵיחָא *d. m.* a funeral meal.

מֶרְחָץ (Heb.) *m.* a bath, 25.

מְרַחְמָן *adj.* merciful.

מָרְיוֹן *pr. n.* Marion.

מַרְמְרָא *d. m.* marble pavement.

מְרַק. *Pael* מָרֵיק to rub out, efface, 7.

מֶרְקוּלִים (Mercurius) a Mercury-statue, 139.

מַרְתּוֹקָא *d. m.* a fist; a blow, 114, 132.

מָרְתָא *d. f.* mistress, 112.

מְשַׁבְקָא *d. m.* a divorcer; former husband; מְשַׁבְקִי, 118.

מְשַׁח, *d.* מִשְׁחָא *m.* oil, 85, 94.

מְשַׁח to besmear, anoint.

מְשִׁיחָא *d. m.* Messiah, 9, 68, 72, 107.

מְשִׁיחְתָא *d. f.* a rope, 71.

מְשַׁךְ to stretch, draw along; to run on, to run (with blood), 138.

מַשְׁכּוֹן or מִישְׁכַּן *m.* a hostage, 95.

מִשְׁלֵי (Heb.) the book of Proverbs, 125.

מִשְׁנָה The Mishna: a classified collection of the authoritative decisions of the Rabbis on matters of Jewish Law, committed to writing after the Hadrianic war, 135 A. D.

מַשְׁקֵי, *d.* מַשְׁקְיָא *m.* drink; *pl.* fluids, 62; a feast.

מְתִיבָא *f.* an academy; a seat, abode, 71.

מְתַן to delay. *Aph.* to wait, 118.

מַתְנִיתָא = Heb. מִשְׁנָה, the Mishna, 121, 127.

מַתָּן (Heb.) *m.* a gift, 59.

מַתְּנָא, *d.* מַתַּנְתָּא *f.* a gift, grant.

מַתְנְיָין *m.* a Mishna-teacher, 111, 116.

מַתַּנְיָה *pr. n.* Mattaniah, a Rabbi.

מָתַק (Heb.) to be sweet. Piel, (2) to sweeten, 110.

מַתְקָל *m.* weight, responsibility, 56.

נ

נָא = אֲנָא *pron.* I.

נְבַח to bark, 81.

נְבֵלָא *f.* carcase of an animal which has not been slaughtered, 73.

נְגֵב to be dry, to become dry, 120.

נְגַד to draw, drag, 53.

נָגִיד (Heb.) *m.* a ruler, 32.

נְגַס to eat, dine; *inf.* מֵיגּוֹס, 131.

נְגַע to touch.

Pael, to smite, 57, 117.

Aph. to arrive at, reach, 17. *Hiph.*, 44.

נַגָּר *m.* a turner, 93; a carpenter, 111.

נִדְבָא or נִידְבָא *d. m.* a free-gift, 95.

נְדַר to vow, 105, 117.

נִדְרָא *d. m.* a vow, 119.

נְהַג to lead, guide; to practise 'honour to parents', 46; to treat 'with honour', 69.

Peil נְהִיג to be wont, accustomed, 6, 74, 95.

נְהַק to cry. *Pael,* to bray, 63.

נְהַר to shine. *Peil* (1) to be bright, 92; (2) to remember, 32.

Pael, to give forth light, 106.

נְהוֹר *m.* light; 'rich of light': an euphemism for 'blind', 61.

נְהַר, *d.* נַהֲרָא *m.* a river, 97, 120.

נוֹחַ pleasant, easy; with מִן, 'better', 93.

נוּכְרִי, *d.* נוּכְרָאָה *m.* a heathen, 51.

נַוְלָא *d. m.* a loom, 129.

נוּם to slumber, 80, 106.

נוּקְבָא, *f.* female, 69; *pl.* נוּקְבָתָא.

נוּקָנִיקָא (corrupt. for lucanica) a sausage, 97.

נוּר, *d.* נוּרָא *m.* a fire, 28, 93; flame, 49.

נָזִיר *m.* a Nazirite; pl., 32.

נְזַף to rebuke; *inf.*, 83.

נְזַק to suffer injury.

נָחוֹתָא *d. m.* one going down from Palestine to Babylon, 72.

נְחֶמְיָה *pr. n.* Neḥemiah, a Rabbi, 60.

נַחְמָן *pr. n.* R. Naḥman bar Jacob, 27.

נָחָשׁ (Heb.) *m.* a serpent, 76.

נַחֵשׁ *Pael,* to practise sorcery, 91.

נְחָשָׁא *d. m.* copper, 121.

נְחַת, *imf.* יֵיחוֹת; *inf.* מֵיחוּת: to go down, 12, 20, 56; to come down, 42, 103.

נַחְתּוֹם *m.* a baker.

נַחְתּוֹמַר *m.* a bakery, 128.

נְטִילָה (Heb.) *f.* receipt, 12.

נָטוֹרָא *m.* a watchman, guardian, 111.

נְטַל (Heb.) to take.

Pael, to lift up, exalt.

נַטְלָא *com.* a ladle, 89.

נְטַר to watch, guard.

נִיהוּ (= אִיהוּ, after open syll. or ן) it is, 64.

נִיחַ *adj.* right, good.

נִימוֹרֶת (Heb.) a detachment of soldiers, 95.

נִימוֹסָא *d. m.* law.

נִיסוֹקֶת heated (*Niph.* part.).

נִיסָן Nisan, the first month, about April, 86.

נִיקְפִּי (נְקַף ✓) the borrower, a by-name of a certain type of Pharisees, 43.

נִיקְלָבוֹס (*Νικόλαος*) Nicolaus date, 93.

נְבָא. *Pael* נַבִּי (1) to deduct, abate; (2) to save, economize, 43.
Ithpe. אִינְּבִי to be injured, 64.
Aph. אַנְבִּי to injure, 64.
Hoph. הוּכָּה struck, afflicted 'w. leprosy', 60.

נְכַס to slaughter. *Ithpe.* אִינְּכֵס, 68.

נִכְסִין or נִיכְסִין, *d.* נִיכְסַיָּא *pl. m.* herds; (2) property, 52, 117.

נְכַר. *Aph.* אַכִּיר to know, recognize.
Niph. נִיכַּר (Heb.) to recognize, 75.

נָכְרִי (Heb.) a stranger, idolater, 139; *fem.* 72.

נַן *pron.* we, 98.

נֵס, *d.* נִסָּא *m.* a miracle, 83; *pl.*, 104.

נְסַב (= Heb. נָשָׂא) to lift up, take away, 66, 72;
to take up, 49;
to take, accept, 9, 32, 60;
to arrest, 14; to wash;
to marry, 118, 123.
Aph. to give in marriage, 102.

נִסָּיוֹן or נִיסָּיוֹן *m.* a test, 86; a miracle, 83.

נְסַךְ to pour a libation. So *Pael*, 140.

נְסַע to move.
Aph. אַסַּע to remove, divert 'my mind', 104.

נְסַק, *imf.* יִסַּק; *inf.* מִיסַּק: to go up.
Aph. אַסֵּיק to bring up, 71;
to raise a price, 45; to support w. food, 116; to finish 'a dinner', 23.

נְעַל to tie a shoe.

נַעֲמִיתָא *d. f.* an ostrich, 114.

נְעַץ (trsp. נצע) to stick into, insert: to insert a 'knife into a radish', 80.

נְפַח to blow up, to whistle, 85.
Ithpa. אִינַּפַּח to swell, 85.

נְפַל to fall, 64, 71, 91, 93.
Aph. אַפֵּיל to fell, throw down.

נְפַק to go out; *imv.* פּוּק 66, 69, 90; to come out, 105; to apostatize, 91.
Aph. אַפֵּיק to send forth, 63, 95; to bring out, 31; to bring to an end, 99; to collect, 120.

נְפַשׁ to become much or many.
Aph. אַפֵּישׁ to enlarge, make room for, 71.

נְפַשׁ, *d.* נַפְשָׁא *f.* soul, 113;
(2) person, self, 20, 93.
עֲבַד נַפְשֵׁיהּ he pretended, 108.

נַפְּתִי *pr. n.* a Nabatean, 98.

נֵץ, *d.* נִיצָּא *m.* blossom; pl., 84.

נְצַח to succeed, conquer, 28.
Aph. אַנְצַח to cheer up, play before, 83.

נְצַע (transpos. of נעץ) to insert.

נְקָא to be clean. *Pael* נַקִּי to cleanse.

נְקַז to cut. *Aph.* to let blood; to be bled, 13.

נְקִי, *d.* נְקִיָּא *adj.* clean, 7, 112; pl. 104.

נַקִּי *pr, n.* Nikai, 87.

נְקַף I. to strike; to borrow, 43.
Aph. to knock; to compare.

נְקַף II. *Aph.* to besiege, 108; to surround, 65, 82; to lend, 43.

נְקִפִּי by-name of Pharisee, 43: 'a borrowing Phar.,' one who borrows money to pay tithes.

נְקַד to pierce, bore, 80, 81.

נְקַשׁ to smite, strike.
Aph. to knock, 103; inf. מַקָּשָׁה 102.

נָשׁ, d. נָשָׁא m. man. Only w. בַּר (son of) man: a man חַד בַּר נָשׁ passim.

נְשָׁא to forget. So Ithpe. אִינְּשִׁי 97.

נְשִׂיאָה or נְשִׂיָּיא m. Prince, 82, 111, 101.

נְשִׂיאוּת f. lifting up; elevation to office. The office of Nasi or Prince, 69.

נְשַׁם. Ithpa. אִינַּשַׁם to recover, get well, 68.

נְשִׁיק to kiss, 4, 48, 85.

נְשִׁין, d. נְשַׁיָּא f. pl. of אִתְּתָא (q. v.) women, 96, 112.

נְתַן (impf. & inf. only) (1) to give. Imf. יִתֵּין 71, 83, 104. Inf., 60, 123, 127.
(2) to put, place.

נְתַר to fall off, drop out.
Hiph. to untie; relax, 75.

ס

סְאָא or סְאָה, d. סְאתָא f. a seah, a dry and liquid measure, 53; pl. סְאִין, 64.

סָאַב Pael, to defile, 130. Pe., to be unclean.

סָב m., f. סָבָא; pl. סָבִין; adj. old, 32, 71; pl., 60, 85, 88.
An elder; a teacher, 82.

סָבוּ, d. סָבוּתָא f. old age.

סָבוֹרָא d. m. a reasoner, 122.

סְבַל to carry a load.
Pael, to send presents of betrothal; pass. מְסוּבָל loaded, 86.

סִבְלוֹנוֹת f. pl. betrothal presents, 129.

סִבְנִי m. a head-cover, falling on shoulders, 90.

סְבַר IV. with אַפִּין, glance of face, 65.

סְבַר to think, understand, 13, 54, 62; to hope, 113; to conclude, infer, 115.
Ithpa. to expect; Part. to be expected, 84; evident, 133; intended, 88.
Aph. to illustrate, explain, 125.
Poel סוֹבֵר to tolerate, endure, 128.

סְגַד to bow the knee, to worship, 140.

סְגוּל, d. סְגוּלָא m. a cluster of grapes, 54.

סְגִי to grow in size or number.

סַגִּי or סַגִּין adj. numerous, large; many; enough, 55.

סַגִּי נְהוֹרָא abundant of light (blind), 116.
Adv. much, 16, 80; very, 12, 69; סַגִּין מִן more, 71.

סְגָן m. Segan, viceroy; adjutant high priest.

סַגְרִיר m. a storm, hurricane, 112.

סְדִינָא d. m. (σινδών) a linen sheet, 82, 100.

סְדַר to arrange, put in order, 140. So Pael.

סִדְרָא d. m. (1) a row, class, category, 90; (see next page).

(2) a chapter, 87; Scripture lesson, 90;

(3) a lecture-hall, school, 90, 102;

(4) a colonnade, 100.

סְהֵד to be a witness.

סָהֲדָא d. m. a witness.

סוּג to fence in, mark off.

Hiph. to remove a landmark, 59.

סוֹלְיָא (solea) *m.* slippers, 96.

סוּלָם *m.* a ladder, 100, 102.

סוּם to tie, adjust.

Pael, to mark, define.

סוּס *m.* a horse, 97, 111.

סוֹף, *d.* סוֹפָה *m.* an end, 30, 105.

לְסוֹף at last, 71.

לָא סוֹף דָּבָר not the end of the matter; not only, 100.

סְחָא to bathe, wash oneself, 11, 58, 83; *inf.* מִיסְחֵי 20, 89.

Aph. אַסְחֵי to cleanse, wash something.

סִיב *adj.* gray, old, 90.

סִיג *m.* dross; *pl.,* rubbish, 124.

סוֹפִיסְטָא (σοφιστής) *m.* a sophist, 77.

סִיוָן *m.* Sivan, the 3rd. month, about June.

סִיטְרָא *d. m.* side, 68.

סְיָיג *m.* a fence, hedge, 143.

סַיַּיע *Pael,* to support (a thesis), 9, 112.

סִילַע *m.* a coin worth four dinars, 98, 121.

סִימָן (σημεῖον) *m.* a sign, 90, 112.

סִימוֹנְיָא *pr. n.* Simonia, a town W. of Nazareth, 46.

סִיעָא *m.* a travelling company; a party, 56, 130.

סִיפְרָא *d. m.* a book, 8.

סִיקְיָיר (sicarius) *m.* a sausage-maker, 97.

סְכָא to look.

סַכִּין *m.* a knife, 80.

סְכַל to see clearly.

Ithpa. אִסְתַּכַּל to look at, 71, 72, 81, 109.

סְכַם to count, reckon.

Aph. אַסְכֵּם to agree, 65.

סְכֵן to be in danger; to be dangerous, 93.

Pael, to endanger, 20.

סַכָּנָה *f.* (Heb.) danger, 70.

סַכַּנְתָּא *d. f.* danger, 20, 70.

סִלְסֵל (Heb.) to exalt (from Ben Sira), 32.

סְלֵק to go up, 45, 68, 80, 90; to come up, 12, 32, 35, 99.

Pael, סַלֵּק to remove.

סֹלֶת *f.* fine flour, 40.

סְמָא to be blind.

Pael, סַמֵּי to blind; to shut the eyes, 6.

Ithpa. אִסְתַּמֵּי to become blind, 60.

סַם, *d.* סַמָּא *m.* powder; poison, 80.

סְמַךְ to lay the hand upon; to ordain; to support, 71; to lean upon, 90.

Peil, סְמִיךְ near, adjoining, 106.

Aph. אַסְמֵךְ to support by Scripture; to lean upon, 97, 143.

Ithpa. אִסְתַּמֵּיךְ to lean on, 6.

סְמֵק to be red.

Pael, סַמֵּיק to redden, cause to blush, 112.

סְנָא to hate, 81.

סַנְדָּל *m.* a sandal, 90, 114, 136.

סַנְהֶדְרִין Sanhedrin, the supreme council of the Jews, consisting of 71 members, exercising jurisdiction wherever Jews settled; by anachronism we find a *S.* in the days of Jeroboam, 135.

סַנְטוֹר *m.* a guardsman, bailiff, 111.

סְעַרְתָּא *d. f.*; *pl.* סְעָרִין, barley, 93.

סְפָא to cut in pieces; to give to eat.

Ithpe. אִסְתְּפִי to shrink, be afraid, 59.

סָפִיחַ *m.* spontaneous growth, 54, 76.

סַפְסוֹפָא *pr. n. m.* Palmyra (?) 82. This word Jastrow explains as 'riot'.

סַפְסֵר *m.* a sabre, 82.

סְפַק to be or do enough..

Pael, to give enough, 64.

Aph., to give enough, 64, 80; to supply, 114.

ספר, *Pael* סַפֵּיר to shave, 14, 107, 113.

Ithpa. אִיסַּפַּר to be shaved, 137.

סַפָּר *m.* a barber, 107, 137.

סָפֵר, *d.* סָפְרָא, *m.* a scribe, 76, 87, 98, 110.

סְפַר, *d.* סִפְרָא, *m.* a book, 32, 70, 106.

Heb. pl. סְפָרִים books, 131.

סַפְרוּ *f.* the office of scribe, 110.

סַק, *d.* סַקָּא, *m.* sackcloth, 75; a sack, 94.

סְרָא to stink, 63.

Aph., to turn sour, 128.

סְרַח to be corrupt; to sin, 134.

סַרְקִי *m.* a Saracen, 82, 103.

סַרְקִיתָא *d. f.* a female Saracen, 64.

סִתְוָא *d. m.* winter, 8.

סְתַם to shut up, seal.

Ithpa. אִסְתַּתַּם to be sealed, 60.

סְתָם *m.* something undefined, 95.

סֵתֶר (Heb.) secrecy, 59.

ע

עֲבַד (1) to do, 4, 72; (2) to make, 97; (3) to act, 98; עֲבַד נַּרְמֵיהּ he made himself, feigned, 117; (4) to produce, 80; (5) to spend time, 76, 134.

Ithpe. to be made, become, 49, 114, 116, 134.

עֲבַד, *d.* עַבְדָּא *m.,* a slave, 90, 101, 104.

עֲבוֹדָה (Heb.) *f.* worship.

עִבּוּרָא *d. m.* grain, 64; crops, 65.

עִבּוּרָא *d. m.* intercalation of a thirteenth month, a second Adar, 99, 115, 138.

עֲבִידָא *f.* work, 55, 97; employment, 19.

עֲבַר to pass by, 6, 9, 53; to travel, 111.

Pael, to cause to pass; emit 'saliva,' 81.

עֲבֵירָא *f.* sin; *pl.* עֲבֵירָן

עִגּוּל or עִיגּוּל *m.,* a circle; a cake, 91, 112.

עֲגַל to be round. *Pael,* to roll.

עֶגְלָא, *d.* עֲגַלְתָּא *f.* a basin, 89.

עָגַם (Heb.) to be troubled, desolate, 112.

עַד *prep.* until, as far as.

עַד דְּ until; while, 54, 125; before, 80, 82, 106.

עַד דְּלָא before, 23.

עַד כַּדּוּ while.

עֲדַיִין still, yet, 107.

עֲדָשָׁא (Heb.) *f.*; *pl.* עֲדָשִׁין lentils, 53.

עוּבְדָא *d. m.* a fact, 32, 80, 91; an anecdote;

pl. עוּבָדִין works, 68.

עוֹד still, yet; עוֹד דְּ too, besides, 36;

לָא עוֹד not yet.

לָא עוֹד אֶלָּא and not only so, but, 71, 107, 111, 112.

עוֹל *m.* a yoke, 5.

עוּל = עֲלַל to come in; *part.* עָיֵיל, 9, 37, 116.

Pael, עַיֵּיל to bring in.

עַוְלָא *d. m.* perversity, evil; disease, 72.

עוּלְשִׁין *m. pl.* endives, 65, 105.

עוּלֵם *adj.* powerful (in magic), 12; young.

עוֹנָא *f.* (1) a 24th part of an hour, a moment; (2) 12 hours, day, or night; (3) due season, 15, 18.

עוּן, *Pa.* עַיֵּין to watch, guard, 113.

עוּק to be sorrowful, in distress.

Aph. אָעִיק to distress, annoy, 69, 77, 116.

עוּר to arouse, awaken; to awake.

Ithpe. אִיתְּעִיר to awake, 45.

Ittaph. אִתָּעַר to awake, 30, 80, 102, 106.

עוֹר *m.* skin, 93.

עוֹרְבָא *d. m.* a raven, a crow.

עֵז, *d.* עִזָּא *m.* a goat.

עֲזָרָא *f.* Temple-court, 106.

עֲטַף to put on an over coat.

Ithpa. to cover oneself, 119.

עֲטַשׁ to sneeze, 96.

עִיבּוּרָא *d. m.* intercalation (see עִבּוּרָא).

עִיזְקָא *d. m.* a fetter; a ring, 139.

עֵיל *d.* עֵילָא *m.* height, heaven.

מִלְעֵיל from above.

עִילָא c., *f. d.* עִילְּתָא falsehood;

(2) a pretext, cause, 71.

עִילַי, *d.* עִילָאָה *m.* high, uppermost; Most High;

m. pl. עִילָאֵי; *pl. f.* עִלָּיָיתָא upper, 15.

עִילַּוֵי *prep.* above, upon; at, 36: angry at.

עִילִיתָה *d. f.* a higher chamber, 80.

עִים *prep.* with, for עִם (q. v.).

עַיִן, *d.* עַיְנָא *f.*, (1) an eye, 70, 112;

pl. עַיְנִין eyes, 60, 105, 85, 104.

עַיְנָא בִּישָׁא evil eye, 57.

2) a spring, fountain.

עִיסְקָא *d. m.* business (see עִסְקָא).

עִיסָא *f.* dough, 87.

עֵיצָא *f.* counsel, 132.

עַכְבָּר *m.* a mouse, 64, 68.

עַל *prep.* (w. suff. to *pl.* עֲלַי, עֲלוֹי)

(1) upon, 6, 45; (2) instead of, 3; (3) towards; (4) for, 16, 61, 130; (5) at, with, 69; (6) concerning, 68, 79, 103.

אַף עַל פִּי דְ or שֶׁ although, 98.

עַל דְּ through, by means of.

עֲלָא *m.* a leaf.

עָלָה (Heb.) to come up, to grow, 107.

עֲלִיב *adj.* wretched, 63; poor, 38.

עֲלִיָּה *f.* (Heb.) an upper chamber, 100.

עֲלַל, *pft.* עָאל; *inf.* מֵיעוּל; *impf.* יֵיעוּל;
imper. עוּל; *part.* עָלֵיל:
to go in, to enter, 28, 56, 63, 80, 96, 114.
Aph. אָעֵיל to bring in, 57, 89.
Ithpe. אִיעֲלַל to attempt entrance, 90.

עֲלָל *m.* produce, 79.

עָלְמָא *d. m.* eternity; antiquity; the world, 3, 6, 49, 65.
לְעָלַם for ever, 71.

עַלְעָל *m.* a hurricane, 9.

עִם *prep.* with, 89, 91, 105; near.

עַם, *d.* עַמָּא *m.*, people; pl., 78, 85.
לָא כָל עַמָּא nobody, 90.
כָּל עַמָּא everybody.

עָמַד (Heb.) to stand, 112; to abide, 109.

עַמּוּד *m.* a pillar, 103, 138.

עֲמַר, *d.* עַמְרָא *m.* wool, 123.

עֲנָא I. to answer.
Ithpa. to be answered, 103, 104.
II. *Pael,* to be late, 88, 89, 102.
Ithpa. to be afflicted, to fast, 98.

עִנְוָן *adj.* humble, meek, 69.

עַנְוַוְתָא *d. f.* chance, 116.

עִנְקָא or עוּנְקָא *d. m.* neck, throat, 14.

עֲנַשׁ (Heb.) to punish, 117; to fine.

עִסּוּק *m.* management, concern, 127.

עֲסַק to busy oneself, 17, 28.
Ithpa., to study, 93:

עִסְקָא *d. m.* business, 115; habit, character, 98.

עַפְרָא *d. m.* dust, 81; soil, 105.

עֵצָה or עֵיצָה *f.* counsel, plan, 132.

עֲצַל to be slothful. *Nithp.*, to shirk trouble, 68.

עֲצַר to keep back, restrain, 105, 106.

עֲצֶרֶת, *d.* עֲצַרְתָּא *f.*, Feast of weeks, Pentecost, 129.

עֲקִיבָא *pr. n.* Akiba, a famous Rabbi who died in the Jewish rebellion in 135 A. D., 6.

עֲקַר to uproot. *Ithpe.* to be uprooted, ruined, 138.

עֲרַב to vouch for, stand surety for, 64.

עֲרוּבָא, *d.* עֲרוּבְתָּא *f.* sunset, eve of the Sabbath.

עַרְבִּי *m.* an Arab, 9.

עַרְבָא *d. m.* surety, 80.

עַרְבֵּב to disturb, 131.

עֲרַבְיָיא *f.* Arabia, 119.

עָרֵל *adj.* uncircumcised.

עֶרֶס, *d.* עַרְסָא *m.* a bed, 80, 85, 96; (2) a coffin; bier, 49, 72.

עֲרַק to flee, 18, 32, 58, 82.

עֵשֶׂב (Heb.) grass; *pl.*, 107.

עָשָׂה (Heb.) to do, make; spend 'time' 108.
Niph., to be considered as if, 89.

עָשָׁן (Heb.) smoke, 128.

עָשִׁיק *adj.* expensive, very rare, 82.

עֶשֶׂר *f.*, עַשְׂרָא *m.*, ten, 81, 84.

עַשֵּׂר *Pael,* to tithe, 62.

עֲשַׂרְתִּי ten, 69.

עַשְׁתִּין *pr. n.* Ashtîn, 116.

עַתֵּד *Pael*, to prepare, 128; *Part.* מְעַתֵּד prepared, ready for, 68.

עָתִיד ready, destined, certain, 122; about to be, 126.

עַתִּיר *adj.*, rich, 119.

פ

פָּאתָא *d. m.* of Heb. פֵּאָה Peah, corner of field left for the poor (Lev. 19:9); title of a Mishnic tractate, Peah.

פְּגַל *Pael*, to render unfit as sacrifice.

פִּגּוּל something rejectable, 54.

פְּגַע to meet, 14, 37, 38.
Ithpe., to happen, 12.

פֶּה *m.* (Heb.) mouth, 138.

פֹּה *adv.* here, 19.

פּוּגְלָא *d. m.*, a radish, 80.

פּוּחַ to breathe, to expire.
תֵּיפַח רוּחָהּ may her spirit expire! 44, 85: an imprecation.

פּוּל *imv.* of נְפַל to fall (q. v.).

פּוֹלָר (φολλερόν) *m.*, a small debased coin.

פּוּם, *d.* פּוּמָא *m.*, (1) mouth, 3, 4, 80; (2) opening, 76, 125.
לְפוּם דְּ because.
לְפוּם כֵּן therefore, 44.

פּוּנְדְּקִין (πανδοκεῖον) *pl. m.* an inn, 21, 81.

פּוּנְדְּקַאי *m.* an innkeeper.

פּוּ־ *imper.* of נְפַק, to go out.

אֲפוּקִי = פּוּקֵי *pl.*, exit; termination, 54, 140.

פּוֹרָא *m.*, fruit; *pl.* פּוֹרִין, 106, 125.

פּוּרַיָּא *d. pl.* Purim, 127.

פּוֹרָן, *d.* פּוּרְנָא *m.*, dowry, 118.

פַּחָא *d. m.* contempt.
בַּר פַּחִין a contemptible man, a scamp, 12, 40.

פֶּחָה *m.*, a Pasha; governor.

פַּחַז *m.* wantonness, 98.

פְּחָל *pr. n.* Pella, 74.

פְּחַת to become less; lose money, 127; collapse, 66.

פַּחְתָא *d. com.* a pit; decrease, loss, 119.

פְּטַל *m.* a piece, a bite, a bit, 65.

פַּטִּים *adj.* fat, 47.

פְּטַר to set free, release, 31.
Pael, to divorce. *Aph.*, to dismiss an assembly; deliver a funeral address.

פֶּטְרוֹס *pr. n.* Petrus, Peter, a Rabbi, 114, 138.

פַּטְרְבּוֹלִי (πατροβουλοι) chief senators, 45.

פִּיּוּסָא *d. m.*, conciliation, an apology, 61.

פִּיל *m.*, ivory.

פִּילִי (πύλη) *f.*, a town gate, 90.

פַּיֵּיס *Pael*, to persuade, 52, 82, 109; to appease, 6, 40.
Ithpa., to be appeased, 91.

פַּיְיסוֹנָא *d. m.*, a mason, 116.

פַּיְיסַנְתָּא *f.*, a mason's guild, 116.

פִּינָךְ (πιναξ) a dish, 40.

פִּינְקָס, *d.* פִּינְקָסָא *m.*, a tablet, book, 85.

פִּיסְחָא *d. m.*, Passover, 92, 109.

פִּיסְתָא *d. f.*, a piece of bread;
pl. פִּיסָתָא crumbs, 94.
פִּיקְיָלִין (facialis) *m.*, a turban, 102.
פִּיתָא *d. m.*, a piece (of bread), 80, 112.
פִּיתְרָא *d. m.*, a wine vessel, 137.
פְּלָא to cut open. *Pael*, פַּלִּי to search.
Aph., אַפְלִי to act strangely; to mock, 32; to befool, 76, 80, 85.
פְּלַג to divide, 64; to share, 59.
Peil, פְּלִיג divergent, 9.
Pael, פַּלֵּיג to distribute, impart, 6, 78.
Aph. = *Pael*. 58.
פְּלַג *m.*, *d.* פַּלְגָא a portion; half, 32, 82, 91, 93, 109.
פְּלוּגְתָא *d. f.*, dissension.
פְּלוֹנִי *m.*, such an one, 13, 74.
פִּלְחָא *d. m.*, (1) a millstone;
(2) a portion, 104.
פְּלַח to work; worship.
פְּלַט to emit, 64; to escape.
פַּלְטְיָא (πλατεῖα) *f.*, a wide space; a square, 97;
pl. פַּלְטְיָיתָא streets, 17.
פַּלְטְין or פַּלְטִין (palatium) *m.*, palace, 2.
פְּלַל to argue, debate.
Nithpalel, (Heb.) to pray, 27.
פְּלָן such an one, 93, 103.
פִּלְפֵּל *m.*, grain; pepper, 136.
פְּנָא to turn, turn away, depart, 37, 103.
Pael, פַּנִּי 1, to remove, clear away; to unburden 'an ass', 103; 2, to acquit, release, 37, 103; 3, also Pe., Aph., to ease oneself, 90 (read לְפַנּוּיֵיהּ); 4, to finish with 'the Musaph prayer', 98.
פַּנְדֵּרָא *pr. n.* Pandera, a Jewish surname of Joseph, the reputed father of Jesus, 93.
פַּנְיָא *d. m.*, evening; before and after sunset.
פְּנִים (Heb.) inside, innermost; front seat, 69.
פַּס, *d.* פַּסָּא *m.*, a stripe, a portion, 31.
פְּסוּק, *Heb.* פָּסוּק *m.*, a verse or section of Scripture, 44, 134, 138.
פְּסִיקָא *f.*, a collection (of money), 123.
פְּסַע to walk, or waddle.
Pael, to stride, strut, step heavily, 18.
פְּסַק 1, to cut off, break loose; 2, to split, or pierce, 81; 3, to cease, 71, 111; to close a bargain, 45; 4, to assign, subscribe.
Aph. 4, to take the last meal before a fast, 114.
פּוֹעֵל *m.*, a workman, 106.
פְּעוּלָה *f.*, work for a hireling, 104.
פַּעַם (Heb.) time. *Pl.*, sometimes, 91, 121.
פְּצַל to divide, peel, skim, 101.
פְּקַד to command; to store up.
Pael, to enjoin, 23, 24, 66.
Aph., to deposit (money or goods), 7, 64, 94.
פִּקְדוֹנָא *d. m.*, a deposit, 124.
פְּקַח to open the eyes.
פְּרָא to run, 87, 90, 102.
פָּרָא less, minus.

פַּרְגִיתָא *f.*, chicken; *pl.*, פַּרְגַיָין poultry, 31.

פַּרְדֵּס *m.*, park, paradise, 112.

פְּרוּטָה *f.*, a coin, ⅛ of an *as*; dowry, 122.

פָּרוּשׁ, *m.*, a Pharisee, 57, 83, 117.

Pl. פְּרוּשִׁין.

פְּרַח to fly. *Aph.*, to cause to fly, 102.

פְּרִיטָא *d. m.*, small change, coin; *pl.*, money, 9, 45.

פְּרָן, *d.* פַּרְנָא *m.*, dowry, marriage — settlement, 95.

פַּרְנֵס to provide for, manage.

פַּרְנָס *m.*, a manager, steward, 56, 59, 61.

פַּרְנָסָא *d. m.*, nourishment, 61.

פְּרַס to split; to spread, 76, 93.

פַּרְסִי, פַּרְסָאָה *m.*, a Persian, 31.

פַּרְסֵם to publish, 112; to defame, denounce, 133.

פְּרַע to expose; to take vengeance, 126.

פְּרַק to redeem. So Pael.

פְּרוּקְנָא *d. m.*, Redemption.

פְּרַשׁ to separate; depart, 89.

Piel, (Heb.) פֵּירֵשׁ to withdraw, 17.

Pael, to separate; depart, 112.

Aph. אַפְרֵישׁ to set apart, 55.

פָּרָשָׁה *m.*, Parashah, a scripture lesson, section read each week in Synagogue, 99.

פְּשַׁט 1, to stretch straight, 45; 2, to explain literally, 87, 102, 125.

Peil, stretched out, 60.

פַּשְׁפֵּשׁ to search, 91; to grope.

פְּשַׁר to distinguish, explain.

Pael (3), to release.

פַּת (Heb.) *com.*, piece of bread, a loaf.

פִּתָּא or פִּיתָּא *m.*, a piece of bread, a loaf, 80.

פְּתַח to open; to open up in exposition, 111; to open a man's mouth = to teach him to speak, 125.

Ithpa., to be opened.

פְּתַח, *d.* פִּתְחָא *m.*, door, 90; an opening; release or absolution from a vow, 32.

פָּתוֹר *m.*, a table, 66.

פְּתַר, *d.* פִּתְרָא *m.*, interpretation.

פִּתְרָא or פִּיתְרָא *d. m.* a large wine jar.

צ

צָאָא to defile, soil, dirty, 80.

Peil, dirty, 104.

צִבְחַר also צִבְחַר *m.*, a little, few, 65, 90, 96.

צִבְחַר מִן less.

צְבַע to dip, 85; to dye.

צַבָּע *m.*, a dyer; pl., צַבָּעַיָּא 87.

צַדִּיק *adj.*, righteous, 88.

צְדוּקִי *m.*, a Sadducee.

צוֹאָה *f.*, excrement, 93.

צוּד to hunt, 76; to catch, 114.

Ithpe. אִתְצִיד to be caught, 2, 82; imprisoned.

צוּם to fast, 71, 82. *Part.* צָיֵים 112.

Pael, צַיֵּים = *Peal.*

צוּמוֹת, צַמּוּת, צְמוּת c., a forced meeting for taxation, 50.

צוֹמָא *d. m.*, a fast, 54, 71, 80.

צוֹמָא רַבָּא the great Fast, 9th of Ab, 54; or 10th of Tishri, 96.

צוֹנָם *m.*, rock, granite, 128.

צוּר (1) to tie, to wrap up, 78; (2) to imprint, engrave, 139; (3) to besiege, 82; to petition, 48.

Pael, צַיֵּיר to shape, to paint, to embroider, 23.

Ithpe. אִתְּצִיר to be shaped.

צוֹרֶךְ, *d.* צוֹרְכָא *m.*, need, necessity, 3, 78, 113.

צְחָא to thirst, 96, 98.

צַחְיוּ *f.*, thirst, 96.

צִיבּוּר *m.*, Congregation, 24, 49.

צִיבְחַר *m.*, a little, few (see צבחר).

צַיָּיד *m.*, a fisherman; hunter, 76.

צַיָּיר *m.*, a painter; an embroiderer, 111.

צִינְּתָא *d. f.*, cold, 134.

צִיפְּרוֹנָא *d. m.*, scurvy, 93.

צִירָא *d. m.*, a hinge, pivot, 112.

צְלָא to bend, bow.

Pael, צַלֵּי to pray, 15, 56, 61. *Impft.* לִיצַלֵּי 'let him pray,' 24; נְיצַלֵּי 104; *inf.* מְצַלָּיֵיה 103; *imper.* צַלֵּי 119.

צְלָא II. to cook, to roast. *Peil*, roasted, 97.

צְלַב to hang; to crucify, 112.

צְלוֹ, *d.* צְלוֹתָא *f.*, prayer, 15, 22, 61; pl. צַלְוָן prayers.

צְלַח to cleave; to make headway.

Aph., to prosper, 106.

צְלוֹחִי, *d.* צְלוֹחִיתָא *f.*, a flask, bottle, 78, 89.

צַלָּל *m.*, a tanner.

צְלַל to ring; to be clear; to cast a shadow, 78.

צַלְמָא *d. m.*, an image, 140.

צַלְצֵל to shout, 82.

צְמָא to trim (nails). So *Aph.*, אַמְצִי, 113.

צְמַד to bind, attach. *Pass. Part.*, to be addicted to, in the habit of.

צְמַח to sprout, 85.

צֶמַח Tsemaḥ, a name of Messiah, 9.

צְמַק to shrivel, dry.

Pael part. pass. מְצַמַּק dried 'cabbage,' 55.

צְמַת to gather together, assemble, 47, 50, 64.

Pael, to convoke, convene, 64, 98.

צִנּוֹר *m.*, (1) a pivot; (2) a water spout, gutter, 138.

צְנַן to be cold, 100.

צְנַע to guard. *Aph.*, to put aside, hide.

Pael, to exclude from society, 102.

צָנוּעַ (Heb) retiring, shy, modest, 11.

צְעַר to despise, disgrace, shame.

Pael, to afflict, grieve, annoy, 99.

Ithpa. אִצְטַעַר to be vexed, troubled, 44, 71.

צַעַר, *d.* צַעֲרָא *m.*, pain, 109; disease, 128.

צְפָא to look at; צְפָה 54; to intuite, 76, 117; to foresee.

צִפּוֹרִי or צִיפּוֹרִי *pr. n.* Sepphoris, a town in Upper Galilee, 72.

צִפּוֹרָאֵי *pl.*, men of Sepphoris, 11.

צַפְצֵף to chirp; whistle, 64.

צְפַר to whistle, 112.

צְפַר, *d.* צַפְרָא *m.*, early morning, 19, 135.

צִפַּר, a bird; *pl.* צִיפְּרִין, 76.

צְרוֹר *m.*, a pebble, 134.

צְרַךְ, צְרִיךְ to need, 7, 93, 58.

צְרִיךְ need, necessity, 115.

צְרִיךְ it is necessary. צְרִיךְ אַתְּ 'thou must,' 94.

צְרִיכְנָא 'I must.' לֵית אַתְּ צְרִיךְ 'thou dost not need.' צְרִיכִין אֲנַן 'we need,' 76.

צְרִיפָא *d. m.*, a cone-shaped hut, 58.

צָרָף *m.*, a refiner, 109.

צְרַר to wrap, tie up. *Peil*, 'bandaged,' 124.

ק

קָאֵים standing, 3, 14, 72.

קְבוּרָא (קבר √) *f.*, burial, 89.

קְבַל to cry out, complain against, 98; bewail, 48.

Pael, קַבֵּל to receive, 16, 61, 140; accept, 45, 71; to entertain.

Pass. part., הֲוָה מְקַבַּל was entertained, 1.

Ithpa., to be entertained, 75, 93, 133.

קַבָּלָא *f.*, Tradition. Post-Mosaic Scripture, 115.

קְבֵל or קוּבְלָא before, in presence of, 121.

כָּל קְבֵל *prep.*, directly opposite.

לְקִבְלָא, לְקוּב and לְקִיב over against, 14, 60, 72; according to.

קְבַע to fix in, to fasten, 112; to fix, appoint, 127; to establish, 139.

Peil, fixed, 48, 112.

קִבְעָא *f.*, appointment, 129.

קְבַר to bury, 86.

קְדוֹשׁ to be sacred, sanctified; to be betrothed.

קְדַל, *d.* קְדָלָא *m.*, the neck, 28, 102.

קַדֵּם *Pael*, to go or get before; to go to meet; to anticipate, get the start of, 122.

Aph., to give precedence or preference to, 99; to pay beforehand, 120.

קֳדָם, or קֳדָם *prep.*, before, 6, 85, 98.

קַדְמַי, *d.* קַדְמָאָה *m.*, first, former, 95, 122; *fem.* קַדְמַיְיתָא 105;

pl. קַדְמֵי before, 83.

קַדְמָאִין ancestors, 63.

קְדַשׁ to be sacred. *Pa.*, to betrothe. *Ithpa.*, to be betrothed.

קַהֲלָא *d. m.*, congregation, 98, 123.

קֹהֶלֶת Koheleth, or Ecclesiastes, 125.

קוּלָא *d. m.*, a bowl; jar, 140.

קוּם to stand up, 4, 14, 34; to rise 'from supper,' 131; to ascertain, 76, 80.

Pael, קַיֵּים to establish, 118; guarantee, 120; to support decision by a Scrip. quotation, 6.

Aph., אֲקִים to raise up, 90.

קוּמֵי (*m. pl. con.*) *prep.*, before (coram), 3, 9, 21, 24, 96.

קוּמֵי דְ *conj.*, before that (priusquam).

קוֹנְדִיטוֹן (*κονδῖτον*) condiment for spiced wine, 101.

קוּפָא *d. m.*, a basket; *pl.*, 1.

קוּפַר, *d.* קוּפְרָא *m.*, meat, 13, 59, 62, 75.

קוּפְתָא *f.*, basket, tub; sack, 46.

קוּרְסָם *m.*, a blow (with the fist), 13.

קוּרְקָס *m.*, a clasp, ring; key [pl.], 119.

קוּשְׁיָא *d. m.*, difficulty.

קַיֵּז *Pael*, to calculate, to strike a balance, 43, 112.

קְטָא to bite off; gain (in a lottery), 80.

קַטִּין *adj.*, thin, emaciated, 86.

קְטַל to cut, 137; to kill, 28, 66, 68.

Ithpa., to be killed; *inf.* 132.

קִטְמָא *d. m.*, ashes, powder, 75.

קְטַע to hew down, 90, 91.

Ithpe., to be cut off, 60.

Pael, to cut 'flesh,' 97; 'a chapter in two,' 110; 'a vine,' 113.

קְטַר to bind, tie up, 9, 20.

קִידְרָא *d. m.*, a pot, 112.

קִיזָּאִי (קזז *v*) a calculator: by-name of Pharisee, a book-keeping Pharisee, who carefully balances his actions, 43.

קִיטְרָא *d. m.*, a knot, 97.

קַיְיטָא *d. m.*, summer, 8.

קִיטוֹן (*κοιτῶν*) a room, chamber, 133.

קַיָּיט *m.*, a fig-drier, 90.

קַיָּים *adj.*, existing, enduring, standing, 65, 121.

קְיָים *m.*, a covenant.

קִיל to be light, of little import.

Ithpe., to be despised, 56.

Aph., to make light of; to curse.

קִילוּסָא *d. m.*, praise, 98.

קִים to live, continue.

Pael, קַיֵּים to keep alive, 91; to ratify, 32.

Ithpa., to remain alive, to survive, 91.

קֵיסָא *d. m.*, wood, chips; *pl.*, 104.

קֵיסָרִין *pl. pr. n.*, Caesarea, 79, 109.

קִיתוֹן (*κύαθος*) *m.*, a ladle, 122.

קָל, *d.* קָלָא *m.*, a voice, 9, 42, 49, 68; news, 12, 76, 125.

בְּקָלָא aloud, 22.

קָלוֹן *m.*, disgrace; an idol, 138.

קְלֶווּסִים (*κέλευσις*) a command, 119.

קְלוּסְקִין *m.*, a Lesbian loaf, biscuit, 136.

קְלָא to be disgraced.

Aph., אַקְלִי to revile, 56.

קְלַל to be light, to treat lightly, 117.

Aph., אַקֵּל or אָקִיל to despise, 64, 131; to dishonour, 36, 139; to curse, 56.

קַלִּיל *adj.*, light, cheap, 80.

קַלְעִיתָא *d. f.*, a plait of hair, 133.

קַלֵּיס *Pael*, to praise, celebrate; dance, 49, 138.

קְלַק to throw, cast, 81.

Pael, קַלֵּיק to fling away, 76.

קַלְקֵל to ruin, corrupt, 140; to damage, 113.

קֶמַח *m.*, flour.

קַמְצָא *d. m.*, locust, 140.

קַן, *d.* קִנָּא *m.*, a nest; a swarm, 68.

קְנָא to acquire, take possession, 127.

קַנְדִּילָא *d. m.*, a candle, a lamp, 87.

קַנְטֵר to rebuke, 105.

קַנְקַנָּא *d. m.*, a plough, 9.

קְסַס to turn sour, 94.

קְפַד to be sensitive, irritable.

Ithpe., אִיקְפַּד to be angry, 93.

קַפְּדוּקְיָא *pr. n.*, Cappadocia, 78.

קַפְּדוּקָאֵי *pl. apoc.*, Cappadocians, 78.

קְפַח to strike, wound; to rob.

Ithpa., אִיקַּפַּח to be robbed, 82.

קְפֵילָא (*κάπηλος*) *m.*, a huckster; baker, 127.

קְפֵילִין (*καπηλεῖον*) *m.*, a cook-shop, 57.

קַפְלוֹט *m.*, a leek, 31, 66, 75.

קְצָא to break (bread), 91.

קְצִיעָה *f.*, fig-harvest; *pl.*, dried figs.

קְצַץ to cut; to make a covenant.

Pael, to slice 'lupins,' 76; to cut, to mutilate.

קַצָּר *m.*, a fuller, 68.

קְצַת *f.*, an end, 53.

קְרָא to call; to read, 28; to recite: 'the Shem'a,' 1, 44.

Ithpe., to be called, invited, 50.

קְרֵב to be near; to draw near, 117; to intercede; to complain, 109.

Pael, to bring near, to offer, 40.

קָרֵיב *adj.*, near. *Noun*, a kinsman, 96, 103, 129.

קְרָב, *d.* קְרָבָא *f.*, war, 28.

קָרְבָּן *m.*, sacrifice; vow-offering, 32.

קָרוֹן *f.*, a wagon, cart; *pl.*, 129.

קָרָט *m.*, a small coin, 57.

קַרְטֵס (*χάρτης*) *m.*, paper, a document.

קְרִי, קְרִיָּה it is read; it is a Massoretic reading, 32.

קְרִיאָה, *con.* קְרִיאַת, *f.*, a recitation, 44.

קִרְיָה *f.*, a small town, 9, 90, 111, 115.

קַרְיָיא *c.*, a Bible verse, 134.

קְרִיצְתָּא *d. f.*, day-break, 19, 102.

קֶרֶן *d.* קַרְנָא *c.*, a horn; *pl.*, 77; corner; *pl.* street-corners.

קְרַע to rend (one's garment), 68, 114.

קֶרַע, *d.* קִרְעָא *m.*, a rent, 125.

קַרְקַע *m.*, soil, 89.

קְרַץ to rise early, 87, 140.

קַרְתָּא *d. f.*, a town, 9, 39, 61.

קְשָׁא to be hard, difficult. *Pael*, to perplex.

Ithpe., אִתְקְשִׁי to be perplexing, 129.

קָשֵׁי, *d.* קַשְׁיָא *adj.*, hard, 86, 105.

קַשְׁיָא *f.*, a difficulty, strong objection.

קַשְׁיוּ, *d.* קַשְׁיוּתָא *f.*, hardness; obstinacy, 32.

ר

רֵאשׁ (see רֵישׁ) head, 68, 99, 106.

רֵאשִׁית *f.*, beginning.

רַב, *f.* רַבָּא great in extent; in number; in age, 52, 61; in dignity, 61; in learning, expert in Torah, 111.

רַב, *d.* רַבָּה *m.*, chief; Master, 59; Teacher, 61. Title of Babylonian Amoraim (as רַבִּי of Palestinian): רַב הוּנָא.

Surname of Abba Arekha, founder of the Academy of Sura in Babylonia, 5, 35, 107.

רָבָא *pr. n. m.*, Raba, chief of the academy at Mahoza.

רְבַב to be a teacher.

רַבָּה I. *adj.*, great; senior.

II. Title of several Amoraim.

רִבּוֹא *m.*, a myriad, 42.

רְבוּ *f.*, dignity, glory, 2.

רְבָא to be or become great; to come of age, 124.

Pael, רַבִּי to cause to grow.

Hiph. (Heb.) הִרְבָּה to increase, 89.

רָבֵי, *d.* רַבְיָא *m.*, a boy.

רַבִּי my teacher; Rabbi, title of scholars, such as the Tannaim, and the Palestinian Amoraim. Surname of R. Jehudah, the Prince, who compiled the Mishna.

רְבִיעַי *m.*, a fourth.

רְבִיעֲתָא *d. f.*, rain, 105.

רַבִּיתָא *d. f.*, interest, 92.

רַבָּן *m.*, Rabban, a title of scholars. Title of most of the Palestinian college principals who succeeded Hillel.

רִבּוֹן *m.*, lord, master.

רְבַע to lie down, recline, 36, 85, 102.

רַבֵּץ *Pael*, to sprinkle (water on seed), 133.

Piel, to scatter, disseminate the Law, 71.

רַבְרְבָא *d. m.*, a great man, 99; *pl.*, 10, 32.

רְגַג to desire.

רְגַז to tremble, 71.

רָגִיל *m.*, accustomed to, 96, 114.

רֶגֶל, *d.* רִגְלָא *f.*, a foot; *pl.* רִגְלַיָּה 45. בִּרְגְלֵיהּ 'for the sake of him,' 9.

רְגַשׁ to tremble. *Aph.*, אַרְגֵּשׁ to observe, 80; to feel (a knife), 106.

רְדָא I. to chastise, 102.

III. to plough, 9, 87.

רְהַט to run, 60.

רְוָא to be drunk.

רוּבָא *adj.*, great; elder: surname of R. Ḥiyya, 109, and R. Hoshaiah, 11.

רוּב, *d.* רוּבָא *m.*, majority, 97.

רוּחַ, *d.* רוּחָא *f.*, wind; spirit, 44; *pl.* רוּחַיָּיא (lord of) spirits, 80. (Holy) Spirit, 76, 117.

רוּם, רִים, to be high; (2) to lift; remove, 139.

Aph., אָרֵים to remove, 63, (*Part.*) 139; to raise, 112.

Ithpol., to be lifted up, exalted, 84, 86.

רוּמָה *d. m.*, a height, 137; top, 104.

רוֹמִי *m.*, Rome, 73.

רוֹמַי *m.*, Roman; *pl. apoc.*, רוֹמָאֵי 37.

רוּמָּנָא *f.*, pomegranate.

רוּמְשָׁא *d. m.*, evening, 13, 61, 93, 117.

רוּק to spit out, 116, 139.

רוֹק, *d.* רוּקָא *m.*, spittle.

רֵיחַיָּא ,רְחָיָא millstone, mill, 47.

רְחֵם to love, 44, 93.

Pael, to love; to practise charity, 80; to pity (with עַל), 128.

רָחֵם, *d.* רָחְמָא *m.*, a friend, 128.

רַחֲמָן *adj.*, merciful, 3, 46, 72.

רְחַץ to lean on; trust, 91. *Peil*, trusted, 9.

רְחֵק to be distant; alienated, 119.

Aph., to remove, 21. *Pael*, to abominate.

רְחוּק *m.*, separation; distance, 82.

רָחִיק *adj.*, distant, afar off, 54, 77.

רִיבָא *f.*, a maiden.

רִיבּוֹא *m.*, a myriad; *pl.* רִיבְוָן, *c.* רִבֵּי, 42, 98.

רֵיו, *d.* רֵיוָא *m.*, sight, appearance, 112.

רִיחַ to breathe. *Aph.* אֲרִיחַ to smell, 105.

רֵיחַיָא *pl. d.*, millstones; used as *sing.*, mill.

רֵיקָן *adj.*, empty, 85.

רִיר, *d.* רִירָא *m.*, spittle, 81.

רֵישׁ *m.*, head, 7, 92, 110, 114; top, 23; chief, 26, 69; beginning, 54.

רְכַב, to ride.

רַכִּיךְ *adj.*, soft, tender, 105.

רְכַן to lean. *Aph.*, to bend, 99.

רְמָא to throw.

Peil, thrown, lying, located, 89.

רַמָּאי *m.*, a slanderer; *pl.* impostors, 7, 58.

רמִיוּ *f.*, deceit, 96.

רְמַז to nod, intimate, 57.

רְמַשׁ, *d.* רַמְשָׁא *m.*, evening, 21, 24.

רֵעַ (Heb.) *m.*, a neighbour, 59.

רְעָא I. to feed, tend, 130.

II. to delight in. So *Aph.*, 138.

רַעְיָיא *d. m.*, a shepherd, 81.

רְעֵם to be high. *Aph.*, to raise.

Ithpa., to rebel; murmur, 105.

רְעַע to break in pieces.

Hiph., (Heb.) to do evil, 40.

רְפָא to be loose, free. *Part.* רָפֵי, 14.

Aph., אַרְפִּי to let loose, leave alone, 28, 68, 83.

רָצוֹן *m.*, favour, good will; desire, 46.

רַק *adv.*, only, except.

רְקַד to dance, 16, 103. So *Pael*, 111.

רְקִיעַ *m.*, firmament, 71.

רְקַע to stretch, spread.

רְקַק to spit, 117.

רְשׁוּ, *d.* רְשׁוּתָא *f.*, authority, permission, 12, 60.

רַשְׁיָא *d. m.*, a creditor.

רְשַׁל to be weak, flaccid.

Pael, to loosen; *pass. part.* מְרַשַּׁל palsied.

רַשִׁיעָא *d. m. adj.*, wicked, 29.

רָשָׁע *adj.* (Heb.), wicked, 114.

רְתַח to boil, to be hot, 89.

רְתַק to knock.

שׂ and שׁ

שְׁאַל or שְׁאֵיל to ask a question, 5, 74, 93, 110; to ask a favour, 18, 67; to borrow, 66.

שְׁאַל בִּשְׁלוֹם to ask as to one's welfare; to salute, 6, 88; שְׁאַל בְּהוֹן (שָׁלוֹם omtd.) he saluted them, 11, 29, 78, 115.

Pael, to ask, borrow. *Ithpa.,* to consult, 78.

Niph. (Heb.) to be consulted, 117.

שְׁאֵילָא, *d.* שְׁאֵילְתָא *f.*, a request; *pl.*, 116.

שְׁבָא to take captive.

שַׁבּוֹיָא *m.*, a Sabaean; captor, raider; *pl.*, Sabaeans; marauders, 81.

שְׁבַח to rise. *Pael* שַׁבַּח to praise, 111, 134.

שְׁבָחָא *d. m.*, praise, song, 11, 70.

שְׁבִיעַי seventh, sabbatical year, 75; seventh year produce, 75, 76.

שְׁבְעָא *m.*, seven, 83; *f.* שְׁבַע, 116.

שְׁבַע, *Ithpa.* אִשְׁתַּבַּע to swear, 119.

שְׂבַע to be satisfied, 65.

שְׁבַק to leave, 18, 28, 90; to forsake, 51, 111; to allow, 46, 112; to leave property at death, 131.
2. to divorce, 118.

שְׁבַר to break. *Peil*, injured, 112.

שִׁבְשָׁא *d. m.*, a branch, bush, 49.

שִׁבְשְׁתָּא *f.* twig, branch; *pl.* שְׁבִישָׁתָא, שִׁיבְשְׁתָיָה 49; שׁוֹשִׁיבְתָא 138.

שְׁבַת to observe the Sabbath, 87.

שַׁבְּתָא *d. m.*, Sabbath, 11, 29, 34.

שְׁגַח to look. *Aph.*, אַשְׁגַּח to care for, to mind, 55, 105, 131.

שְׁגַר to put forth; to shed (tears). *Aph.*, to cast 'an eye,' 70.

שְׁדוּךְ to be quiet, peaceful, 76. *Pael* and *Aph.*, to pacify.

שְׁהֵד to be a witness, 99 (see סְהֵד).

שַׂהֲדוּ *f.*, testimony, 99.

שָׁוְא (Heb.) vanity. לַשָּׁוְא in vain, 109.

שׁוּבָא, *d.* שׁוּבְתָא *f.*, Sabbath, 83, 87, 100, 117.

שׁוּבְעִין seventy, 106, 138.

שׁוֹבָךְ *m.*, a dove-cote, 100.

שׁוֹטֶה (Heb.) *n. m.*, a fool, madman, 106. *Adj.*, mad (dog), 90.

שְׁוָא, שְׁוֵי to be alike.
Pael, שַׁוֵּי to level; to put or place.
Ithpa., אִשְׁתַּוֵּי to make oneself like, 79.

שַׁוְיָא *d. m.*, a bed; a couch for eating.

שׁוּם *m.*, name. מִשּׁוּם because of, 80, 114.

שַׁוְעִיתָא *d. f.*, tale, talk, 106.

שׁוֹק *m.*, a leg, foreleg, shoulder.

שׁוּק *m.*, market, street, 78, 91, 96.

שׁוּר *m.*, a city wall.

שׁוּרְבָא *d. m.*, heat, 134.

שׁוּרְיי *m.*, permission; it is permitted, 66, 78.

שׁוֹשְׁבִין *m.*, best man, bridegroom's friend, 98.

שְׁזַג to wash, rinse. So *Pael*, 46, 97.

שִׁזְרְתָא *d. f.*, cord, spine, 81; skeleton.

שַׁחְיָא *d. m.*, bend; arm-pit, 80,

שְׁחַק to rub, grind, 80, 93, 101.

שַׁחֲרִיתָא *f.*, morning, 19.

שְׁטַף to overflow; wash away, 97.

שְׁטָרָא *d. m.*, a writ, a document, 93.

שִׁיבּוֹלֶת *f.*, an ear of corn; a rapid stream.

שֵׁיזֵב to save; preserve 'from cold,' 134; to rescue, 68.
Ithpe. אִשְׁתֵּיזֵב to be saved, 76, 91, 82.

שִׁיחָא *d. m.*, a ditch, pit.

שִׁיחוֹר *m.*, coal, 80.

שִׁיטָא *m.*, שִׁיטְתָא *f.*, row, line; opinion, doctrine, 89.

שִׁיטָתָא *f. pl.*, bed-posts.

שְׁאֵל = שְׁיֵיל to ask, 11.

שְׁיָרָא, שְׁיַרְתָא *f.*, a caravan, 89.

שָׁיֵיף *adj.*, bright, clear (*lit.* rubbed), 105.

שִׁיכְמִי Shikmi, by-name of Pharisee, who carries his good-deeds on his shoulder, 43.

שִׁילָא *pr. n.*, Shila, the name of several later Rabbis. — 27.

שִׁימַי *pr. n.*, Shimai, name of a later Rabbi, 96.

שִׁימְשָׁא *d. m.*, the sun, 23.

שֵׁין, שֵׁן *c.*, a tooth, 69.

שֵׁינָא *f.*, sleep, 1, 45, 106.

שִׁינּוּי (Heb.) *m.*, change, 91.

שִׁיעוּרָא *d. m.*, full measure: 200 dinars, 57. Possessing this sum, a man was no longer poor.

שֵׁיצֵי to be ended; to perish.

שִׁיקְמִין *pl. m.*, sycamores, 85.

שַׁיֵּיר *Pael*, to leave behind; reserve, 128.

שֵׁיר, *d.* שֵׁירָא *m.*, a neck-chain; pl., 14.

שִׁית six, 23.

שִׁיתִּין sixty, 13.

שְׁכוּנָה *f.*, neighbourhood, 105, 118.

שְׁכַח I. to forget. So Pael.

II. *Aph.* אַשְׁכַּח to find, 13, 34, 45; to be able, 34.

Ithpa. אִשְׁתַּכַּח to be found, 97, 101, 106.

שָׂכָר *m.*, Divine reward, 99.

שְׁלוּחָא *d. m.*, a messenger; pl., 83.

שְׁלַח (1) to send, 32, 62, 77;

(2) to undress, put off, 67, 107.

Pass. part., undressed, 114.

Pael, to dismiss; to strip.

Piel (Heb.), to send off, 129.

שַׁלְחָא *d. m.*, a tanner.

שְׁלַט to rule, authorize.

שְׁלִיחוּתָא *d. f.*, errand, commission, 72.

שְׁלֵם to be finished.

Aph. to finish; to surrender 'city,' 108.

Pael, to recompense, 81; to pay, 48; to recover 'the city,' 108.

שְׁלָם *m.*, peace, health, welfare, 6, 29, 105.

שְׁאֵל בִּשְׁלָם to salute (see שאל).

שְׁלַף to draw out (sword); draw off 'shoe,' 113; to untie, annul.

שֵׁם, *d.* שְׁמָא *m.*, a name, 6, 9, 64.

עַל שֵׁם with reference to, 131.

שְׂמָאלָא *d. c.*, the left hand.

שְׁמוּאֵל *pr. n.*, Samuel, the name of many Rabbis. Samuel (without patronymic), the Babylonian, contemporary of Rab, and founder of the College at Nehardea, 39.

שְׁמוּעָא, *d.* שְׁמוּעֲתָא *f.*, report; tradition; decision, law.

שְׁמַט to loosen; to slip off; to be released.

שְׁמִיטְתָא *d. f.*, release, cancellation of debts, 54; the Sabbatical year, 65, 76, 78, 105.

שְׁמַיָּא *pl.*, Heaven; *euph.* for God, 123.

שְׁמֶן *m.*, oil, fat, 84.

שְׁמַע to hear, 1, 32, 42, 91, 95, 96, 116; to understand from, to infer.

Aph., to proclaim.

שְׁמַע (imv. Hear thou, O Israel: Deut. 6:4) the Shemʿa, the 'Confession of Faith' in the morning and evening prayers, 1, 44.

שִׁמְעוֹן *pr. n.* Simeon, the name of several Rabbis.

שַׁמֵּשׁ *Pael*, to minister, 36, 89, 98 (w. Acc.).

Ithpa., to be ministered unto, 36.

שְׁמַשׁ, *d.* שִׁמְשָׁא or שִׁמִישָׁא *m.*, the sun, 83, 106.

שְׁנָא *f.*, a year; pl. שְׁנִין, שְׁנֵי.

שְׁנָא, שְׁנֵי to hate, 112 (see סְנָא).

שְׁנָא to repeat; to change, be different.

Part., שָׁנֵי; *f.*, שָׁנְיָא changed, different, 136.

Pael, to change, 88, 91.

Ithpa., אִישְׁתַּנֵּי to be changed, 113.

שְׁנֵי (Heb.) two, 70, 125.

שְׁנַץ to squeeze. Peil, 14.

שְׁעָא to cover over; to smooth.

Ithpa., אִשְׁתָּעֵי to converse pleasantly, 108; to tell a story, 80, 81.

שַׁעֵר *Pael*, to calculate, 53.

שַׁעַר *m.*, calculation; rate of interest, 127.

שַׂעֲרָא *d. m.*, hair, 80, 133.

שַׂעֲרִין *m. pl.*, barley, 63, 64.

שַׁעֲתָא *d. f.*, (1) an hour, 63, 69, 72, 96 (שָׁעָה); *pl.* שָׁעִין 49; (2) time, 3, 20.

שְׁפִיפוֹן *m.*, a very thin serpent, 80.

שְׁפַךְ to pour out, 80, 137. *Part.*, 97.

שְׁפַר to be beautiful, acceptable.

Aph., to beautify, decorate, 103.

שַׂק *m.*, a sack, 124.

שקא *Aph.* אַשְׁקִי to give to drink, 16, 85.

שְׁקַל to receive, 126.

שִׁקְלָא *d. m.*, a shekel.

שְׁקַע to sink, 1. So *Piel*, 61.

Pael, to immerse, to sink, 106.

שְׁקָקָא *d. m.*, a street; pl., 39.

שִׁקְרָא *d. m.*, falsehood, 91.

שַׁקָּר *m.*, a liar, 91.

שָׂרָא *d. m.*, a Prince, 132.

שֵׁר or שֵׁיר *m.*, a chain, ring, 14.

שְׁרָא (1) to loosen, 9, 132, 133; to loosen oneself, 69; (2) to relax a law, 10, 20, 65; to forgive, 113. שְׁרֵי *pass.*, it is allowed, 90, 100; (3) to begin; (4) to lodge, rest, 81, 105, 128.

Ithpe. אִשְׁתְּרִי to be permitted, 66.

Pael, שָׁרִי (1) to loosen; to dismiss, 110; (2) to begin, 63, 64, 71, 116.

שְׁרִי, *d.* שְׁרִיתָא *f.*, beam; pl. שַׁרְיָין, 84.

שַׁתָּא (for שַׁנְתָּא) *d. m.*, a year, 54, 105.

שְׁתָא, שְׁתָה to drink, 16, 20, 46, 96; *imf.* נ for 1 S., 9, 80.

שְׁתַם to bore into, unseal, 140.

שְׁתַק to be silent. *Aph.*, to silence, quiet.

Ithpa. אִשְׁתַּתַּק to be mute, still.

שָׁתַת (Heb.) to flow gently, to drip (from tongue) 112.

ת

תְּאֵב to desire, want, 118.

תְּאֵנָא, *d.* תְּאֵנְתָּא *f.*, a fig; pl. תְּאֵנִין, 62, 80, 87, 89.

תַּבְלָא *m.*, spice; pl. תַּבְלִין, 66.

תְּבֶן, *d.* תִּבְנָא *m.*, straw, 78, 85.

תְּבַע to seek, 82; to ask, 3.

תְּבַר to break. *Pael*, to smash.

Ithpa., יִתַּבַּר to be broken, 60, 86.

תַּבְשִׁיל *m.*, broth, 80, 112; *pl.*, 89; a dish, 133.

תַּגְלַחַת *f.*, hair-cutting, 113.

תַּגָּר *m.*, a merchant, hawker.

תְּדִיר *adj. c.*, constant.

תּוֹאַר *m.*, look, appearance, 29.

תּוּב to go back, return; restore; regret. *Aph.* אֲתֵיב to restore; to answer, 39.

תּוּם *m.*, garlic, 81.

תּוּמַנְתָּא *d. f.*, a small measure, ⅛ of a Kab; neck of a jar, 80.

תּוּמָנֵי eighty, 112.

תּוֹר *m.*, an ox, 40, 54.

תּוֹרָא *f.*, a heifer, calf, 85, 87.

תּוּרְמוּס *m.*, a lupin, 76.

תּוּרְעָתָא *d. f.*, a gate, 63.

תּוֹת *pl.* תּוֹתֵי *prep.*, under, 80.

תְּחוּם *m.*, limit, boundary, 29.

תְּחוֹת *prep.*, under, 94, 96, 128; behind, 128; instead of, 130.

תחל Aph. אַתְחֵל (Hiph. הִתְחִיל) to begin, 15.

תַּחַת (Heb.) *prep.*, instead of, 36, 47.

תֵּיבוּ *f.*, a chest, 45; an ark.

תְּיָיטְרוֹן (*Θέατρον*) *m.*, theatre, 103.

תְּהִלִּים = תִּילִים *pl.*, (Heb.) Psalms, 70.

תִּינוֹק *m.*, a child, boy, 28.

תִּינְייָנוּת *f.*, second, 106 b.

תֵּינִין (for תְּאֵנִין) figs, 113.

תְּכַף to join closely, connect, 2.

תַּכְרִיכָא *d. m.*, shroud; *pl.*, 128.

תְּלָא, תְּלָה (1) to suspend, hang, 58; (2) to lift up, 14, 71, 105; (3) to depend on, 138.

Peil תְּלֵי suspended, 88, 112.

תַּלְגָּא *d. m.*, snow.

תְּלִיתַי *m.*, third.

תַּלְמוּדָא *d. m.*, Talmud: teaching, study, 17.

תַּלְמִיד *m.*, a disciple, 6, 57.

תלחכים a disguise for תַּלַסְיוֹס = *Θαλασσιος*, seaman, sailor, 109.

תְּלַשׁ, to pluck off, 133.

תְּלַת *f.*, תְּלָתָא *m.*, three, 32, 41.

תִּלְתָּא *m.*, a third part. תִּלְתֵּיהוֹן 'their third,' 86, 99.

תְּלַת עֲשַׂר thirteen, 115.

תְּלָתִין thirty, 69.

תַּמּוּז *m.*, Tammuz, *4th* month, about July.

תַּמָּן *adv.*, there, 20, 50; then, 23.

תַּמְנֵי *f.*, eight, 71.

תְּמָנִין eighty.

תְּמָר *m.*, a palm tree; date; *pl.* תַּמְרִין dates, 93.

תַּמְרוּרִים *m. pl.*, bitterness: 'Tamar is bitterness; in her bitterness she abides,' 110.

תְּנָא to repeat; to study, 114; teach, 139. *Pael*, תַּנִּי to teach, 67, 100, 121; to repeat, 11; to recount 'praises,' 70; to tell, 32, 70.

תַּנָּאֵי, תַּנַּיי *m.* (*pl.* תַּנָּאִין) a teacher, a Tannai, a Rabbi of the period before the compilation of the Mishna, 110, 112.

תַּנּוּר *m.*, an oven, 85, 101.

תִּנְיָין m., second, 56, 81, 122.

תִּנְיָינוּת f., second, 9, 105.

תִּנְיָתָא f., second, 86.

תִּסְבְּרָא (θησαυρός) m., treasure, treasury.

תַּעַל m., a jackal, 78.

תַּעֲנִיתָא d. f., fasting 96; pl., 105.

תְּפִי, d. תִּיפְיָא f., a pot; a stove, 89.

תְּפִילָה f., prayer, esp. Tefillah, the Prayer of Benedictions, said three times a day, otherwise called the Amidah, because it was said in a standing position.

תְּפִלִּין f. pl., the Tefillin, phylacteries, amulets: little boxes containing strips of parchment on wh. the Shemʻa was written, and fastened round forehead and arm, 7, 8, 112.

תְּפַשׁ to seize, to bind with a spell, 68, 132.

תְּקַל to weigh. *Peil*, weighed, 126.

תַּקֵּן *Pael*, to prepare legally for food by tithing, 62; to reform, 111; to repair, 113.

Aph., to prepare, 40; to ordain, 111.

Ithpa. אִתַּקֵּן to be prepared, 62.

תַּקָּנָה f., (1) remedy; (2) reform, 76.

תַּרְגּוּמָא d. m., a translation.

תַּרְגֵּם to read; to translate.

תְּרוּמָא f., a heave offering, 133; object fit for a heave offering, 76.

תְּרֵי m., תַּרְתֵּי f., two.

תְּרֵין m., two, 3, 28, 41, 112.

תְּרֵין עֲשַׂר m., twelve, 115.

תַּרְנְגוֹלָא d. m., a cock, 47, 60; f., a hen, 75.

תְּרַס to challenge, oppose, 121.

תְּרַע, d. תַּרְעָא m., a gate, 63, 99, 102; a door (of a cave), 112; pl., 19.

תַּרְתֵּין f., two, 85, 98.

תִּרְתֵּר to scatter dust or loose earth, 81.

תְּשׁוּעָא f., salvation, 132.

תְּשַׁע f., nine, 32.

תִּשְׁרִי Tishri, seventh month, about October.

תְּשַׁשׁ to be weak, 96.

תַּשִּׁישׁ m., sick, weak, 90.

INDEX OF ARAMAIC FRAGMENTS:—
TEXT AND TRANSLATION.

INDEX OF ARAMAIC FRAGMENTS:—
TEXT AND TRANSLATION.

BERACHOTH

SECTION		PAGE T.	PAGE TR.
1.	R. Z'era hides among the baskets	33	115
2.	R. Z'era arrested by a press-gang	33	115
3.	R. Simeon desires for men two mouths	33	115
4.	Hanan receives a kiss from R. Samuel	33	116
5.	The yoke of the Kingdom	34	116
6.	Courtesies to Rabbis	34	116
7.	Phylacteries demand sincerity	34	117
8.	When phylacteries should be worn	35	117
9.	The Messiah, whose son is he?	35	117
10.	Which Rabbis?	36	118
11.	Mourning on the Sabbath	36	119
12.	Kahana in Palestine	36	119
13.	R. Z'era and the butcher	37	120
14.	R. Jassa and the scoffer	37	120
15.	Grace at meals	38	120
16.	Wine at funerals	38	121
17.	Scruples as to clean roads	39	121
18.	Synagogue in Caesarea	39	121
19.	Bathers at early dawn	39	122
20.	Legalism relaxed at sea	39	122
21.	Scruple as to where men may talk Torah	40	122
22.	R. Abba prayed aloud	40	123
23.	Afternoon prayer	40	123
24.	Evening prayer	40	123
25.	Frugality of Rabbis	41	123–4
26.	The Musaph Prayer	41	124
27.	Repetition of Prayer	41	124
28.	Gentile veneration for Rabbis	41	124
29.	Insincere reverence	42	125
30.	Duties of the Chazzan	42	125
31.	Different forms of Grace before meals	42	125
32.	R. Simeon and the 300 Nazirites	43	126
34.	Grace after meals	44	127
35.	Eating with a napkin	44	127
36.	Rabbis serving at meals	44	127
37.	Sophianus — Alexandros	44–5	128

SECTION		PAGE T.	TR.
38.	Jewish boy at sea	45	128
39.	Samuel and the comet	45	128
40.	Apostate Jewish priest	45	129
41.	"We two"	46	129
42.	Thanks for rain	46	129
43.	Seven kinds of Pharisees	46	130
44.	R. Akiba on the rack	47	130

PEAH

45.	The lost jasper	47	131
46.	R. Ishmael's mother	48	131
47.	The hereafter rests on character	48	132
48.	Gratitude to R. Jonathan	48	132
49.	R. Samuel dances before a bride	49	133
50.	R. Johanan	49	133
51.	Two brothers in Ashkelon	49	133
52.	The sister of R. Gorion	50	134
53.	The gigantic peach	50	134
54.	" " bunch of grapes	50	134
55.	Honey of dates	51	135
56.	R. Liezer. — R. Aḳiba	51	135
57.	Two hundred dinars, save one	51	136
58.	Charity to the undeserving	52	136
59.	Charity in secret	52	136
60.	Woe to the uncharitable!	52	137
61.	The blind teacher	53	137

DEMAI

62.	Were the figs tithed?	54	138
63.	The she-ass of R. Phinehas	54	139
64.	R. Phinehas conjures mice	55	139
65.	Rabbi rears mules!	56	140
66.	R. Joshua's vegetables — R. Haggai	56	141

KILAIM

67.	Clothes of mixed material	57	141
68.	Funeral shrouds	57	142
69.	Rabbi's modesty	58	143
70.	R. Hiyya and R. Ishmael	59	143
71.	Fasting to obtain dreams	59	144
72.	The angel of death	60	145

SHEBIʿITH

73.	R. Abba refuses to eat things strangled	61	146
74.	Rabbinic customs	61	146
75.	The Sabbatic year	62	147
76.	Thirteen years in a cave	62	147
77.	The homing of gazelles	63	148

		PAGE	
SECTION		T.	TR.
78.	Anxiety to earn merit.	63	148
79.	Leniency in enforcing Law.	64	149

TERUMOTH

80.	Scrupulous practices	64	149
81.	Sudden deaths through food	65	150
82.	Malevolence requited	66	151
83.	Diocletian, swineherd and Emperor.	67	152

MA'ASER SHENI

84.	Significance of dreams	67	153
85.	Ditto	68	153
86.	Ditto	69	154
87.	Zeal for the Sabbath	69	155

BIKKURIM

88.	Zealous students of Torah	70	155

SHABBATH

89.	Sabbath observance by Rabbis	70	156
90.	Vengeful dogs and serpents	72	157
91.	Providence versus Astrology	73	158
92.	A matron's suspicions.	74	159
93.	Healing by magic words.	74	159–60

PESACHIM

94.	Preparation for the Passover	75	160
95.	Economy with a view to benevolence	75	161

YOMA

96.	The ineffable Name	76	162
96a.	Fasting hardships	76	162
96b.	Wearing slippers at Fast-time.	77	162

SHEKALIM

97.	Unclean food	77	163

SUCCAH

98.	Ancedotes about the Feast of Tabernacles	78	164
98a, b.	Ditto	78	164
98c.	Ditto	79	165

ROSH HASHSHANAH

99.	Precedence of age	79	165
99a.	Heralds of the new-moon	79	165
99b.	Levi, as an expositor	80	166

BEZAH

SECTION		PAGE T.	PAGE TR.
100, 100*a*.	Sabbatic niceties	80	166
101, 101*a*.	The grinding of condiments. — Stone in oven	80–1	166–7
102.	Laxities reprimanded.	81	167

TAʿANITH

103.	Pious rain-producers	82	168
104.	The pious man of Kephar Immi	83	169
105.	Fasting in drought and plague	84	170
106, 106*a*.	Rabbis' power in prayer.	85	171
106*b*.	A long sleep	86	172
107, 107*a*.	Stories of answered prayer	86	172–3
108.	Hadrian besieging Bethar	87	173

MEGILLAH

109.	R. Johanan. Rabbi and Antoninus	88	174
110.	Brief miscellaneous stories	88	174
110*a*.	R. Simeon.	89	175
110*b*.	R. Pedath	89	175

HAGIGAH

111.	Rabbis, the pillars of Society	89	175
111*a*.	Elisha, the opponent of Rabbinism	90	176
112.	Stories of the magician, Simeon ben Shetach	90–3	177–9

MOÊD ḲATON

113.	Customs at funerals	93–4	179–80
114.	Rabbis in sickness and sorrow	94–5	181

JEBAMOTH

115.	May we circumcise on the Sabbath?	95	182
115*a*.	Thirteen brothers and Levirate law	96	182
116.	An all-round Rabbi	96	183

SOTAH

117.	R. Meîr and his female disciple.	97	183
	The extravagant widow.	97	184

KETHUBOTH

118.	R. Jose's kindness to his divorced wife.	97	184

NEDARIM

119.	Release from vows	98–9	185–6

GITTIN

120.	Actions in civil law	99	186

SECTION		PAGE T.	TR.
121.	The relative value of metals.	99	187
122.	Lawsuits about money.	100	187
123.	Disabilities of bastards.	100	188

BABA KAMA

124.	Deposits of money	101	188–9

BABA METSIA

125.	Mourning for Rabbis.	102	189
126.	Loans of money	102	190
127.	Profit on loans.	103	190

BABA BATHRA

128.	Grievances of tenants	103	191
129.	Causes of lawsuits	104	192
129a.	Betrothal presents.	104	192

SANHEDRIN

130.	Rabbis as judges	104	192
131.	Other stories.	105	193
132.	The son of Simeon ben Shetach. — Rabbis as magicians.	106	194
133.	Ditto	107	195
134.	Ditto	107	196

ABODA ZARA

135.	Legends about Jeroboam	108	196
136.	Buying in foreign markets.	109	197
137.	Barbers and wine sellers	109	197
138.	Funerals of Rabbis	109	198
139.	Rabbis abroad	110	199
140.	Jews and Samaritans.	111	199

www.ingramcontent.com/pod-product-compliance
Lightning Source LLC
Chambersburg PA
CBHW052057230426
43662CB00036B/1271